Thomas Kalkus-Promitzer

Psychosoziales Krisenmanagement

Ein Praxisbuch für Helfer:innen, Berater:innen
und psychosoziale Fachkräfte

Akademie Kalkus, Band 1

Impressum

Bibliografische Information der Deutschen Nationalbibliothek: Die Deutsche Nationalbibliothek verzeichnet diese Publikation in der Deutschen Nationalbibliografie; detaillierte bibliografische Daten sind im Internet über http://dnb.dnb.de abrufbar.

Die automatisierte Analyse des Werkes, um daraus Informationen insbesondere über Muster, Trends und Korrelationen gemäß §44b UrhG („Text und Data Mining") zu gewinnen, ist untersagt.

© 2025 Thomas Kalkus-Promitzer
Covergestaltung: DI Konrad Promitzer - https://kpdesign.at

Verlag: BoD · Books on Demand GmbH, Überseering 33, 22297 Hamburg, bod@bod.de

Druck: Libri Plureos GmbH, Friedensallee 273, 22763 Hamburg

ISBN: 978-3-7693-3817-1

Inhaltsverzeichnis

Warum dieses Buch?

Krisen kommen selten mit Ankündigung. Sie brechen in unser Leben ein, erschüttern unser Selbstbild, durchkreuzen unsere Pläne und stellen unsere gewohnte Ordnung infrage. Sie lassen uns zweifeln, hinterfragen, innehalten - manchmal auch verzweifeln. Krisen können alles verändern: unsere Beziehungen, unser Lebensgefühl, unser Vertrauen in die Welt. Und doch gehören sie zum Leben dazu. Krisen sind nicht das Ende - sie sind Teil unserer Entwicklung.

Dieses Buch richtet sich an Menschen, die andere in solchen Momenten begleiten. An psychosoziale Fachkräfte, an Helfer:innen, Berater:innen, Therapeut:innen und Menschen in helfenden Berufen, aber auch an interessierte Laien, die ein tieferes Verständnis dafür entwickeln möchten, was Menschen in akuten Belastungssituationen brauchen - und was ihnen hilft, wieder Boden unter den Füßen zu gewinnen.

Die Inhalte dieses Buches basieren auf vielen Jahren praktischer Erfahrung in der psychosozialen Beratung und Lehre. In Schulungen, Aus- und Weiterbildungen, Seminaren und Einzelsitzungen habe ich erlebt, wie wichtig solides Wissen, ein klarer innerer Kompass und eine aufrichtige menschliche Haltung in der Krisenbegleitung sind. meine Lehrgangsunterlagen, auf denen dieses Buch fußt, haben über die Jahre vielen Menschen als Arbeitsgrundlage und Orientierung gedient. Nun ist es an der Zeit, dieses Wissen auch einer breiteren Öffentlichkeit zugänglich zu machen.

In der psychosozialen Arbeit mit Menschen in Krisensituationen gibt es keine Patentrezepte. Jeder Mensch reagiert anders, jede Krise hat ihren eigenen Verlauf, jede Situation verlangt neue Entscheidungen und angepasste Reaktionen. Aber es gibt Prinzipien, Modelle und Haltungen, die sich als hilfreich erwiesen haben - sowohl in der akuten Intervention als auch in der langfristigen Begleitung. Dieses Buch will einen solchen Werkzeugkoffer anbieten: Es vermittelt theoretisches Wissen, stellt erprobte Modelle vor, beleuchtet zentrale Themen wie Trauer, Schuld, Suizidalität und kulturelle Aspekte, und bietet praxisnahe Impulse für den konkreten Umgang mit belasteten Menschen.

Wenn wir von „Krise" sprechen, meinen wir nicht nur ein kurzfristiges Erschrecken oder ein vorübergehendes Stimmungstief. Wir sprechen von Zuständen existenzieller Verunsicherung. Von Momenten, in denen Menschen das Gefühl haben, dass ihr Leben aus den Fugen geraten ist. Von Situationen, in denen sich Hilflosigkeit, Angst und Überforderung breitmachen. Und genau dort braucht es Menschen, die stabil bleiben, die einfühlsam zuhören, die helfen, Worte zu finden für das Unsagbare - und die dabei nicht den Anspruch haben, alles zu lösen, sondern einfach da sind.

Krisen sind nicht immer dramatisch sichtbar. Viele spielen sich leise ab, im Inneren eines Menschen. Manche Krisen sind wie ein schleichendes Gift, das sich langsam ausbreitet, andere wie ein Sturm, der plötzlich alles niederreißt. Es gibt äußere Krisen - etwa durch Verluste, Unfälle, Todesfälle - und innere Krisen, die sich aus biografischen Brüchen, ungelösten Konflikten oder chronischen Belastungen ergeben. Jede Krise ist subjektiv. Was für die eine Person eine Katastrophe ist, kann für eine andere eine machbare Herausforderung sein. In der Krisenbegleitung geht es daher immer um genaues Hinsehen, um Empathie, um Kontextverständnis - und um professionelle Zurückhaltung.

Dieses Buch versteht psychosoziales Krisenmanagement als einen ganzheitlichen Prozess, der sowohl die inneren Reaktionen als auch die äußeren Bedingungen in den Blick nimmt. Es geht um die Stärkung von Ressourcen, um Stabilisierung in der Akutphase, um das Vermitteln von Sicherheit und Orientierung, und um die Förderung von Resilienz - jenem inneren Widerstandspotenzial, das es Menschen ermöglicht, schwierige Lebenssituationen zu überstehen und daran zu wachsen.

Besonderes Augenmerk lege ich auf die Themen, die in der praktischen Arbeit oft zu kurz kommen oder mit Unsicherheiten behaftet sind: den Umgang mit Suizidalität, die Begleitung von Menschen in Trauer, kulturelle und religiöse Aspekte von Verlust, sowie die besondere Herausforderung der Krisenbegleitung bei Kindern und Jugendlichen. Hier braucht es neben Fachwissen vor allem auch Haltung, Präsenz und die Fähigkeit, sich auf andere Lebenswirklichkeiten einzulassen - ohne zu bewerten oder vorschnell zu interpretieren.

In der Zusammenarbeit mit Menschen in Krisen ist es von entscheidender Bedeutung, nicht nur auf das Problem zu schauen, sondern auf die Person dahinter. Es geht nicht um die Diagnose, sondern um den Menschen. Nicht um das Etikett, sondern um die Geschichte. Nicht um schnelle Lösungen, sondern um tragfähige Beziehungen. Wir arbeiten nicht mit Fällen, sondern mit Biografien. Und oft ist es gerade das, was zählt: gesehen zu werden, ohne bewertet zu werden. Gehört zu werden, ohne unterbrochen zu werden. Gehalten zu werden, ohne festgehalten zu werden.

Die psychosoziale Begleitung in Krisensituationen verlangt auch viel von den Helfenden selbst. Sie setzt nicht nur Wissen, sondern auch Selbstreflexion, Abgrenzungsfähigkeit und emotionale Stabilität voraus. Deshalb richtet sich dieses Buch auch an die innere Seite der Helfenden. Es lädt dazu ein, die eigene Haltung zu hinterfragen, die eigenen Grenzen zu erkennen, die eigene Geschichte in die Arbeit mit einzubeziehen - ohne sie aufzudrängen. Gute Krisenbegleitung beginnt immer mit Selbstkenntnis. Wer sich selbst nicht kennt, läuft Gefahr, eigene Ängste und Muster auf Klient:innen zu übertragen. Wer sich selbst nicht schützen kann, brennt aus. Wer sich selbst nicht regulieren kann, wird in der Krise anderer selbst zum Risiko.

In der Gliederung dieses Buches findest du sowohl theoretische Grundlagen (etwa zu Stress, Resilienz und Salutogenese) als auch praxisorientierte Kapitel (etwa zu Gesprächsführung, Krisenkommunikation und Interventionstechniken). Du findest vertiefende Abschnitte zu besonderen Themen wie Suizidalität oder Trauer nach Suizid, und du findest kultur- und religionssensible Perspektiven, die uns helfen, Menschen mit unterschiedlichem Hintergrund besser zu verstehen. Besonders wichtig ist mir der Bereich der Arbeit mit Kindern und Jugendlichen - eine Zielgruppe, die in der psychosozialen Krisenbegleitung oft übersehen wird, obwohl sie besonders verletzlich ist.

Jedes Kapitel kann für sich gelesen werden, und doch ergibt sich im Ganzen ein zusammenhängendes Bild psychosozialer Krisenintervention: ein Spannungsfeld zwischen Stabilisierung und Aushalten, zwischen Struktur und Offenheit, zwischen Nähe und professioneller Distanz. Ich hoffe, dass dieses Buch dir als Leser:in Orientierung gibt - ganz gleich, ob du am Anfang deiner Tätigkeit stehst oder schon viele Jahre Erfahrung in der psychosozialen Arbeit mitbringst. Und ich wünsche mir, dass du beim Lesen nicht nur Informationen findest, sondern auch Ermutigung. Denn die Arbeit mit Menschen in Krisen ist fordernd - aber sie ist auch zutiefst sinnstiftend.

Die Entscheidung, dieses Buch zu schreiben, ist aus der Überzeugung heraus entstanden, dass Wissen geteilt werden soll. Dass gute Praxis nicht im Seminarraum bleiben darf. Dass Helfende Werkzeuge brauchen, die alltagstauglich sind. Und dass Menschen in Krisen Menschen brauchen - keine Ratschläge, keine Rezepte, keine schnellen Lösungen, sondern echte Begegnungen. Mit diesem Buch möchte ich einen Beitrag dazu leisten.

Ich lade dich ein, dieses Buch nicht nur zu lesen, sondern dich mit seinen Inhalten zu verbinden. Stelle Fragen, zweifle, ergänze. Nimm mit, was dir hilft. Und vielleicht ist genau das die wichtigste Botschaft dieses Buches: Du musst nicht alles wissen, um hilfreich zu sein. Du musst nicht alles lösen, um Halt zu geben. Du musst nicht perfekt sein, um wirksam zu sein. Aber du solltest präsent sein - und bereit, dich berühren zu lassen.

Was dieses Buch leisten will - und was nicht

Dieses Buch will ein verlässlicher Begleiter sein - für all jene, die andere Menschen in Krisen professionell oder ehrenamtlich unterstützen. Es will Orientierung geben in komplexen Situationen, Sicherheit vermitteln im Umgang mit emotional belastenden Themen, und praktische Werkzeuge zur Verfügung stellen, die sich in der psychosozialen Praxis bewährt haben. Es will inspirieren, sensibilisieren und motivieren - zur Reflexion des eigenen Tuns ebenso wie zur Entwicklung einer klaren, empathischen Haltung im Kontakt mit Menschen in existenziellen Notlagen.

Dieses Buch will Fachwissen zugänglich machen, ohne zu theoretisieren. Es will Konzepte erklären, ohne zu belehren. Es will Mut machen, auch dann präsent zu bleiben, wenn Worte fehlen. Es will keine fertigen Antworten liefern, aber gute Fragen stellen. Und es will deutlich machen: Psychosoziale Krisenintervention ist nicht nur eine Methode - sie ist eine Haltung. Eine Haltung, die auf Respekt, Achtsamkeit und Menschlichkeit gründet.

Doch so viel dieses Buch auch vermitteln kann - es hat auch seine Grenzen. Es ersetzt keine fundierte Ausbildung. Es ersetzt keine therapeutische Qualifikation. Es kann keine Einzelsupervision, kein Fallgespräch, kein empathisches Kolleg:innengespräch oder keine persönliche Selbsterfahrung ersetzen. Es kann nicht auf jede Einzelsituation eingehen und auch keine Verantwortung dafür übernehmen, wie seine Inhalte angewendet werden. Es erhebt keinen Anspruch auf Vollständigkeit oder Allgemeingültigkeit - denn jeder Mensch, jede Krise, jede Begleitung ist einzigartig.

Dieses Buch will dich nicht davon überzeugen, alles richtig machen zu müssen. Vielmehr will es dir helfen, mit Unsicherheit umzugehen, mit Ambivalenz zu leben, mit Unvollkommenheit präsent zu bleiben. Es will dich ermutigen, Verantwortung zu übernehmen - ohne dich zu überfordern. Es will dein Fachwissen erweitern - ohne deine Intuition zu entwerten. Und es will dich daran erinnern, dass du als Begleiter:in nicht allwissend sein musst, sondern mitfühlend, zugewandt und professionell.

Wenn du dieses Buch liest, wirst du möglicherweise an manchen Stellen nicken, an anderen innehalten, vielleicht auch kritisch hinterfragen. Genau das ist gewünscht. Nimm mit, was für dich stimmig ist. Lass stehen, was für deine Praxis nicht passt. Und vor allem: Bleib in Bewegung. Bleib lernend. Bleib offen für die Menschen, die dir begegnen - und für die eigene Entwicklung, die jede Krisenbegleitung auch in dir selbst anstößt.

Ein Plädoyer für mehr Menschlichkeit

Mehr denn je brauchen wir heute eine Kultur, die psychische Krisen nicht als Schwäche, sondern als Teil des Menschseins anerkennt. Die die Fähigkeit zur Empathie nicht nur von Fachkräften erwartet, sondern als gesellschaftliche Kompetenz versteht. Die Raum gibt für Unsicherheit, ohne in Lähmung zu verfallen - und die Mut macht, auch im Schmerz nach Sinn zu fragen.

Dieses Buch versteht sich als Beitrag zu einer solchen Kultur. Es lädt ein, sich mit der eigenen Haltung auseinanderzusetzen - sowohl im Blick auf andere als auch auf sich selbst. Denn auch wir als Helfende, Begleitende oder einfach als mitfühlende Mitmenschen sind nicht gefeit vor Krisen. Wir alle können betroffen sein - plötzlich, unerwartet, tiefgehend. Gerade deshalb ist es so wertvoll, sich vorzubereiten, sich auszutauschen und gemeinsam nach Wegen zu suchen.

Dank und Ausblick

Abschließend sei all jenen gedankt, die zur Entstehung dieses Buches beigetragen haben - durch ihre Fragen, ihre Erfahrungen, ihre Kritik und ihre Unterstützung. Besonders danke ich meinen Teilnehmer:innen der Ausbildungen im Psychosozialen Krisenmanagement, deren Rückmeldungen, Fallbeispiele und Diskussionen viele Inhalte dieses Buches bereichert und geschärft haben.

Ich wünsche allen Leser:innen eine anregende, berührende und stärkende Lektüre. Möge dieses Buch dazu beitragen, Krisen besser zu verstehen - und Menschen in schweren Zeiten nicht nur fachlich, sondern auch menschlich begleiten zu können.

Einleitung

Das Wort „Krise" stammt aus dem Griechischen - „krisis" bedeutet so viel wie Scheidung, Auswahl oder Entscheidung. Diese ursprüngliche Bedeutung führt zu einem Verständnis, das auch heute noch tragfähig ist. Eine Krise ist ein Zustand, in dem Bestehendes auseinanderzubrechen droht und Entscheidungen notwendig werden. Sie ist nicht einfach ein Missgeschick oder eine schwierige Phase, sondern ein existenzieller Moment, in dem etwas ins Wanken gerät, das zuvor als sicher und stabil galt. In der Krise verdichtet sich das Leben auf wenige Fragen: Wie weiter? Was jetzt? Woraus kann ich noch Kraft schöpfen, wenn das, worauf ich bisher gebaut habe, nicht mehr trägt? Krisen sind immer auch Übergangssituationen. Sie markieren das Ende einer alten Ordnung, deren Strukturen nicht mehr greifen, und kündigen zugleich eine neue Phase an, deren Konturen jedoch noch nicht erkennbar sind. Diese Zwischenzeit - das „Dazwischen" - ist besonders herausfordernd, weil sie Unsicherheit erzeugt. Was vorher Orientierung gab, ist verschwunden, und das Neue ist noch nicht greifbar. Der Mensch steht an einer Schwelle, ohne zu wissen, wohin sie führt. In dieser Schwebe liegt ein enormes Entwicklungspotenzial, aber auch ein hohes Risiko für seelische Instabilität.

Wenn Menschen von einer psychosozialen Krise sprechen oder eine solche erleben, geht es um mehr als eine vorrübergehende Verstimmung oder einen schlechten Tag. Es geht um einen Zustand, der als bedrohlich oder überwältigend empfunden wird, in dem das seelische Gleichgewicht gestört ist und die inneren wie äußeren Ressourcen nicht mehr ausreichen, um mit den aktuellen Herausforderungen umzugehen. Psychosoziale Krisen entstehen nicht im luftleeren Raum. Sie haben immer einen konkreten Bezug zu bedeutsamen Ereignissen im Leben, zu persönlichen Beziehungen, zu Verlusten oder massiven Veränderungen. Es kann sich um das abrupte Ende einer Partnerschaft handeln, um den Tod eines geliebten Menschen, um die Diagnose einer schweren Krankheit oder auch um existenzielle Brüche wie Arbeitslosigkeit, Mobbing oder finanzielle Not. Der Mensch wird dabei nicht nur mit der äußeren Realität konfrontiert, sondern auch mit inneren Prozessen, die durch die Veränderung ausgelöst werden: Zweifel an der eigenen Identität, Angst vor dem Kontrollverlust, Trauer über das Verlorene und Unsicherheit über den weiteren Weg. Krisen rühren an den Kern unseres Selbstbildes und unserer Weltanschauung. Sie stellen infrage, was uns bisher getragen hat, und fordern eine Neubewertung dessen, was uns wichtig ist.

In solchen Momenten werden viele Menschen von intensiven Emotionen heimgesucht. Angst macht sich breit, oft in Form von innerer Unruhe, Panik oder einem Gefühl der inneren Leere. Denken und Wahrnehmen verändern sich. Grübeln, negatives Denken, Konzentrationsstörungen oder ein Gefühl von innerer Lähmung sind häufige Begleiterscheinungen. Manche ziehen sich zurück, andere reagieren mit Wut oder Reizbarkeit. In schweren Fällen können Suizidgedanken auftauchen - nicht unbedingt aus einem konkreten Todeswunsch heraus, sondern weil der Schmerz so überwältigend ist, dass man sich keinen anderen Ausweg mehr vorstellen kann. Diese psychischen Reaktionen gehen häufig mit körperlichen Beschwerden einher: Der Körper steht unter Daueranspannung, der Schlaf ist gestört, Herzrasen, Schwindelgefühle oder Magen-Darm-Probleme treten auf. Hinzu kommen soziale Veränderungen. Menschen in der Krise kapseln sich häufig ab oder erleben, dass sich andere von ihnen abwenden. Freunde und Angehörige wissen oft nicht, wie sie mit der Situation umgehen sollen, reagieren mit Überforderung oder Rückzug. So entstehen Missverständnisse, Entfremdung und das Gefühl, allein gelassen zu werden. Die Krise wird dadurch nicht nur zu einer inneren Herausforderung, sondern auch zu einem sozialen Brennpunkt, in dem bestehende Beziehungen auf die Probe gestellt oder sogar beschädigt werden können.

Eine Krise fühlt sich oft an wie ein ungesichertes Gelände. Die Orientierung ist verloren, das Vertrauen in das eigene Urteilsvermögen geschwächt. Es gibt keine klaren Wege mehr, keine einfachen Lösungen. Was bisher als sinnvoll galt, wirkt plötzlich fremd oder bedeutungslos. Man sieht sich mit Fragen konfrontiert, auf die es keine sofortigen Antworten gibt, und mit Gefühlen, die so intensiv sein können, dass sie die gesamte Wahrnehmung dominieren. In dieser Unsicherheit kann die

Krise zur Zerreißprobe werden. Sie stellt die Person in ihrer Gesamtheit infrage, erschüttert Selbstbild, Weltbild und Beziehungsgefüge. Der Boden, auf dem man stand, scheint weggerissen, und es entsteht ein Gefühl von Haltlosigkeit. Gleichzeitig verlieren viele Menschen in der Krise das Vertrauen in ihre bisherigen Bewältigungsstrategien. Das, was in früheren schwierigen Situationen geholfen hat, scheint nun nicht mehr zu greifen. Die eigene Handlungsfähigkeit erscheint eingeschränkt, die innere Stimme wird leiser, und die äußeren Stimmen klingen häufig wie aus einer anderen Welt. Dieser Zustand der Desorientierung kann lähmen, aber er kann auch - mit der richtigen Begleitung - zu einem Wendepunkt werden. Denn dort, wo alle bisherigen Wege nicht mehr funktionieren, entsteht der Raum für neue Perspektiven.

Nicht jede Krise entsteht aus einem plötzlichen Schicksalsschlag. Es gibt auch Entwicklungen, die sich über längere Zeit anbahnen und dennoch in eine akute Krisensituation münden können. Veränderungskrisen, wie sie der amerikanische Psychiater Gerald Caplan bereits in den 1960er Jahren beschrieb, entstehen oft aus Lebensübergängen oder Umbrüchen, die eigentlich zum Leben dazugehören. Dazu zählen etwa der Eintritt in die Pubertät, das Verlassen des Elternhauses, Schwangerschaft und Elternschaft, der Wechsel des Berufs, der Übergang in die Pension, aber auch Konfrontationen mit Krankheit, Verlust oder dem eigenen Altern. Solche Phasen sind nicht grundsätzlich pathologisch, sie gehören zur menschlichen Entwicklung dazu. Doch wenn die Anforderungen zu groß werden oder die inneren und äußeren Ressourcen nicht ausreichen, um die notwendigen Anpassungen vorzunehmen, kann eine Veränderungskrise entstehen. Gerade weil diese Krisen aus alltäglichen Lebenssituationen erwachsen, werden sie oft nicht als solche erkannt. Die betroffene Person und auch ihr Umfeld unterschätzen die Belastung, die mit den Veränderungen einhergeht. Erwartungen, Rollenbilder und gesellschaftliche Normen wirken zusätzlich belastend. Wer zum Beispiel als Mutter oder Vater funktioniert, wer im Beruf erfolgreich ist oder als stabil gilt, erlaubt sich oft keine Schwäche. Dadurch bleibt die Krise im Verborgenen - bis sie sich auf andere Weise zeigt, etwa durch Erschöpfung, Reizbarkeit oder körperliche Symptome.

Typisch für solche Veränderungskrisen ist, dass sie anfangs mit dem Versuch der Bewältigung beginnen. Menschen versuchen, das Neue zu integrieren, sich anzupassen, Lösungen zu finden. Wenn dies gelingt, kann die Krise sogar zu persönlichem Wachstum führen. Doch wenn diese Versuche scheitern, wenn die Anforderungen die eigenen Möglichkeiten dauerhaft übersteigen, entsteht das Gefühl, zu versagen. Dieses Gefühl ist oft mit einem inneren Zusammenbruch verbunden: Hoffnungslosigkeit, Lähmung, Rückzug, Resignation. In schweren Fällen können sich aus einer solchen Dynamik psychische Erkrankungen, Substanzmissbrauch oder suizidale Tendenzen entwickeln. Es ist ein schleichender Prozess, bei dem der Handlungsspielraum immer kleiner wird und der innere Druck zunimmt. Besonders gefährlich ist dabei die schleichende Normalisierung des Leidens: Menschen gewöhnen sich an den Zustand der Überforderung, entwickeln Überlebensstrategien, die kurzfristig entlasten, langfristig aber zusätzliche Probleme schaffen - etwa durch Rückzug, Selbstmedikation oder destruktive Beziehungsmuster. Ohne äußere Unterstützung ist es oft schwer, aus diesem Teufelskreis auszubrechen. Deshalb ist es wichtig, Veränderungskrisen frühzeitig zu erkennen und ernst zu nehmen - auch wenn sie auf den ersten Blick unspektakulär erscheinen mögen.

Nicht jede Krise verläuft gleich. Es gibt Unterschiede in Dauer, Intensität und Dynamik. Besonders deutlich wird das im Vergleich zwischen akuten und chronischen Krisen. Akute Krisen entstehen oft plötzlich. Sie gehen mit hohem Leidensdruck einher und erzeugen eine starke emotionale Reaktion. In dieser Phase sind Menschen häufig noch offen für Hilfe - sie suchen Gespräche, sind bereit, sich Unterstützung zu holen. Gleichzeitig besteht eine erhöhte Gefahr für Kurzschlusshandlungen. In ihrer Verzweiflung greifen manche zu Alkohol oder Drogen, andere äußern Suizidabsichten oder handeln impulsiv. Das Risiko, sich selbst oder anderen zu schaden, ist in dieser Phase erhöht, weshalb eine rasche und kompetente psychosoziale Intervention notwendig ist. Der Vorteil dieser Phase ist jedoch auch, dass durch den hohen Leidensdruck ein gewisser Veränderungsdruck entsteht. Menschen erkennen oft, dass sie alleine nicht weiterkommen, und sind bereit, sich auf Hilfe einzulassen. Wenn diese

Hilfe niederschwellig, empathisch und kompetent angeboten wird, kann sie eine entscheidende Wende im Krisenverlauf bedeuten.

Chronische Krisen hingegen entwickeln sich über einen längeren Zeitraum. Oft schleichen sie sich ein, beginnen mit diffusen Symptomen: Antriebslosigkeit, körperliche Beschwerden, Reizbarkeit, sozialer Rückzug. Das Problem dabei ist, dass sich solche Krisen oft verstecken. Sie sind nicht laut oder dramatisch, sondern leise und zermürbend. Menschen in chronischen Krisen vermeiden Konfrontationen, sprechen nicht über ihre Gefühle und sind für Hilfsangebote schwer erreichbar. Die Krise wird zum Dauerzustand - ein zermürbender Zustand der Stagnation, in dem nichts mehr vorangeht, aber auch keine echte Veränderung stattfindet. Die Gefahr besteht darin, dass sich die Betroffenen mit der Krise arrangieren, sich an das Leid gewöhnen und jede Hoffnung auf Besserung verlieren. In solchen Fällen braucht es besonders viel Fingerspitzengefühl, Geduld und Vertrauen, um wieder Zugang zur betroffenen Person zu finden. Häufig sind es kleine Zeichen von Zuwendung oder kontinuierliche Angebote zur Beziehung, die langfristig Veränderung ermöglichen. Krisenintervention bedeutet in diesem Zusammenhang nicht nur akutes Handeln, sondern auch beharrliches Dranbleiben - mit Respekt vor dem Tempo und der Autonomie der betroffenen Person.

Krisen sind keine Krankheiten. Sie sind Ausdruck einer Überforderungssituation, in der vorhandene Strategien zur Problemlösung nicht mehr ausreichen. Sie sind Zeichen dafür, dass etwas im Leben eine so große Bedeutung hat, dass sein Verlust, seine Veränderung oder seine Bedrohung alles andere überlagert. Krisen können zerstörerisch sein - sie können aber auch transformierend wirken. In ihnen steckt, bei aller Schwere, auch die Möglichkeit des Neuanfangs, der Entwicklung und der Reifung. Voraussetzung dafür ist, dass die betroffene Person nicht allein bleibt. Dass sie gesehen, gehört und unterstützt wird. Dass es Menschen gibt, die Halt geben, Orientierung bieten und helfen, die eigenen Ressourcen wiederzuentdecken. Denn auch das ist Teil des psychosozialen Krisenmanagements: Die Erkenntnis, dass der Mensch nicht allein für sich existiert, sondern eingebettet ist in Beziehungen, Systeme und Kontexte, die ihn sowohl verletzen als auch heilen können. Jede Krise erzählt eine Geschichte - von Schmerz, aber auch von Stärke; von Verlust, aber auch von Möglichkeiten. Sie zu verstehen, anzunehmen und zu begleiten ist eine der zentralen Aufgaben psychosozialer Arbeit. In dieser Haltung liegt nicht nur Professionalität, sondern auch Menschlichkeit.

Stress und Resilienz

Stress ist ein Phänomen, das nahezu alle Menschen kennen und das in unterschiedlichster Weise das Leben beeinflussen kann. Doch was genau ist eigentlich Stress? Und warum reagieren Menschen so unterschiedlich auf belastende Situationen? Dieses Kapitel widmet sich dem Verständnis von Stress, seiner Entstehung, seinen Auswirkungen und dem zentralen Einfluss unserer Gedanken auf das Stresserleben. Ziel ist es, nicht nur die physiologischen und kognitiven Grundlagen zu vermitteln, sondern auch psychologische und therapeutische Perspektiven aufzuzeigen, die helfen, einen gesunden Umgang mit Stress zu entwickeln.

Ursprünglich stammt der Begriff „Stress" aus der Physik. Dort bezeichnete er den Druck oder die Spannung, die auf ein Material ausgeübt wird. In der Psychologie wurde dieser Begriff durch den Mediziner Hans Selye bekannt gemacht, der Stress als einen körperlichen Zustand unter Belastung definierte. Seine Forschungen zeigten, dass der Körper auf belastende Reize mit einem typischen Reaktionsmuster antwortet, das er als „Allgemeines Adaptationssyndrom" bezeichnete. Dieses umfasst drei Phasen: die Alarmreaktion, in der der Körper mobilisiert wird, um mit einer Bedrohung umzugehen; die Widerstandsphase, in der sich der Organismus an die anhaltende Belastung anpasst; und schließlich die Erschöpfungsphase, in der die Ressourcen aufgebraucht sind und es zu körperlichen oder psychischen Zusammenbrüchen kommen kann. Selye war einer der Ersten, der erkannte, dass Stress nicht grundsätzlich negativ ist, sondern auch eine produktive, mobilisierende Funktion haben kann - solange er zeitlich begrenzt bleibt und mit ausreichender Erholung einhergeht. Dieser Zustand ist geprägt durch Anspannung, Alarmbereitschaft und den Versuch des Organismus, sich gegen äußere Reize - sogenannte Stressoren - zur Wehr zu setzen.

Selye unterschied dabei zwischen „Eustress" (positivem Stress) und „Distress" (negativem Stress). Eustress ist jener Stress, der motiviert, aktiviert und als herausfordernd, aber bewältigbar erlebt wird. Er tritt beispielsweise vor einem aufregenden Projekt, einem sportlichen Wettkampf oder einem kreativen Vorhaben auf. Eustress ist meist zeitlich begrenzt, wird als sinnvoll erlebt und steigert sogar das Wohlbefinden. Er fördert Konzentration, Leistungsfähigkeit und kann das Selbstbewusstsein stärken, weil er mit einem Gefühl von Kontrolle und Zielorientierung einhergeht.

Distress hingegen ist der Stress, der überfordert, lähmt und häufig mit Gefühlen von Ohnmacht, Hilflosigkeit oder Kontrollverlust einhergeht. Er entsteht meist dann, wenn Anforderungen als zu hoch oder unlösbar wahrgenommen werden, wenn Belastungen dauerhaft bestehen oder wenn es an ausreichender Erholung und Unterstützung fehlt. Distress ist belastend, erschöpfend und kann auf Dauer zu gesundheitlichen Beeinträchtigungen führen. Während Eustress eine gesunde Anspannung mit sich bringt, die den Menschen wachsen lässt, zehrt Distress an den Kräften und untergräbt das Wohlbefinden. Entscheidend ist daher nicht nur die Existenz von Stress, sondern seine Qualität, Intensität, Dauer - und vor allem, wie er subjektiv erlebt und verarbeitet wird.

Selyes Arbeit war bahnbrechend, weil sie erstmals deutlich machte, dass Stress ein ganzheitliches Geschehen ist, das Körper und Psyche gleichermaßen betrifft.

Stress ist somit keine bloße Reaktion auf äußere Umstände, sondern ein dynamischer Prozess der Anpassung. Dabei steht der Mensch in ständiger Wechselwirkung mit seiner Umwelt. Diese Wechselwirkung ist hochindividuell: Was für die eine Person eine willkommene Herausforderung ist, löst bei einer anderen massive Überforderung aus. Dieser Umstand erklärt auch, warum es keine allgemeingültige Definition von Stress gibt, sondern nur eine Annäherung an die verschiedenen Dimensionen, die das subjektive Erleben beeinflussen.

Stressoren sind all jene inneren oder äußeren Reize, die eine Stressreaktion auslösen. Dazu zählen physische Gefahren, psychische Herausforderungen, soziale Konflikte, aber auch Gedanken, Erinnerungen, Überzeugungen oder Zukunftssorgen. In der heutigen Zeit hat sich die Natur der

Stressoren gewandelt: Was früher vor allem durch reale Bedrohungen gekennzeichnet war - etwa durch Naturkatastrophen, Hunger oder Flucht -, ist heute vielfach mentaler, sozialer oder emotionaler Natur. Termindruck, Reizüberflutung, ständige Erreichbarkeit, Konkurrenzdruck, chronische Selbstkritik oder ungelöste Beziehungskonflikte sind Beispiele für moderne Stressoren, die tiefgreifende Wirkungen entfalten können.

Ein bedeutsamer Aspekt ist dabei, dass unser Organismus biologisch gesehen noch immer auf archaische Muster reagiert. Die Stressreaktion ist evolutionär auf akute Gefahren ausgelegt: Der sogenannte „Fight-or-Flight"-Mechanismus bereitet den Körper auf Kampf oder Flucht vor. Stresshormone wie Cortisol und Adrenalin werden ausgeschüttet, die Herzfrequenz steigt, die Muskelspannung nimmt zu, das Denken fokussiert sich auf das unmittelbare Überleben. Diese Reaktion war früher lebensrettend. Heute wird sie oft durch Situationen ausgelöst, in denen weder Kampf noch Flucht möglich oder angemessen sind. Das Ergebnis ist ein innerer Alarmzustand ohne Entladungsmöglichkeit - ein Zustand, der auf Dauer krank machen kann.

Chronischer Stress

Wenn Stress chronisch wird, hat das weitreichende Auswirkungen auf das gesamte System Mensch - körperlich, psychisch, emotional und sozial. Der Organismus, der ursprünglich für kurzfristige, akute Belastungen ausgelegt ist, gerät bei anhaltendem Stress in einen Zustand ständiger Übererregung. Auf der körperlichen Ebene kommt es zur Daueraktivierung des sympathischen Nervensystems, was langfristig zu Herz-Kreislauf-Erkrankungen, erhöhtem Blutdruck, chronischen Entzündungsprozessen, Magen-Darm-Beschwerden, Muskelverspannungen, Schlafstörungen, hormonellen Dysbalancen und einer Schwächung des Immunsystems führen kann. Die biologische Balance gerät aus dem Gleichgewicht, Regenerationsprozesse bleiben aus, der Körper findet keinen Weg mehr in die Erholung.

Auch auf der psychischen Ebene zeigen sich deutliche Spuren. Chronischer Stress beeinträchtigt die Konzentrationsfähigkeit, reduziert die emotionale Belastbarkeit und führt zu einer gesteigerten Reizbarkeit. Viele Betroffene berichten von einer inneren Unruhe, Grübelschleifen, Entscheidungsschwierigkeiten und einem Gefühl der inneren Leere. Die Fähigkeit zur Freude nimmt ab, während Ängste, Überforderung und depressive Verstimmungen zunehmen. Die emotionale Erschöpfung kann so tiefgreifend sein, dass selbst kleine Aufgaben unüberwindbar erscheinen. Oft verändert sich auch die Wahrnehmung: Die Welt wird als bedrohlicher erlebt, zwischenmenschliche Beziehungen geraten unter Druck, und es entsteht ein anhaltendes Gefühl der Fremdheit sich selbst gegenüber.

Sozial gesehen wirkt sich chronischer Stress häufig in Form von Rückzug, Isolation oder konflikthaftem Verhalten aus. Menschen ziehen sich zurück, vermeiden Gespräche oder geraten schneller in Streit. Der zwischenmenschliche Austausch verliert an Tiefe, das Vertrauen in andere und in sich selbst schwindet. In Beziehungen kann das zu Missverständnissen, Entfremdung oder dem Gefühl führen, nicht mehr verstanden zu werden. In Gruppen oder Arbeitskontexten zeigt sich chronischer Stress oft in Form von erhöhter Fehleranfälligkeit, Motivationsverlust oder Burnout-Symptomen.

Bei genauerer Betrachtung zeigt sich, dass chronischer Stress nicht nur eine Reaktion auf äußere Anforderungen ist, sondern oft auch mit tief verwurzelten Mustern und inneren Überzeugungen zusammenhängt. Viele Menschen haben über Jahre hinweg Verhaltensweisen entwickelt, die sie durch das Leben tragen sollten - etwa ein hoher Leistungsanspruch, der Wunsch nach Kontrolle oder das Bedürfnis, immer für andere da zu sein. Diese Muster mögen einst hilfreich oder notwendig gewesen sein, etwa in belastenden familiären Situationen oder angesichts hoher Anforderungen im Beruf oder im sozialen Umfeld. Doch unter anhaltendem Stress geraten sie außer Balance und führen dazu, dass Menschen gegen sich selbst arbeiten. Sie stellen ständig neue Anforderungen an sich, gönnen sich keine Pausen, sind selbst ihre schärfsten Kritiker und verlieren dabei das Gespür für ihre Grenzen. Stress wird dadurch nicht nur zum äußeren Druck, sondern auch zum Spiegel innerer Konflikte, die lange unbemerkt geblieben sein mögen. Stress wird so zum Auslöser, aber auch zum Spiegel innerer, oft unbewusster Konflikte.

Aufrechterhaltende, negative Muster

Das Erkennen dieser inneren Muster kann der erste Schritt zu einem tieferen Verständnis des eigenen Stresserlebens sein. Wenn Menschen beginnen, sich selbst gegenüber ehrlich zu fragen, welchen inneren Stimmen sie folgen - etwa: „Ich darf keine Schwäche zeigen", „Ich muss perfekt sein", oder „Ich bin nur etwas wert, wenn ich funktioniere" -, dann öffnen sie einen Raum für Selbstreflexion. In diesem Prozess kann sich allmählich eine neue Haltung entwickeln: weg von dauerhafter Selbstüberforderung, hin zu einem wohlwollenderen, achtsameren Umgang mit sich selbst. Es bedeutet, innezuhalten, zu spüren, was wirklich gebraucht wird, und sich zu erlauben, eigene Bedürfnisse wahr- und ernst zu nehmen. Wer lernt, seine Grenzen zu achten und sich selbst mit Mitgefühl zu begegnen, schafft die Voraussetzung dafür, dem Stress mit mehr innerer Stärke und Gelassenheit zu begegnen.

Chronischer Stress ist damit nicht nur ein gesundheitliches Risiko, sondern auch ein Entwicklungssignal: Er weist auf Grenzen hin, auf ungelöste Themen, auf den Bedarf an Veränderung. Wird er ernst genommen, kann er der Anfang einer tiefgreifenden persönlichen Transformation sein. Wird er ignoriert, droht langfristig ein körperlicher und seelischer Zusammenbruch. In diesem Spannungsfeld zwischen Warnsignal und Entwicklungschance liegt die große Bedeutung eines bewussten, achtsamen und begleiteten Umgangs mit chronischem Stress.

Besonders gravierend wird Stress, wenn er das Selbstbild unterminiert. Menschen beginnen, sich selbst nicht mehr zu vertrauen, erleben einen Kontrollverlust oder eine Entfremdung von den eigenen Bedürfnissen. In der Folge entsteht eine chronische innere Anspannung, die weder in Erschöpfung noch in aktiver Erholung mündet, sondern in einem Zustand ständiger Alarmbereitschaft. Therapeutisch ist hier eine Auseinandersetzung mit den inneren Antreibern hilfreich: „Sei stark!", „Streng dich an!", „Mach es allen recht!" - diese inneren Botschaften können Stress nicht nur verursachen, sondern auch seine Aufrechterhaltung fördern.

Ein zentrales Element im Verständnis von Stress ist die Rolle der kognitiven Bewertung. Denn nicht jedes potenziell belastende Ereignis wird von jedem Menschen gleichermaßen als Stress empfunden. Entscheidend ist, wie die Situation gedanklich eingeordnet wird. In der sogenannten primären Bewertung fragt sich das Individuum: Ist das, was geschieht, für mich gut oder schlecht? Ist es bedrohlich, neutral oder positiv? Ist es relevant für mein Wohlergehen oder meine Ziele? Diese erste Einschätzung geschieht meist automatisch und ist stark durch Erfahrungen, Werte und Weltanschauung geprägt.

In der sekundären Bewertung geht es um die Einschätzung der eigenen Ressourcen: Traue ich mir zu, mit dieser Situation umzugehen? Habe ich die Fähigkeiten, Bewältigungsstrategien oder sozialen Unterstützungen, die ich brauche? Diese zweite Einschätzung ist entscheidend für die weitere Reaktion. Wird die Herausforderung als bewältigbar erlebt, entsteht ein Zustand produktiver Anspannung. Wird sie jedoch als überfordernd wahrgenommen, wird die Stressreaktion intensiver und oft auch dysfunktional.

Diese Bewertungen laufen oft unbewusst ab, haben aber eine enorme Wirkung auf das körperliche und psychische Erleben. Ein und dieselbe Situation kann bei der einen Person eine produktive Spannung erzeugen und bei einer anderen zu Überforderung und Angst führen - je nachdem, welche Überzeugungen, Vorerfahrungen und inneren Haltungen mit ihr verbunden sind. In der kognitiven Verhaltenstherapie wird genau an diesem Punkt angesetzt: Durch die Identifikation und Umstrukturierung dysfunktionaler Gedanken kann das Stresserleben deutlich reduziert werden. Statt „Ich darf keinen Fehler machen" könnte ein neuer Gedanke lauten: „Fehler gehören zum Lernprozess."

Darüber hinaus zeigen auch achtsamkeitsbasierte Ansätze wie MBSR (Mindfulness-Based Stress Reduction), wie entscheidend die Haltung gegenüber dem inneren Erleben ist. Nicht die Situation an sich, sondern der Umgang mit ihr, entscheidet darüber, ob Stress krank macht oder nicht. Achtsamkeit lehrt, Gedanken als das zu erkennen, was sie sind: mentale Ereignisse, nicht notwendigerweise Wahrheiten. Dadurch entsteht eine neue Freiheit im Umgang mit herausfordernden Situationen. Der Mensch wird zum aktiven Gestalter seines inneren Erlebens, statt zum passiven Opfer äußerer Umstände.

Das Verständnis dieser Bewertungsprozesse ist ein entscheidender Schritt, um mit Stress besser umgehen zu können. Denn wenn es gelingt, die eigenen Gedanken bewusst wahrzunehmen und zu hinterfragen, kann sich auch die Stressreaktion verändern. Nicht immer ist es möglich, die Stressoren zu beseitigen. Aber es ist oft möglich, die innere Haltung ihnen gegenüber zu beeinflussen. Diese Erkenntnis bildet eine zentrale Grundlage für einen bewussten, menschlichen und alltagstauglichen Umgang mit Stress. Sie erinnert daran, dass Stress nicht nur ein äußerer Druck ist, sondern auch eine innere Reaktion - und dass in dieser Reaktion eine mögliche Quelle von Wachstum, Erkenntnis und Selbstführung liegt.

Akute Stressreaktionen

In der akuten Phase einer Stressreaktion zeigen sich beim Menschen eine Vielzahl deutlich wahrnehmbarer Symptome. Auf körperlicher Ebene kann es zu beschleunigtem Puls, flacher Atmung, Schwitzen, Zittern, trockenen Schleimhäuten, Magen-Darm-Beschwerden oder Muskelverkrampfungen kommen. Häufig empfinden Betroffene auch eine Enge in der Brust, ein Kloßgefühl im Hals oder ein Gefühl der inneren Unruhe, das sie kaum zuordnen können. Manche berichten auch von einem flauen Magen, plötzlicher Übelkeit oder dem Drang, sich hinzusetzen oder zu entfernen, ohne genau zu wissen, warum. Die vegetativen Reaktionen sind vielfältig und oft schwer kontrollierbar, was das Gefühl der Hilflosigkeit noch verstärken kann.

Auf psychischer Ebene treten Denkblockaden, Konzentrationsschwierigkeiten, ein Gefühl von Überforderung, Angst oder das sogenannte „Blackout" auf - also das plötzliche Versagen des Erinnerungs- und Denkvermögens. Die betroffene Person verliert zeitweise die Fähigkeit, klar zu denken, Entscheidungen zu treffen oder auf vorhandenes Wissen zuzugreifen. Der Geist wirkt wie leergefegt. Hinzu kommt oft ein Gefühl der Entfremdung - von sich selbst, von der Situation oder von der Umwelt. Manche beschreiben es als „nicht mehr richtig da sein", als ob sie aus dem eigenen Körper herausgetreten wären oder das Geschehen aus der Ferne beobachten.

Diese Reaktionen zeigen, dass akuter Stress tiefgreifend auf Wahrnehmung, Denken, Fühlen und Handeln wirkt. Der gesamte Organismus befindet sich im Alarmmodus. Wichtig ist, diese Reaktionen nicht als Zeichen von Schwäche oder Krankheit zu interpretieren, sondern als Ausdruck eines hochaktiven Schutzsystems, das versucht, das Überleben zu sichern - auch wenn keine reale Lebensgefahr besteht. Alle Maßnahmen zur Stabilisierung und Entlastung sollten daher darauf ausgerichtet sein, diesen inneren Alarmzustand zu verstehen, zu respektieren und behutsam zu beruhigen.

Auch das Verhalten verändert sich oft schlagartig: Menschen reagieren impulsiver, ziehen sich zurück, werden überaktiv oder geraten in eine Art lähmende Erstarrung. Sprache, Mimik und Körperhaltung können verändert, manchmal fast roboterhaft oder übersteigert erscheinen. Die Wahrnehmung verengt sich, was dazu führt, dass das Gesamtbild der Situation kaum mehr erfasst werden kann. Manchmal wirkt es, als wären Betroffene nicht mehr ganz im Hier und Jetzt, sondern nur noch mit dem inneren Alarm beschäftigt.

Diese Symptome sind nicht krankhaft - sie sind Zeichen eines Organismus, der auf höchster Alarmstufe funktioniert. Doch wenn dieser Zustand anhält oder immer wieder ausgelöst wird, kann er sich tief in Körper und Psyche eingraben. Deshalb ist es wichtig, akute Stressreaktionen

nicht nur als belastend, sondern auch als wertvolles Warnsignal zu begreifen: Sie zeigen an, dass der Mensch an eine Grenze geraten ist, die
ernst genommen werden will.

Negative Stressverarbeitungsstrategien

Wird dieses Warnsignal jedoch nicht erkannt oder ignoriert, greifen viele
Menschen zu kurzfristigen Bewältigungsstrategien, die zwar zunächst Erleichterung verschaffen, langfristig aber belastend oder gar schädlich
sein können. Solche negativen Stressverarbeitungsstrategien umfassen
zum Beispiel den übermäßigen Konsum von Alkohol, Nikotin oder anderen Suchtmitteln, um innere Spannungen zu dämpfen oder belastende
Gedanken zu verdrängen. Auch übermäßiges Essen, zwanghaftes Arbeiten (Workaholismus), exzessives Medienverhalten oder soziale Isolation
können Ausdruck einer maladaptiven Stressverarbeitung sein.

Manche Menschen greifen auch auf eine ständige Reizüberflutung zurück, etwa durch ständiges Multitasking, pausenlose Aktivität oder einen
überladenen Terminkalender. In Wahrheit handelt es sich dabei oft um
Fluchtbewegungen: vor dem eigenen Erleben, vor unangenehmen Gefühlen oder vor der Auseinandersetzung mit dem, was im Inneren drängt.
Es entsteht eine Art Daueraktivität, die äußerlich funktional erscheint, innerlich aber erschöpfend ist.

Ein weiteres häufiges Muster ist die Tendenz zur Projektion - also die Ver-
schiebung des inneren Drucks auf andere. Konflikte im Außen nehmen
zu, es kommt vermehrt zu Streit, Reizbarkeit oder dem Bedürfnis, Kontrolle über das Umfeld auszuüben. Auch psychosomatische Beschwerden
wie Kopfschmerzen, Rückenschmerzen oder Magenprobleme können
Ausdruck einer unbewältigten inneren Anspannung sein.

Nicht selten kommt es im Zuge negativer Stressverarbeitung auch zu einem Gefühl der inneren Leere oder Entfremdung. Die Betroffenen verlieren den Zugang zu ihren Bedürfnissen, spüren sich selbst kaum noch und

erleben das eigene Leben zunehmend als fremdbestimmt. In dieser Phase wächst oft auch das Gefühl von Sinnlosigkeit oder Resignation.

All diese Strategien haben eines gemeinsam: Sie dienen kurzfristig der Reduktion innerer Anspannung, verstärken langfristig jedoch das Stresserleben und führen häufig in einen Teufelskreis aus Vermeidung, Erschöpfung und Selbstentfremdung. Umso wichtiger ist es, frühzeitig ein Bewusstsein dafür zu entwickeln und schrittweise alternative, konstruktivere Wege der Stressbewältigung zu erlernen.

Eine weitere verbreitete Strategie ist die emotionale Verdrängung: Belastende Gefühle werden nicht zugelassen oder als Schwäche abgewertet. Die betroffene Person versucht, „funktional" zu bleiben, den Alltag durchzuhalten, ohne sich mit dem inneren Druck auseinanderzusetzen. Auch permanente Selbstkritik oder das Streben nach Perfektionismus können Ausdruck eines inneren Kampfes mit dem Stress sein - nach außen hin als Leistungsbereitschaft getarnt, im Inneren jedoch von Angst und Anspannung getrieben.

Diese Verhaltensmuster sind meist Ausdruck eines Mangels an alternativen Bewältigungsstrategien und innerer Selbstzuwendung. Sie verschaffen kurzfristige Kontrolle oder Linderung, führen aber langfristig zu einer Verstärkung des inneren Ungleichgewichts. Aus diesem Grund ist es essenziell, negative Stressverarbeitungsstrategien frühzeitig zu erkennen und zu reflektieren. Nur so kann ein Raum entstehen, in dem neue, gesündere Wege des Umgangs mit Belastung erlernt werden können.

Resilienz

Wer sich mit den Ursachen und Auswirkungen von Stress befasst, begegnet zwangsläufig auch der Frage, was Menschen innerlich stark und widerstandsfähig macht - und stößt dabei unweigerlich auf das Konzept der Resilienz. Resilienz ist ein Begriff, der in den letzten Jahren zunehmend in den Mittelpunkt gesellschaftlicher, psychologischer und gesundheitlicher Diskussionen gerückt ist. Doch was bedeutet Resilienz eigentlich? Oft wird sie als „seelische Widerstandskraft" beschrieben, als die Fähigkeit eines Menschen, Krisen, Belastungen oder traumatische Erfahrungen nicht nur zu überstehen, sondern gestärkt daraus hervorzugehen. Resilienz ist keine angeborene Eigenschaft, sondern vielmehr ein dynamischer Prozess, der sich im Laufe des Lebens entwickeln, stärken und auch wieder schwächen kann. Sie ist Ausdruck der menschlichen Fähigkeit, mit den Widrigkeiten des Lebens in einer Weise umzugehen, die nicht zur inneren Erstarrung, sondern zu einem reiferen Selbstverständnis führt.

Resilienz bedeutet nicht, unverwundbar zu sein. Im Gegenteil: Resiliente Menschen erleben Schmerz, Trauer, Wut und Angst ebenso wie andere. Der Unterschied liegt darin, wie sie mit diesen Gefühlen umgehen, welche inneren Haltungen sie entwickeln und welche Ressourcen sie mobilisieren können. Resilienz zeigt sich also nicht im Vermeiden von Krisen, sondern im bewussten und aktiven Umgang mit ihnen. Dazu gehören unter anderem die Fähigkeit zur Selbstreflexion, ein gesundes Selbstwertgefühl, die Bereitschaft, Hilfe anzunehmen, sowie eine gewisse Flexibilität im Denken und Handeln.

Resiliente Menschen verfügen über bestimmte Schutzfaktoren - sogenannte Resilienzfaktoren -, die sie in belastenden Lebenssituationen unterstützen. Diese Faktoren sind nicht starr oder angeboren, sondern können gefördert und weiterentwickelt werden. Zu den zentralen Resilienzfaktoren zählen:

- Selbstwirksamkeit
- Optimismus
- Emotionsregulation
- Impulskontrolle
- Realistisches Denken und Problemlösekompetenz
- Beziehungsfähigkeit und soziale Unterstützung
- Sinnorientierung

Im weiteren Verlauf dieses Kapitels lade ich Sie ein, die genannten Resilienzfaktoren gemeinsam mit mir näher zu betrachten. Sie erfahren, wie diese inneren Ressourcen dabei helfen können, mit Belastungen umzugehen, Krisen zu bewältigen und neue Kraft für ein gelingendes Leben zu schöpfen.

Selbstwirksamkeit: Der Glaube daran, selbst Einfluss auf das eigene Leben nehmen zu können. Menschen mit einem hohen Selbstwirksamkeitserleben vertrauen darauf, dass ihre Handlungen eine Wirkung haben. Sie sehen sich nicht als Opfer äußerer Umstände, sondern als aktiv Gestaltende. Diese Überzeugung ist ein zentraler Motor für Handlungsfähigkeit, Motivation und psychische Stabilität. Wer sich als selbstwirksam erlebt, traut sich auch zu, Herausforderungen anzunehmen, neue Wege zu gehen und sich nicht von Rückschlägen entmutigen zu lassen. Selbstwirksamkeit entsteht nicht aus abstrakter Theorie, sondern durch gelebte Erfahrung: durch Momente, in denen ein Mensch spürt, dass sein Tun etwas bewirkt hat - sei es eine gelöste Aufgabe, ein erfolgreich geführtes Gespräch oder eine überstandene Krise. Diese Erlebnisse verankern sich als innere Referenz und stärken das Vertrauen, auch künftige Herausforderungen bewältigen zu können. Ein resilienter Mensch wird also nicht unbedingt weniger oft mit Schwierigkeiten konfrontiert - aber er oder sie hat ein inneres Archiv von Beweisen, dass die eigene Handlungskraft etwas verändern kann.

Darüber hinaus fördert Selbstwirksamkeit eine proaktive Haltung: Anstatt abzuwarten oder sich dem Schicksal ausgeliefert zu fühlen, entsteht der Impuls, aktiv zu gestalten, sich Unterstützung zu suchen oder neue Perspektiven zu entwickeln. Sie wirkt wie ein innerer Kompass, der hilft, auch in unsicheren Zeiten Orientierung zu finden - nicht weil alle Antworten schon bekannt wären, sondern weil die Zuversicht besteht, sie finden zu können.

Optimismus: Eine zuversichtliche Grundhaltung gegenüber dem Leben. Dieser Optimismus ist nicht naiv, sondern realistisch: Er bedeutet, auch im Scheitern einen Lernprozess zu sehen und in schwierigen Situationen darauf zu vertrauen, dass es irgendwann wieder leichter wird. Optimismus trägt wesentlich dazu bei, den Blick nicht ausschließlich auf das Problem zu richten, sondern auch auf mögliche Wege der Bewältigung. Diese Grundhaltung kann in Krisen wie ein inneres Licht wirken, das Orientierung gibt - auch dann, wenn der Weg vorübergehend im Dunkeln liegt.

Resiliente Menschen mit optimistischer Haltung neigen dazu, Herausforderungen als vorübergehend und bewältigbar zu sehen, anstatt sie als dauerhafte Bedrohung oder persönliche Niederlage zu interpretieren. Sie sind in der Lage, das Gute im Schlechten zu entdecken, ohne dabei die Realität zu leugnen. Dieser sogenannte „realistische Optimismus" hilft, emotionale Belastung zu regulieren, Hoffnung aufrechtzuerhalten und aus Rückschlägen zu lernen, statt sich von ihnen lähmen zu lassen.

Optimismus ist zudem eng verbunden mit innerer Motivation und Zielorientierung. Wer davon ausgeht, dass die eigenen Anstrengungen Früchte tragen können, ist eher bereit, dranzubleiben, Durchhaltevermögen zu zeigen und sich auch bei Rückschlägen nicht entmutigen zu lassen. Studien zeigen, dass Optimismus eng mit psychischer Gesundheit, Lebenszufriedenheit und sogar körperlicher Belastbarkeit korreliert. Das Vertrauen, dass sich Dinge zum Besseren wenden können, ist somit nicht nur eine innere Haltung, sondern auch ein Schutzfaktor für das gesamte Wohlbefinden.

Emotionsregulation: Die Fähigkeit, auch starke Gefühle wie Angst, Wut oder Trauer wahrzunehmen, zu akzeptieren und konstruktiv damit umzugehen. Resiliente Menschen verdrängen ihre Gefühle nicht, aber sie lassen sich auch nicht von ihnen überwältigen. Sie erkennen emotionale Zustände als wichtige Signale ihres inneren Erlebens an, ohne ihnen die Kontrolle über ihr Verhalten zu überlassen. Dabei geht es nicht darum, Gefühle wegzudrücken oder zu kontrollieren, sondern sie bewusst zu durchleben und in einen angemessenen Ausdruck zu bringen.

Ein wichtiger Aspekt der Emotionsregulation ist die Fähigkeit zur inneren Differenzierung: also zu erkennen, was genau gefühlt wird, woher das

Gefühl kommt und wie es sich auf das Denken und Handeln auswirkt. Menschen mit einer ausgeprägten Emotionsregulation entwickeln eine Sprache für ihr inneres Erleben - und damit auch die Fähigkeit, anderen mitzuteilen, was sie bewegt. Das erleichtert zwischenmenschliche Beziehungen und verhindert Eskalationen in Stresssituationen.

Außerdem ermöglicht Emotionsregulation, mit Belastungssituationen flexibler umzugehen. Wer gelernt hat, eigene Gefühle in ihrer Wucht auszuhalten, ohne von ihnen weggeschwemmt zu werden, bleibt auch in Krisensituationen handlungsfähig. Diese Fähigkeit schützt nicht nur vor impulsiven Reaktionen, sondern auch vor innerem Rückzug, Erstarrung oder Resignation. Emotionsregulation ist daher nicht nur eine persönliche Kompetenz, sondern auch ein sozialer Schutzfaktor - sie macht Menschen anschlussfähig, empathisch und belastbar im Umgang mit anderen.

Impulskontrolle: Die Fähigkeit, in angespannten Situationen nicht vorschnell zu handeln, sondern innezuhalten, zu reflektieren und überlegter zu reagieren. Dies ermöglicht es, in herausfordernden Momenten handlungsfähig zu bleiben. Gerade unter Stress, bei Überforderung oder in emotional aufgeladenen Momenten neigt der Mensch dazu, impulsiv zu reagieren - sei es durch Rückzug, Aggression, vorschnelle Entscheidungen oder unangemessene Äußerungen. Resiliente Menschen haben gelernt, diesen ersten Impuls wahrzunehmen, ohne ihm unmittelbar zu folgen.

Impulskontrolle ist keine Verdrängung oder Unterdrückung von Gefühlen, sondern ein bewusster Umgang mit dem, was sich regt. Es bedeutet, zwischen Reiz und Reaktion einen inneren Raum zu schaffen - einen Moment der Selbstbeobachtung und Wahlfreiheit. In diesem Raum liegt die Möglichkeit, aus innerer Klarheit statt aus affektiver Überladung zu handeln. Menschen mit guter Impulskontrolle sind besser in der Lage, Konflikte zu deeskalieren, in belastenden Situationen Ruhe zu bewahren und langfristige Ziele über kurzfristige emotionale Reaktionen zu stellen. Diese Fähigkeit ist nicht nur im Umgang mit anderen von Bedeutung, sondern auch im Selbstumgang: Wer eigene Impulse reflektieren kann, wird sich seltener selbst sabotieren, weniger in selbstschädigende Verhaltensmuster verfallen und eine größere emotionale Stabilität entwickeln. Impulskontrolle ist somit ein Schlüssel zur Selbstführung - und damit ein wesentlicher Bestandteil innerer Resilienz.

Realistisches Denken und Problemlösekompetenz: Die Fähigkeit, komplexe Situationen nüchtern einzuschätzen, Prioritäten zu setzen und nach umsetzbaren Lösungen zu suchen. Diese Kompetenz erlaubt es, sich auch in emotional herausfordernden Phasen einen klaren Kopf zu bewahren und handlungsfähig zu bleiben. Realistisches Denken bedeutet, eine Situation weder zu beschönigen noch zu dramatisieren, sondern sie so zu betrachten, wie sie ist - mit all ihren Herausforderungen, aber auch mit ihren Möglichkeiten. Es geht um einen ehrlichen, sachlichen Blick auf die Realität, ohne sich von Ängsten oder Wunschdenken leiten zu lassen.

Problemlösekompetenz schließt daran an: Sie beschreibt die Fähigkeit, aus einer nüchternen Analyse heraus konkrete Handlungsschritte zu entwickeln. Menschen mit dieser Fähigkeit stellen sich nicht in erster Linie die Frage „Warum passiert mir das?", sondern vielmehr: „Was kann ich jetzt tun?" Dieser lösungsorientierte Zugang entlastet, weil er das Gefühl von Kontrolle stärkt und aus der Passivität herausführt. Auch das Priorisieren von Aufgaben und das Erkennen von Machbarem gehört dazu - nicht alles muss auf einmal gelöst werden.

Zudem erlaubt Problemlösekompetenz auch, flexibel auf neue Herausforderungen zu reagieren. Wenn sich Pläne als untauglich erweisen oder sich Rahmenbedingungen verändern, sind resiliente Menschen in der Lage, Alternativen zu entwickeln und sich neu zu orientieren. Diese geistige Beweglichkeit ist ein wichtiger Schutzfaktor in krisenhaften Zeiten und stärkt das Vertrauen in die eigene Anpassungsfähigkeit.

In der Praxis zeigt sich diese Fähigkeit zum Beispiel darin, bei einem drohenden Jobverlust nicht in Panik zu verfallen, sondern sich zu fragen, welche Schritte nun sinnvoll und möglich sind - etwa eine Beratung aufzusuchen, sich über Weiterbildungen zu informieren oder ein Netzwerk zu aktivieren. Problemlösekompetenz heißt auch, Hilfe anzunehmen, wo nötig, und sich nicht durch überhöhte Erwartungen an sich selbst zu überfordern. Sie ist eine Haltung der aktiven Lebensgestaltung - auch unter schwierigen Bedingungen.

Beziehungsfähigkeit und soziale Unterstützung: Der Zugang zu stabilen, vertrauensvollen Beziehungen ist einer der wichtigsten Resilienzfaktoren. Menschen, die sich auf andere verlassen können, erleben sich auch in Krisen als gehalten und verbunden. Diese Form von sozialer Eingebundenheit wirkt wie ein emotionales Netz, das auffängt, wenn das Leben aus dem Gleichgewicht gerät. Vertrauen, Zugehörigkeit und emotionale Nähe schaffen Sicherheit - ein Grundbedürfnis des Menschen, das insbesondere in Zeiten von Unsicherheit und Belastung existenziell wird.

Beziehungsfähigkeit bedeutet nicht nur, viele soziale Kontakte zu haben, sondern vor allem, tragfähige und authentische Beziehungen pflegen zu können. Dazu gehören die Bereitschaft, sich verletzlich zu zeigen, die Fähigkeit, zuzuhören, Empathie zu empfinden und Nähe zuzulassen. Ebenso gehört dazu, sich Unterstützung holen zu können - ohne Scham, ohne Angst vor Ablehnung. Menschen mit guter Beziehungsfähigkeit erleben sich nicht als isolierte Einzelne, sondern als Teil eines größeren Ganzen, das trägt und stärkt.

Soziale Unterstützung zeigt sich in vielen Formen: im ehrlichen Gespräch mit einem Freund, im Gefühl, gesehen und verstanden zu werden, in konkreter Hilfe oder einfach im stillen Dabeisein eines anderen Menschen. Diese Erfahrungen wirken stressreduzierend, fördern die emotionale Verarbeitung und erhöhen die Wahrscheinlichkeit, sich schneller von belastenden Situationen zu erholen. Studien belegen, dass Menschen mit tragfähigen sozialen Bindungen seltener an psychischen Erkrankungen leiden und sich schneller von gesundheitlichen Krisen erholen.
Beziehungsfähigkeit und soziale Unterstützung sind deshalb nicht nur individuelle Ressourcen, sondern auch gesellschaftliche Aufgaben: Eine resiliente Gemeinschaft ist eine, in der Menschen füreinander da sind - nicht nur im Erfolg, sondern auch im Scheitern, im Zweifeln, im Schmerz.

In solchen Beziehungen entsteht das, was Resilienz im Innersten ausmacht: das Gefühl, nicht allein zu sein mit dem, was schwer ist.

Sinnorientierung: Das Erleben von Sinn, auch im Leid, verleiht Kraft und Durchhaltevermögen. Es hilft, Krisen als Teil eines größeren Zusammenhangs zu verstehen und nicht in Resignation zu verfallen. Menschen mit einer hohen Sinnorientierung finden in ihrem Leben - oder in einzelnen Aspekten davon - etwas, das ihnen als wertvoll und bedeutsam erscheint. Das kann ein inneres Ziel, ein Engagement für andere, ein kreatives Projekt oder die tiefe Verbindung zu einem Menschen sein. Diese Sinnhaftigkeit fungiert wie ein innerer Kompass, der auch in schwierigen Zeiten Richtung und Motivation verleiht.

Sinnorientierung bedeutet nicht, allem einen Zweck aufzuzwingen, sondern vielmehr, in den Erfahrungen des Lebens - auch in den leidvollen - eine Bedeutung zu erkennen oder zu schaffen, die das eigene Dasein trägt. In diesem Prozess entstehen oft neue Perspektiven, Werte oder Prioritäten. Besonders in Krisensituationen stellt sich häufig die Frage nach dem Warum. Eine sinnorientierte Haltung beantwortet diese Frage nicht unbedingt mit konkreten Erklärungen, sondern mit einem inneren Gefühl, dass sich das Durchhalten lohnt, weil es etwas gibt, das größer ist als das aktuelle Leid.

Menschen mit Sinnorientierung zeigen oft eine größere Bereitschaft, Verantwortung zu übernehmen, sich für andere einzusetzen oder neue Lebenspläne zu entwickeln. Sie erleben sich nicht nur als Getriebene äußerer Umstände, sondern als Gestaltende eines bedeutungsvollen Lebensweges. Diese Haltung wirkt stabilisierend, weil sie ein starkes Gefühl von Verbundenheit mit dem Leben selbst vermittelt - auch und gerade dann, wenn es herausfordernd wird.

Salutogenese und Kohärenzgefühl

Die beschriebenen Resilienzfaktoren lassen sich inhaltlich gut mit dem salutogenetischen Ansatz von Aaron Antonovsky verbinden. Auch er stellte sich die grundlegende Frage: Wie gelingt es Menschen, trotz großer Belastungen und widriger Lebensumstände körperlich und seelisch gesund zu bleiben? Diese Überlegungen führten ihn zur Entwicklung seines zentralen Konzeptes - dem Kohärenzgefühl (Sense of Coherence), das den Kern seiner Salutogenesetheorie bildet. Dieses Kohärenzgefühl beschreibt eine innere Grundhaltung, mit der Menschen ihre Welt als verständlich, handhabbar und sinnvoll erleben. Wer über ein starkes Kohärenzgefühl verfügt, fühlt sich dem Leben nicht hilflos ausgeliefert, sondern erlebt sich als aktiv gestaltenden Teil seiner Umwelt. Mit seiner Theorie der Salutogenese eröffnete Antonovsky eine neue Perspektive auf Gesundheit. Anstatt - wie in der klassischen Pathogenese - nach den Ursachen von Krankheit zu fragen, richtete er den Blick darauf, was Menschen gesund erhält. Dabei erkannte er, dass viele Menschen auch unter schwierigsten Bedingungen ihre psychische und physische Gesundheit bewahren können. Das Kohärenzgefühl wurde in seinen Forschungen zum Schlüssel, um diese Fähigkeit zu verstehen. Es beschreibt die Grundhaltung eines Menschen gegenüber dem Leben und seinen Herausforderungen. Es setzt sich aus drei Komponenten zusammen:

SOC
= Sence of Coherence
= Kohärenzgefühl

Verstand, Kognition:
Ich verstehe, was um mich herum und mit mir passiert und kann es in einen größeren Zusammenhang einordnen.

Verstehbarkeit

Körper, Ressourcen:
Ich verfüge über die nötigen Ressourcen um die Situation bewältigen zu können.

Kohärenz

Handhabbarkeit

Bedeutsamkeit, Sinnhaftigkeit

Das Leben stellt mir eine Frage/ Aufgabe und ich gebe darauf eine sinnvolle Antwort.

1. Verstehbarkeit:

Die Welt wird als geordnet, erklärbar und nicht willkürlich erlebt. Ereignisse erscheinen nachvollziehbar und in einem größeren Zusammenhang verstehbar. Menschen mit einem hohen Maß an Verstehbarkeit erleben ihr Leben nicht als chaotisch oder unberechenbar, sondern entwickeln ein inneres Modell, das ihnen hilft, äußere Ereignisse einzuordnen und zu begreifen. Das bedeutet nicht, dass sie alles verstehen oder jede Situation vollständig kontrollieren können - vielmehr geht es darum, ein Grundvertrauen zu entwickeln, dass es prinzipiell möglich ist, die Welt zu verstehen und Zusammenhänge zu erkennen. Diese Haltung wirkt stabilisierend, insbesondere in Krisenzeiten: Wer versteht, warum etwas geschieht, oder zumindest eine Erklärungsmöglichkeit dafür hat, erlebt weniger Ohnmacht und mehr Orientierung. Verstehbarkeit ist somit eng mit kognitiver Kohärenz verbunden. Sie gibt dem Leben eine Struktur, reduziert das Gefühl von Zufälligkeit und fördert die Fähigkeit, auch in schwierigen Situationen handlungsfähig zu bleiben. Dieses innere Ordnungsempfinden ermöglicht es, neue Erfahrungen besser zu integrieren und aus ihnen zu lernen, anstatt sie als bedrohlich oder sinnlos zu erleben.

2. Handhabbarkeit:

Handhabbarkeit beschreibt das Ausmaß, in dem Menschen auf Erfahrungen zurückgreifen können, die ihnen zeigen: Ich bin Herausforderungen in der Vergangenheit gewachsen gewesen, also kann ich auch mit gegenwärtigen Schwierigkeiten umgehen. Dabei geht es um konkrete Erlebnisse von Bewältigung, Problemlösung und Unterstützung, die im Gedächtnis verankert sind und als innere Referenzpunkte dienen. Wer erlebt hat, dass eigene Anstrengungen Wirkung zeigen, dass Hilfe erreichbar ist oder dass Krisen überstanden werden konnten, entwickelt daraus ein stabiles Empfinden von Handhabbarkeit. Diese Fähigkeit gründet sich auf ein breites Spektrum an Ressourcen. Dazu gehören körperliche Gesundheit, emotionale Ausgeglichenheit, die Fähigkeit zur Selbstregulation, praktische Problemlösekompetenzen, ein unterstützendes soziales Netzwerk, berufliche Fertigkeiten, aber auch äußere Faktoren wie materielle Sicherheit oder verlässliche Institutionen. Entscheidend ist, dass diese Ressourcen nicht nur theoretisch verfügbar sind, sondern im Lebensalltag tatsächlich erfahrbar und zugänglich waren oder sind. Die Erinnerung an bewältigte Herausforderungen, an erhaltene Hilfe oder an selbst gesetzte Ziele, die erreicht wurden, stützt das Gefühl, auch zukünftig mit Belastungen umgehen zu können. Menschen, die solche Erfahrungen gemacht haben, fühlen sich seltener ausgeliefert oder hilflos. Sie wissen, dass Schwierigkeiten bewältigt werden können - nicht immer allein, aber mit den zur Verfügung stehenden Mitteln. Dieses Wissen schützt vor der Tendenz, sich zurückzuziehen oder in Passivität zu verfallen. Handhabbarkeit ist somit weniger ein abstraktes Vertrauen, sondern ein erfahrungsbasiertes Fundament, auf dem Zuversicht, Stabilität und Handlungsspielraum wachsen können. In diesem Sinne ist Handhabbarkeit ein zentraler Bestandteil psychischer Resilienz und ein wesentlicher Pfeiler des Kohärenzgefühls.

Menschen mit einem hohen Maß an Handhabbarkeit erleben sich als kompetent, aktiv und wirksam. Sie betrachten Schwierigkeiten nicht als unüberwindbare Barrieren, sondern als Herausforderungen, die lösbar sind - vielleicht nicht allein, aber doch mit Unterstützung. Sie wissen, wann sie Hilfe brauchen, und scheuen sich nicht, diese anzunehmen. Diese Haltung fördert Eigenverantwortung und ermutigt dazu, selbst in belastenden Situationen nicht in Passivität zu verfallen.

Handhabbarkeit ist eng verknüpft mit der Erfahrung von Selbstwirksamkeit. Wer immer wieder erlebt, dass eigene Anstrengungen etwas bewirken, stärkt das Vertrauen in die eigene Kompetenz - und legt damit die Grundlage für einen konstruktiven Umgang mit Stress. Auch das soziale Umfeld spielt hierbei eine wichtige Rolle. Menschen, die auf stabile Beziehungen zählen können, fühlen sich nicht allein gelassen. Sie wissen: Es gibt jemanden, der da ist, wenn es schwierig wird. Diese Erfahrung von Verlässlichkeit trägt wesentlich zum Kohärenzgefühl bei. Darüber hinaus wirkt sich Handhabbarkeit auf die Zukunftsperspektive aus. Wer davon überzeugt ist, die Anforderungen des Lebens bewältigen zu können, blickt mit größerer Gelassenheit und Zuversicht auf kommende

Herausforderungen. Diese Grundhaltung erleichtert es, flexibel und lösungsorientiert zu denken, sich neuen Situationen anzupassen und bei Rückschlägen nicht den Mut zu verlieren. In diesem Sinne ist Handhabbarkeit mehr als nur eine kognitive Einschätzung - sie ist ein emotionales Fundament für Stabilität, Sicherheit und Vertrauen ins Leben.

3. Bedeutsamkeit, Sinnhaftigkeit:

Das Leben und seine Herausforderungen werden als sinnvoll erlebt. Es lohnt sich, sich zu engagieren und Schwierigkeiten zu überwinden. Menschen, die Sinn in ihrem Leben und in ihren Erfahrungen erkennen können, sind in der Lage, selbst widrigste Umstände in einen größeren Zusammenhang zu stellen. Sie erleben Krisen nicht als bloßen Bruch oder sinnlose Zumutung, sondern als Teil eines tieferliegenden Prozesses, der dem eigenen Dasein Richtung und Tiefe verleiht. Dieses Empfinden schafft nicht nur Motivation und Durchhaltevermögen, sondern wirkt auch schützend vor innerem Zusammenbruch.

Die Idee, dass Sinn eine zentrale Rolle für die psychische Gesundheit spielt, findet sich auch in den Lehren des Neurologen und Psychiaters Viktor Frankl. Frankl, der die Schrecken des Konzentrationslagers überlebte, entwickelte auf Basis seiner Erfahrungen die Logotherapie, eine sinnzentrierte Form der Existenzanalyse. Im Zentrum seiner Philosophie steht die Überzeugung, dass der Mensch selbst unter extremsten Bedingungen in der Lage ist, seinem Leben Sinn zu geben - nicht durch Vermeidung von Leid, sondern durch eine innere Haltung, die dem Leid Bedeutung verleiht. Frankl stellte fest, dass Menschen, die auch im Leiden einen tieferen Sinn erkennen konnten, über eine höhere psychische Widerstandskraft verfügten. „Wer ein Warum zum Leben hat, erträgt fast jedes Wie", schrieb er in Anlehnung an Friedrich Nietzsche. Diese Sinnorientierung ist nicht unbedingt rational begründet, sondern oft existenziell empfunden: Sie kann sich aus dem Engagement für andere, aus einer ethischen Haltung, aus spirituellem Glauben oder aus einem persönlichen Lebensziel speisen. Entscheidend ist, dass der Mensch das Gefühl hat, für etwas zu leben, das größer ist als er selbst. Im Kontext der Salutogenese bedeutet

Sinnhaftigkeit daher mehr als nur das Erkennen eines Ziels. Sie umfasst ein emotionales und geistiges Erleben von Verbundenheit, Zweck und Bedeutung. Wer eine tiefe Sinnhaftigkeit empfindet, wird mit Herausforderungen nicht nur anders umgehen, sondern auch eine grundsätzlich andere Haltung zum Leben einnehmen: annehmender, geduldiger, vertrauensvoller. Sinn ist somit keine abstrakte Idee, sondern ein zutiefst menschlicher Erfahrungsraum, in dem Kraft, Orientierung und Lebensmut wachsen können.

Zusammenfassend lässt sich sagen: Die drei Komponenten Verstehbarkeit, Handhabbarkeit und Sinnhaftigkeit bilden gemeinsam das sogenannte Kohärenzgefühl, das zentrale Konzept der Salutogenese. Verstehbarkeit bedeutet, dass Menschen das Geschehen in ihrem Leben kognitiv einordnen und nachvollziehen können. Sie erkennen Muster, stellen Zusammenhänge her und finden Orientierung, auch wenn nicht alles sofort verständlich ist. Handhabbarkeit beschreibt die Erfahrung, über reale, zugängliche Ressourcen zu verfügen, um mit Herausforderungen umzugehen. Dazu gehören sowohl innere Fähigkeiten als auch äußere Unterstützung. Sinnhaftigkeit schließlich steht für das Erleben, dass das Leben und auch seine schwierigen Seiten eine tiefere Bedeutung haben, die es lohnt, sich zu engagieren und durchzuhalten.

Menschen mit einem ausgeprägten Kohärenzgefühl haben laut Antonovsky bessere Voraussetzungen, gesund zu bleiben - auch unter Stress, in schwierigen Lebensphasen oder bei chronischen Erkrankungen. Sie erleben sich nicht als hilflos, sondern als aktiv gestaltend. Ihr Vertrauen in die Welt und in sich selbst macht sie resilienter gegen psychische Belastungen. Resilienz und Salutogenese ergänzen sich in diesem Sinne: Resilienz beschreibt die konkrete Fähigkeit, auf Krisen zu reagieren, während Salutogenese den übergeordneten Rahmen liefert, in dem Gesundheit trotz Widrigkeiten erhalten werden kann.

Die praktische Bedeutung dieser Konzepte liegt darin, dass sie nicht nur in der Therapie oder der Gesundheitsförderung relevant sind, sondern für jeden Menschen. Sie fordern dazu auf, die eigene Haltung zu prüfen,

Ressourcen bewusst wahrzunehmen und zu pflegen und einen Lebensstil zu entwickeln, der nicht auf Vermeidung von Belastung, sondern auf Stärkung von Schutzfaktoren setzt. Wer sich seiner inneren und äußeren Ressourcen bewusst ist, wer Sinn im Leben finden kann und sich als wirksam erlebt, hat gute Chancen, auch in schwierigen Zeiten stabil zu bleiben.

Resilienz und das Kohärenzgefühl lassen sich nicht verordnen, aber sie lassen sich fördern. Durch Bildung, durch soziale Unterstützung, durch reflektiertes Leben, durch Selbstfürsorge, durch Erfahrung und nicht zuletzt durch Krisen, die gemeistert wurden. All diese Wege tragen dazu bei, die eigene Widerstandskraft zu entwickeln und eine tiefere Verbindung zu sich selbst und dem Leben herzustellen. Sie fördern die Fähigkeit, in schwierigen Situationen nicht nur zu überleben, sondern innerlich zu wachsen, neue Perspektiven zu gewinnen und Lebensmut zu schöpfen.

In einer Zeit, die von Unsicherheiten, schnellen Veränderungen und globalen Herausforderungen geprägt ist, wird die Entwicklung von Resilienz und einem starken Kohärenzgefühl zu einer Schlüsselkompetenz des Menschseins. Es geht nicht darum, unangreifbar zu sein oder sich gegen das Leben abzuschotten, sondern darum, mit seinen Unwägbarkeiten bewusst und innerlich gefestigt umzugehen. Resilienz bedeutet dann nicht nur das Überstehen von Belastung, sondern auch das aktive Gestalten eines Lebens, das getragen ist von Vertrauen, Sinn und einem bewussten Umgang mit den eigenen Grenzen und Möglichkeiten. Das Kohärenzgefühl bildet dabei ein inneres Fundament, auf dem diese Lebenshaltung wachsen kann.

Resilienz und Kohärenz sind Ausdruck einer inneren Haltung, die sagt: Ich kann nicht alles kontrollieren, aber ich kann mich dem Leben zuwenden - mit Vertrauen, mit Neugier und mit der Bereitschaft, zu wachsen. Es ist eine Haltung, die offen ist für Veränderung, ohne sich selbst zu verlieren. Die bereit ist, Schmerz und Unsicherheit auszuhalten, ohne daran zu zerbrechen. Und die den tiefen Wunsch in sich trägt, das eigene Leben nicht nur zu erdulden, sondern mitzugestalten - in Würde, in Bewusstheit und im Kontakt mit dem, was dem eigenen Dasein Bedeutung verleiht.

Traumatische Krisen

Traumatische Krisen zählen zu den tiefgreifendsten und nachhaltigsten Erschütterungen, die ein Mensch erleben kann. Sie treten in der Regel unvermittelt auf, treffen den Menschen unvorbereitet und sind mit einer derartigen Intensität verbunden, dass sie nicht nur momentane Belastung, sondern eine grundlegende Infragestellung des bisherigen Lebensgefüges bewirken. Solche Ereignisse brechen nicht einfach in das Leben ein - sie durchschneiden es regelrecht. Was vorher als selbstverständlich galt - die eigene Sicherheit, die Stabilität sozialer Beziehungen, das Vertrauen in die Welt und sich selbst - gerät ins Wanken oder zerbricht vollständig.

In einer traumatischen Krise fühlt sich die betroffene Person oft wie aus dem eigenen Leben herauskatapultiert. Der gewohnte Alltag erscheint plötzlich fremd, bedeutungslos oder unerreichbar. Das Zeiterleben verändert sich, das Erlebte wirkt unwirklich, wie in einem Film oder wie ein böser Traum. Gleichzeitig kommt es zu einer Überflutung durch starke Emotionen wie Angst, Ohnmacht, Entsetzen oder Verzweiflung - oft begleitet von körperlichen Reaktionen wie Zittern, Herzrasen oder innerer Erstarrung. Der Mensch wird überwältigt von einem Geschehen, das seine psychischen Verarbeitungsmöglichkeiten übersteigt.

Traumatische Krisen erschüttern nicht nur das gegenwärtige Erleben, sondern wirken auch in die Vergangenheit und Zukunft hinein. Erinnerungen an frühere Erfahrungen können plötzlich hochkommen oder sich mit dem aktuellen Erleben vermischen. Zukünftige Lebensentwürfe scheinen unerreichbar, Hoffnungen erscheinen naiv oder verlieren ihre Bedeutung. Es ist, als würde das innere Koordinatensystem verloren gehen - eine existenzielle Desorientierung, die in vielen Fällen mit einem tiefen Gefühl von Einsamkeit einhergeht.

Was traumatische Krisen so besonders macht, ist nicht allein das äußere Ereignis, sondern das Erleben der Betroffenen, dem Geschehen hilflos ausgeliefert zu sein. Dieses Gefühl der absoluten Machtlosigkeit ist es, das den tiefsten Eindruck hinterlässt. Viele Menschen beschreiben nach einer traumatischen Erfahrung nicht nur das Ereignis selbst als schmerzhaft, sondern vor allem das Erleben, keinerlei Einfluss darauf gehabt zu haben, nicht handeln, nicht schützen, nicht fliehen oder helfen zu können. In diesem Kontrollverlust liegt der Kern der traumatischen Erschütterung.

Traumatische Krisen durchbrechen das gewohnte Kontinuum des Lebens. Sie zerstören das Gefühl der Vorhersehbarkeit, das Vertrauen in die eigene Integrität und die Sicherheit, mit Herausforderungen grundsätzlich fertigwerden zu können. Gewohnte Bewältigungsstrategien versagen, Routinen greifen nicht mehr, Sprache reicht nicht aus, um das Geschehen zu fassen. Die Welt ist nicht mehr dieselbe - und man selbst ist es auch nicht. Der Weg aus einer solchen Erschütterung ist oft lang, komplex und individuell. Doch er beginnt damit, das Erlebte ernst zu nehmen - und zu erkennen, dass das, was sich wie ein persönliches Versagen anfühlt, in Wahrheit eine zutiefst menschliche Reaktion auf das Unerträgliche ist.

Zu den häufigsten Auslösern traumatischer Krisen zählen der Verlust oder Tod eines nahestehenden Menschen, schwere Unfälle, lebensverändernde Erkrankungen, Trennung oder Untreue in Partnerschaften, soziale Demütigungen, Gewalterfahrungen - insbesondere sexualisierte Gewalt -, sowie großflächige Katastrophen, wie Naturereignisse, Terroranschläge oder Krieg. Auch das bloße Zeuge-Sein solcher Ereignisse kann bereits traumatisierend wirken.

Der schwedische Psychiater Johan Cullberg (1978) beschreibt traumatische Krisen als existentielle Erschütterungen, bei denen das Ereignis nicht nur als belastend erlebt wird, sondern die gesamte psychische Struktur einer Person erschüttert und überfordert. Im Unterschied zu gewöhnlichen Lebenskrisen, in denen Menschen häufig noch auf innere Ressourcen, soziale Unterstützung und gewohnte Bewältigungsmechanismen zurückgreifen können, geraten Betroffene bei traumatischen Ereignissen in einen Zustand der totalen Überwältigung - seelisch, kognitiv und körperlich. Die Erfahrung ist so intensiv, dass sie sich dem bewussten Verstehen entzieht und tief ins Erleben einschreibt.

Shattered assumptions

Ein zentrales Konzept zum besseren Verständnis dieser inneren Erschütterung ist das der „shattered assumptions" - der zerstörten Grundannahmen. Nach diesem Modell, das auf die Arbeiten von Ronnie Janoff-Bulman zurückgeht, verfügen alle Menschen über grundlegende Überzeugungen, die ihnen helfen, die Welt als sicher, vorhersehbar und gerecht zu erleben. Dazu gehört der Glaube daran, dass die Welt im Wesentlichen gut ist, dass man sich selbst als kompetent und geschützt erlebt und dass das Leben einen Sinn ergibt.

Ein traumatisches Ereignis zerstört diese Grundüberzeugungen schlagartig. Es zeigt auf brutale Weise, dass Leid willkürlich geschehen kann, dass Unschuld nicht vor Schmerz schützt und dass auch das eigene Leben jederzeit aus der Bahn geworfen werden kann. Die Welt erscheint danach nicht mehr als vertrauter Ort, sondern als bedrohlich, unberechenbar und ungerecht. Die psychische Struktur, die zuvor für innere Stabilität gesorgt hat, wird erschüttert, und es beginnt ein existenzieller Prozess der Neuorientierung.

Dieses Erleben kann zu einem tiefen Gefühl der Entfremdung führen - nicht nur von anderen Menschen, sondern auch von sich selbst. Wer bin ich, wenn das, woran ich geglaubt habe, nicht mehr gilt? Wie kann ich in einer Welt leben, die sich nicht mehr sicher anfühlt? Solche Fragen sind nicht intellektuell, sondern existenziell - und die Suche nach Antworten ist oft langwierig, schmerzhaft, aber auch notwendig, um das eigene Leben wieder in einen tragfähigen Zusammenhang zu bringen.

Das Besondere an traumatischen Krisen liegt also darin, dass sie das menschliche Selbst- und Weltbild massiv erschüttern. Sie stellen nicht nur das äußere Geschehen infrage, sondern das gesamte innere Koordinatensystem. Wer bin ich, wenn ich das erleben musste? Was kann ich überhaupt noch glauben - über mich, über andere, über das Leben? Der Mensch, so Cullberg, wird durch die Wucht des Ereignisses aus seinem psychischen Gleichgewicht geworfen und verliert für eine Zeit die Fähigkeit, die Realität zu ordnen und in einem verstehbaren Zusammenhang zu halten. Die Krise ist in diesem Sinne nicht nur eine Belastung - sie ist ein Einbruch des Unvorstellbaren ins Vorstellbare.

Traumatische Krisen sind deshalb nicht nur als akute Überforderung zu verstehen, sondern als tiefe Störung des Erlebens und der Verarbeitung. Sie reißen Gräben zwischen dem Davor und dem Danach. Oft entsteht ein Riss im Kontinuum der Lebensgeschichte, der nicht ohne weiteres zu überbrücken ist. Erinnerungen können fragmentiert, Gefühle abgespalten und Sinnzusammenhänge zerrissen erscheinen. In der Folge ist es Betroffenen häufig nicht möglich, über das Geschehene zu sprechen - nicht weil sie nicht wollen, sondern weil es (noch) nicht in Worte gefasst werden kann. Die Sprache versagt vor dem, was das Innerste erschüttert hat.

Cullbergs Unterscheidung zwischen belastenden und traumatischen Krisen ist deshalb so bedeutsam, weil sie aufzeigt, dass nicht jede Krise mit gängigen Mitteln bewältigt werden kann. Traumatische Krisen verlangen andere, oft tiefgreifendere Formen der Begleitung und Aufarbeitung. Sie sind nicht „mehr vom Gleichen", sondern qualitativ anders. Ihr Verständnis verlangt von Helfenden nicht nur psychologisches Wissen, sondern auch eine Haltung der Demut: vor der Tiefe menschlichen Erlebens - und dem Mut, mit Menschen an den Rändern des Sagbaren auszuhalten.

Traumatische Ereignisse sind in ihrer Intensität und Wirkung einzigartig. Wie Huber (2009) es formuliert: „Traumatische Ereignisse nehmen das Gehirn buchstäblich in die Zange." Der gesamte Organismus befindet sich im Ausnahmezustand. Der Körper schüttet Stresshormone aus, das Denken wird enggeführt, Reflexion kaum mehr möglich. Besser (2011) bezeichnet Traumata als „subjektiv existenziell bedrohliche und ausweglose Ereignisse", was den individuellen Charakter traumatischer Erlebnisse betont: Was für den einen Menschen traumatisierend ist, kann für den anderen noch verarbeitbar erscheinen. Entscheidend ist also nicht allein das äußere Geschehen, sondern dessen subjektive Bedeutung und Wirkung.

Vitales Diskrepanzerleben

Ein ergänzendes Konzept zur Beschreibung des inneren Erlebens in traumatischen Situationen ist das des „vitalen Diskrepanzerlebens", das von Fischer und Riedesser (1998) geprägt wurde. Es beschreibt den Zustand, in dem das, was ein Mensch erlebt, so sehr im Widerspruch zu seinem inneren Selbst- und Weltverständnis steht, dass eine tiefgreifende Desintegration droht. Vital meint in diesem Zusammenhang das Lebensnotwendige, das für das psychische Gleichgewicht unentbehrlich ist - und genau dieses Gleichgewicht wird durch das Trauma erschüttert. Die Diskrepanz entsteht zwischen dem, was der Mensch als normal, sicher und verstehbar erlebt hat, und der plötzlichen, übermächtigen Realität des traumatischen Geschehens. Das eigene Weltbild wird in seinen Grundfesten erschüttert. Nichts passt mehr zusammen, nichts fühlt sich mehr stimmig an. Diese innere Unvereinbarkeit zwischen Erfahrung und innerer Ordnung macht es oft unmöglich, das Geschehen sinnvoll zu integrieren - eine Erfahrung, die Betroffene nicht selten als „Zerreißprobe der Seele" beschreiben.

Hinzu kommt, dass dieses vitale Diskrepanzerleben nicht nur mit einem Gefühl der Desorientierung einhergeht, sondern auch mit einem tiefen existenziellen Bruch. Was vorher als verlässlich galt - Beziehungen, moralische Werte, das eigene Selbstverständnis - erscheint plötzlich brüchig oder gar bedeutungslos. Viele Betroffene erleben sich in diesem Zustand als zersplittert oder innerlich entkoppelt. Es ist nicht nur das Vertrauen in die Welt, das erschüttert wurde, sondern oft auch das Vertrauen in die eigene Wahrnehmung und Handlungsfähigkeit. Der Mensch steht sich selbst fremd gegenüber, was zu einem Gefühl innerer Entfremdung, Selbstzweifel oder tiefgreifender Verunsicherung führen kann. Diese existenzielle Erschütterung macht deutlich, dass es beim Umgang mit traumatischen Erfahrungen nicht nur um das Verstehen eines Ereignisses geht, sondern um die Wiederherstellung eines inneren Gleichgewichts, das durch das Erlebte zutiefst aus dem Lot geraten ist

Klassifikation

In der Fachliteratur wird häufig zwischen zwei grundlegenden Typen von Traumata unterschieden. Trauma Typ I beschreibt einmalige, plötzlich auftretende Ereignisse wie Naturkatastrophen, schwere Unfälle oder Überfälle. Sie sind klar identifizierbar und zeitlich begrenzt, werden oft als „einschneidendes Erlebnis" erinnert und sind trotz ihrer Schwere meist leichter zu verarbeiten, insbesondere wenn im Anschluss Unterstützung erfolgt. Demgegenüber steht Trauma Typ II, das sich durch wiederholte oder andauernde traumatische Erfahrungen auszeichnet - etwa in Fällen von chronischer Vernachlässigung, häuslicher Gewalt, Missbrauch oder Gefangenschaft. Diese Form ist besonders folgenreich, weil sie das Vertrauen in andere Menschen, das Selbstwertgefühl und die Fähigkeit zur Selbstregulation nachhaltig beeinträchtigen kann. Bei Trauma Typ II entwickeln sich oft tief verankerte Überlebensstrategien wie emotionale Abspaltung, ständige Alarmbereitschaft oder ein negatives Selbstbild. Die Unterscheidung hilft, die Bandbreite traumatischer Erlebnisse besser zu verstehen - und die sehr unterschiedlichen Herausforderungen, die mit ihrer Bewältigung einhergehen.

In den internationalen diagnostischen Klassifikationssystemen werden Traumata ebenfalls klar definiert:

Die ICD-10 (Internationale Klassifikation der Krankheiten, 10. Revision) ist ein weltweit anerkanntes Klassifikationssystem der Weltgesundheitsorganisation (WHO), das zur Diagnose und statistischen Erfassung von Krankheiten, einschließlich psychischer Störungen, verwendet wird. Nach ICD-10 handelt es sich bei einem Trauma um ein belastendes Ereignis oder eine Situation außergewöhnlicher Bedrohung oder katastrophenartigen Ausmaßes, die bei fast jedem Menschen eine tiefe Verzweiflung auslösen würde. Beispiele sind Naturkatastrophen, Kriege, schwere

Unfälle, der gewaltsame Tod eines Menschen oder Gewalterfahrungen wie Vergewaltigung oder Folter.

Die ICD-11, die seit 2022 die ICD-10 zunehmend ablöst, erweitert das Verständnis psychischer Traumafolgen deutlich. Neben der klassischen Posttraumatischen Belastungsstörung (PTBS) wird nun auch die sogenannte Komplexe PTBS (CPTSD) als eigene Diagnosekategorie anerkannt. Diese Form der Traumafolgestörung berücksichtigt insbesondere die langfristigen Auswirkungen wiederholter, interpersoneller Traumatisierungen, wie sie häufig bei anhaltender Gewalt, Missbrauch oder Vernachlässigung in Kindheit und Jugend auftreten. Die ICD-11 beschreibt traumatische Ereignisse weiterhin als extrem bedrohliche oder entsetzliche Erfahrungen, die tiefe Gefühle von Hilflosigkeit und Kontrollverlust hervorrufen. Neu ist jedoch die stärkere Differenzierung in der Art und Dauer des Traumas sowie in der Ausprägung der Symptome, um der Vielfalt individueller Reaktionen besser gerecht zu werden.

Das DSM-5, das Diagnostische und Statistische Manual Psychischer Störungen in seiner fünften Ausgabe, ist ein Klassifikationssystem für psychische Erkrankungen, das vor allem im amerikanischen Raum Anwendung findet, aber auch international eine bedeutende Rolle spielt. Es präzisiert die Definition traumatischer Ereignisse dahingehend, dass sie entweder direkt erlebt, beobachtet oder miterlebt werden. Dazu zählen Situationen, die mit dem Tod, der Bedrohung des Lebens, schweren Verletzungen oder einer massiven Gefährdung der körperlichen Unversehrtheit verbunden sind. Die Reaktion der betroffenen Person ist dabei typischerweise durch intensive Angst, Hilflosigkeit oder Entsetzen gekennzeichnet. Das DSM-5 stellt dabei insbesondere auf die subjektive Reaktion der betroffenen Person ab und betont die psychische Dimension des traumatischen Geschehens.

Neben den diagnostischen Klassifikationen werden in der Fachwelt auch weitere Formen von Traumata unterschieden, die für das Verständnis des Erlebens besonders bedeutsam sind:

Ein **Schocktrauma** entsteht in Folge eines einmaligen, plötzlichen und extrem belastenden Ereignisses - etwa ein Verkehrsunfall, ein Überfall oder ein plötzlicher Verlust. Die Person wird von der Intensität der Situation überwältigt und empfindet das Erlebte als lebensbedrohlich. Es kommt zu einer massiven Stressreaktion des Körpers, wobei häufig Flashbacks, Schlafstörungen und Angstzustände zurückbleiben.

Ein **Beziehungstrauma** entsteht durch schwerwiegende Verletzungen in zwischenmenschlichen Beziehungen - vor allem dort, wo eigentlich Vertrauen, Schutz und Geborgenheit erwartet werden, wie in engen Partnerschaften, in der Familie oder in betreuenden Systemen. Es ist gekennzeichnet durch tiefe seelische Wunden, die das Bindungs- und Selbstwertsystem erschüttern. Wiederholte Grenzüberschreitungen, emotionale Vernachlässigung oder Missbrauch können zu langanhaltenden traumatischen Folgen führen.

Ein **Entwicklungstrauma** bezeichnet die Folgen chronischer Belastungen und Überforderungen in der Kindheit und Jugend. Dazu zählen emotionale oder körperliche Vernachlässigung, Misshandlung, fehlende Resonanz durch Bezugspersonen oder ständige Überforderung. Diese Form von Trauma betrifft die Zeit, in der sich das Gehirn, das Nervensystem und das Selbstkonzept noch in Entwicklung befinden. Entwicklungstraumata wirken sich oft tiefgreifend auf die Fähigkeit aus, mit Stress umzugehen, gesunde Beziehungen zu führen und ein stabiles Selbstbild zu entwickeln. Die Auswirkungen sind häufig komplex und zeigen sich in der gesamten Lebensführung - nicht selten ohne dass das auslösende Geschehen im Bewusstsein präsent ist.

Charakteristik: Plötzlich - heftig - ausweglos

Allgemein lassen sich (Schock)-traumatische Erlebnisse anhand dreier Merkmale kennzeichnen:

1. Plötzlichkeit: Das Ereignis tritt unerwartet ein und trifft die betroffene Person meist unvorbereitet. Es gibt keine Möglichkeit, sich innerlich darauf einzustellen. Diese Plötzlichkeit trägt wesentlich zur traumatischen Qualität des Erlebens bei: Der Mensch wird aus dem Alltag gerissen, ohne Vorwarnung, ohne Vorbereitung. Die psychischen Schutzmechanismen, die normalerweise bei langsam ansteigender Belastung aktiviert werden können, greifen hier nicht. Der Bruch mit der Normalität geschieht abrupt, sodass die Situation weder kognitiv erfasst noch emotional eingeordnet werden kann. Dieser schockartige Übergang vom „Davor" zum „Danach" hinterlässt häufig ein Gefühl innerer Zerrissenheit und tiefer Desorientierung, das lange nachwirken kann.

2. Heftigkeit: Die Intensität des Geschehens sprengt die gewohnten emotionalen, kognitiven und körperlichen Verarbeitungsmöglichkeiten. Traumatische Ereignisse wirken häufig mit einer Wucht auf das gesamte System ein, die nicht nur überfordernd, sondern auch nachhaltig destabilisierend sein kann. Emotionale Reaktionen wie panikartige Angst, tiefes Entsetzen oder lähmende Ohnmacht treten meist unmittelbar auf, begleitet von physiologischen Stressreaktionen wie Herzrasen, Atemnot oder Muskelverspannungen.

Auch das Denken verändert sich schlagartig: Der Zugriff auf Sprache, Logik oder zeitliche Einordnung kann vorübergehend ausfallen. Viele Betroffene berichten, in einem Zustand der „Benommenheit" oder „inneren Abwesenheit" zu sein. Die Welt wirkt entfremdet, das eigene Erleben fragmentiert. Diese Heftigkeit erschwert eine normale Verarbeitung, weil sie das Erleben des Moments sprengt und keine psychische Integration mehr möglich erscheint.

In der Folge kann es zu sogenannten „eingefrorenen Momenten" kommen - das Ereignis bleibt im Erleben wie stehengeblieben, brennt sich tief ein und lässt sich nicht mehr in die persönliche Lebensgeschichte einordnen. Bilder, Geräusche, Gerüche oder Gedanken drängen sich später unkontrollierbar auf - oft ohne dass ein konkreter Zusammenhang zur aktuellen Situation besteht. Dies alles macht deutlich: Die Heftigkeit des Geschehens ist nicht nur eine Momentaufnahme, sondern der

Ausgangspunkt für weitreichende Nachwirkungen, die sich auf alle Ebenen des menschlichen Erlebens erstrecken können.

3. Ausweglosigkeit: Die betroffene Person fühlt sich der Situation vollkommen ausgeliefert. Es gibt keinen Fluchtweg, keine Kontrolle, keine Lösungsmöglichkeit. Dieses Gefühl ist weit mehr als ein rationales Erfassen der Lage - es ist ein tiefgreifendes emotionales und körperliches Erleben totaler Ohnmacht. Der Mensch ist nicht mehr handlungsfähig, alle inneren und äußeren Ressourcen scheinen wie abgeschnitten. Dies führt häufig zu einer Erstarrung, auch als „Freeze"-Reaktion bekannt, bei der weder Flucht noch Kampf möglich erscheinen. Der Körper reagiert mit einem vollständigen Rückzug, das Bewusstsein wird eingeengt, oft begleitet von dem Eindruck, sich wie in einem Tunnel oder hinter einer Glaswand zu befinden.

Diese Form der Ausweglosigkeit hinterlässt tiefe Spuren im Erleben. Sie erschüttert nicht nur das aktuelle Sicherheitsgefühl, sondern auch das grundlegende Vertrauen darin, in künftigen Situationen überhaupt noch Einfluss nehmen zu können. Wenn ein Mensch einmal erlebt hat, dass keine Handlung mehr möglich war, kann sich daraus langfristig ein Gefühl innerer Lähmung entwickeln - oft begleitet von Schuldgefühlen, obwohl objektiv keine Schuld vorlag.

Darüber hinaus prägt die Ausweglosigkeit häufig das Bild der Welt, das Erleben von Beziehungen und das eigene Selbstverständnis. Die Welt erscheint nicht mehr als ein sicherer Ort, andere Menschen wirken fremd oder potenziell bedrohlich. Auch das Selbstbild wird erschüttert: Wer bin ich, wenn ich nichts tun konnte? Wenn ich versagt habe - obwohl es nichts gab, das ich hätte tun können? Solche Gedanken können quälend sein und führen nicht selten zu Rückzug, Isolation oder Selbstabwertung. Ausweglosigkeit ist daher nicht nur eine momentane Reaktion, sondern ein zentraler Bestandteil traumatischer Erschütterung. Sie macht das Erlebte so schwer greifbar - weil sie das zutiefst Menschliche, nämlich die Fähigkeit zur Handlung, in Frage stellt.

Diese Kombination (Plötzlichkeit, Heftigkeit, Ausweglosigkeit) führt zu einem massiven Kontrollverlust, der das Sicherheitsgefühl und das Vertrauen in sich selbst und die Welt tief erschüttert. Für viele Betroffene stellt sich die Situation so dar, dass die Vergangenheit noch nicht vorbei ist, die Gegenwart kaum auszuhalten scheint und die Zukunft nicht mehr vorstellbar ist. Das Leben wirkt wie eingefroren zwischen dem, was geschehen ist, und dem, was nicht mehr möglich scheint - eine quälende Zwischenwelt ohne Richtung, Halt oder Perspektive. Die Zeit scheint nicht mehr voranzuschreiten, sondern kreist immer wieder um das traumatische Geschehen. Innere Bilder, Gedanken oder Körperempfindungen drängen sich auf, als würde das Ereignis im Hier und Jetzt erneut stattfinden. In der Fachsprache werden diese sich aufdrängenden Erinnerungen als „Intrusionen" bezeichnet - sie sind bruchstückhafte, oft bildhafte Wiedererlebnisse des Traumas, die unwillkürlich und plötzlich auftauchen, häufig durch scheinbar harmlose Auslöser (Trigger) im Alltag.

Besonders intensiv und belastend sind sogenannte Flashbacks - ein Zustand, in dem Betroffene das Trauma nicht nur erinnern, sondern es erneut durchleben. In einem Flashback verschwimmt die Grenze zwischen Vergangenheit und Gegenwart vollständig. Die Person erlebt das traumatische Geschehen mit allen Sinnen, als fände es in genau diesem Moment wieder statt: mit denselben Bildern, Geräuschen, Körperempfindungen, Emotionen. In solchen Momenten sind Menschen häufig kaum noch ansprechbar, reagieren panisch oder ziehen sich vollständig zurück. Das Bewusstsein ist nicht mehr im Hier und Jetzt verankert, sondern vollständig eingenommen von der Erinnerung, die zur Realität geworden ist.

Diese unkontrollierbaren Wiedererinnerungen - sei es in Form von Flashbacks, Intrusionen oder Albträumen - gehören zu den belastendsten Symptomen einer posttraumatischen Belastungsstörung. Sie machen deutlich, dass das Trauma nicht einfach „vergangen" ist, sondern in das gegenwärtige Erleben eingebrochen bleibt. Der Körper und die Psyche reagieren so, als wäre die Bedrohung noch immer real. Viele Betroffene entwickeln darüber hinaus eine anhaltend erhöhte Wachsamkeit gegenüber potenziellen Gefahren - ein innerer Alarmzustand, der kaum zur

Ruhe kommt. Das Leben wird fortan unter dem Vorzeichen geführt, jederzeit könne eine neue Katastrophe geschehen. Geräusche, Menschenmengen, unerwartete Berührungen oder sogar bestimmte Gerüche werden als Warnsignale interpretiert. Das Nervensystem bleibt dauerhaft aktiviert, die Sinne geschärft - nicht aus Vorsicht, sondern aus einem tief verankerten Gefühl, nie wieder überrascht werden zu wollen.

Diese anhaltende Übererregung betrifft insbesondere das autonome Nervensystem, das auf Bedrohung mit der Aktivierung des sogenannten sympathischen Zweigs reagiert - zuständig für Kampf- oder Fluchtreaktionen. Bei traumatisierten Menschen bleibt dieser Teil des Nervensystems oft chronisch aktiviert: Der Puls ist erhöht, die Muskeln sind dauerhaft angespannt, der Atem flach, die Verdauung gestört. Der Körper lebt im Ausnahmezustand, obwohl objektiv keine akute Gefahr mehr besteht. Gleichzeitig kann es zu einer Abnahme der Aktivität des parasympathischen Systems kommen - jenes Teils des Nervensystems, der für Erholung, Regeneration und soziale Verbundenheit zuständig ist. Diese Dysbalance beeinträchtigt nicht nur das körperliche Wohlbefinden, sondern verhindert auch emotionale Regulation und tiefe zwischenmenschliche Bindung.

Langfristig führt dieser Zustand häufig zu Erschöpfung, Konzentrationsproblemen, chronischer Anspannung, innerer Unruhe und psychosomatischen Beschwerden. In vielen Fällen beschreiben Betroffene das Gefühl, nie wirklich abschalten zu können - selbst in scheinbar sicheren Situationen. Das Nervensystem ist in Alarmbereitschaft gefangen, was die Lebensqualität erheblich einschränkt. Eine zentrale Aufgabe in der therapeutischen und psychosozialen Begleitung besteht daher darin, Betroffenen zu helfen, wieder zwischen Vergangenheit und Gegenwart unterscheiden zu können - das Erlebte zu verorten, zu kontextualisieren und schrittweise zu integrieren. Erst wenn sich das Nervensystem wieder sicher fühlt und eine innere Entwarnung möglich wird, kann Stabilisierung und Heilung wirklich einsetzen.

Zeitlicher Verlauf und Einordnung

Ein hilfreiches Modell zum Verständnis der unterschiedlichen Ausprägungen und Verläufe psychischer Reaktionen auf belastende Ereignisse ist die Einteilung in verschiedene Formen der Anpassungs- und Belastungsreaktionen. Je nach Intensität des Stressors, individueller Verarbeitungsfähigkeit und Zeitverlauf entwickeln sich verschiedene Störungsbilder:

Akute Anpassungs- und Belastungsreaktion: Sie tritt unmittelbar nach dem belastenden Ereignis auf - innerhalb von Minuten bis Stunden - und kann Stunden bis Tage, in manchen Fällen auch bis zu vier Wochen andauern. Typisch sind Reaktionen wie innere Unruhe, emotionale Überflutung, Verwirrtheit oder körperliche Stresssymptome.

Anpassungsstörung: Diese Form entwickelt sich meist innerhalb des ersten Monats nach dem Ereignis. Sie äußert sich in anhaltenden emotionalen und psychosomatischen Beschwerden, wie Niedergeschlagenheit, Reizbarkeit oder Angst, und kann bis zu sechs Monate oder länger bestehen bleiben.

Posttraumatische Belastungsstörung (PTBS): Sie tritt häufig Wochen bis Monate nach dem Ereignis auf und ist gekennzeichnet durch Symptome wie Flashbacks, Albträume, Vermeidungsverhalten, emotionale Taubheit und anhaltende Übererregung. Die PTBS dauert meist länger als vier Wochen und erfordert gezielte therapeutische Unterstützung.

Andauernde Persönlichkeitsänderung nach Extrembelastung: Diese sehr schwerwiegende Folge kann sich nach besonders intensiven, langanhaltenden oder wiederholten Traumatisierungen entwickeln. Sie beginnt ebenfalls Wochen bis Monate nach dem Trauma, besteht jedoch über mindestens zwei Jahre hinweg und verändert tiefgreifend das Selbstbild, das Beziehungserleben und das Weltverständnis einer Person. Zwischen diesen Zuständen können fließende Übergänge bestehen. Eine akute Belastungsreaktion kann sich beispielsweise zu einer Anpassungsstörung oder einer posttraumatischen Belastungsstörung entwickeln.

Auch eine Rückbildung oder Stabilisierung ist möglich. Wichtig ist, dass die Entwicklung individuell sehr unterschiedlich verläuft und frühzeitige Unterstützung helfen kann, chronische Verläufe zu verhindern.

Menschen in einer traumatischen Krise benötigen zunächst Schutz, Orientierung und Entlastung. Die erste Phase der Begleitung - häufig als Stabilisierung bezeichnet - verfolgt das Ziel, den betroffenen Menschen wieder handlungsfähig zu machen, Überforderung zu reduzieren und emotionale Sicherheit herzustellen. In dieser Phase geht es nicht um eine Aufarbeitung des Traumas, sondern um das Aushalten und Abfedern der akuten Belastung. Dabei ist es zentral, die betroffene Person nicht zu bedrängen, sondern mit Achtsamkeit, Präsenz und Geduld zu begleiten.

Stabilisierung bedeutet auch, einen geschützten Rahmen zu schaffen, in dem sich die betroffene Person sicher genug fühlt, um überhaupt wieder mit sich selbst in Kontakt treten zu können. Oft sind es ganz basale Schritte, die den Boden bereiten: körperliche Versorgung, Schutz vor weiteren Reizen, Orientierung über Zeit und Raum, sowie das bewusste Angebot von zwischenmenschlicher Präsenz ohne Erwartung. Das bedeutet konkret: einfache Fragen stellen, das Umfeld strukturieren, Nähe anbieten - aber nur, wenn sie gewünscht ist -, und vor allem: da sein, ohne sofort etwas verändern zu wollen.

Wichtig ist es auch, dem Sprachlosen Ausdrucksformen zu ermöglichen. Viele Menschen sind in dieser Phase nicht in der Lage, über das Geschehene zu sprechen. Stabilisierung kann daher auch über nonverbale Mittel wie Atmung, Bewegung, Gestaltung oder das bewusste Einnehmen sicherer Körperhaltungen geschehen. Alles, was Sicherheit, Erdung und Orientierung vermittelt, kann hilfreich sein. Ziel ist es, dass die betroffene Person wieder Zugang zu sich selbst und ihren inneren Zuständen bekommt - behutsam, in kleinen Schritten und mit größter Sorgfalt.

Stabilisierende Maßnahmen beinhalten auch psychoedukative Elemente: Die Erklärung, dass viele der auftretenden Reaktionen normale Antworten auf ein unnormales Ereignis sind, kann bereits entlastend wirken.

Wenn Betroffene verstehen, dass ihre Übererregung, ihre Schlaflosigkeit oder ihre emotionale Taubheit keine Zeichen von „Verrücktwerden" sind, sondern Schutzreaktionen der Psyche, wird der innere Druck oft spürbar geringer. Die Normalisierung dieser Symptome nimmt ihnen den bedrohlichen Charakter und kann helfen, wieder Vertrauen in die eigene Wahrnehmung zu gewinnen. Psychoedukation schafft zudem einen ersten kognitiven Anker in einer als chaotisch empfundenen inneren Welt - sie gibt Sprache, wo Sprachlosigkeit herrscht, und Orientierung, wo Halt verloren ging.

Auch das Wiedererlangen eines Minimums an Kontrolle - zum Beispiel durch die Wahl eines sicheren Ortes, eine mitgestaltete Tagesstruktur oder kleine bewältigbare Aufgaben - stärkt das Gefühl von Selbstwirksamkeit. Die Möglichkeit, selbst Entscheidungen zu treffen, unterstützt das Erleben von Einfluss und Handlungskompetenz. Diese Rückgewinnung von Kontrolle ist nicht nur praktisch hilfreich, sondern wirkt tief in das psychische Sicherheitsgefühl hinein: Sie bildet einen Gegenpol zur traumatisch erlebten Ausweglosigkeit. Selbst kleine Entscheidungen - wie was gegessen wird, wann eine Pause gemacht wird oder wer anwesend sein soll - können in dieser Phase eine enorme Bedeutung haben. Sie vermitteln: Du hast eine Wahl. Du bist nicht ohnmächtig. Du darfst bestimmen. Und das allein kann schon der Beginn von Heilung sein.

Die erste Phase ist besonders sensibel. Übertriebene Aktivität oder Konfrontation mit dem Trauma können retraumatisierend wirken und bereits vorhandene Belastungssymptome verschärfen. Vielmehr geht es darum, den Boden zu bereiten: Vertrauen aufzubauen, Schutz erlebbar zu machen, und vorhandene Ressourcen bewusst zu aktivieren. Diese Ressourcen können sowohl im Inneren des Menschen liegen - etwa frühere Bewältigungserfahrungen, Erinnerungen an Halt gebende Beziehungen - als auch im Außen, wie etwa soziale Unterstützung, sinnstiftende Rituale oder körperliche Entlastung.

Kleine Schritte in Richtung Stabilität bedeuten oft, das Chaos zu sortieren, Orientierung zurückzugewinnen und sich in der eigenen Reaktion nicht falsch oder unzulänglich zu fühlen. Selbst scheinbar nebensächliche Interventionen - wie das Benennen von Gefühlen, das gemeinsame Atmen oder das Wiedererkennen der eigenen Bedürfnisse - haben in dieser Phase eine große Wirkung. Erst wenn diese emotionale Sicherheit spürbar wird, wenn ein innerer Raum entsteht, in dem das Erlebte gehalten werden kann, ist der Boden bereitet für eine tiefergehende Verarbeitung. Diese folgt nicht automatisch - und nie nach Zeitplan. Sie entsteht aus der Erfahrung, nicht mehr allein zu sein mit dem, was kaum auszuhalten war.

Allgemeine Prinzipien der Gesprächsführung in Krisen

Krisen sind Ausnahmesituationen, die das Leben eines Menschen tief erschüttern können. In der akuten Phase einer Krise befinden sich Betroffene oft in einem Spannungsfeld zwischen Überwältigung und Vermeidung. Diese beiden Pole sind extreme Ausdrucksformen einer emotionalen Reaktion auf ein belastendes Ereignis, die sich oft unkontrollierbar und widersprüchlich anfühlen. Die Überwältigung kann sich in Tränen, Verzweiflung, Desorientierung oder auch Panik äußern, während die Vermeidung als scheinbare Ruhe, Rückzug oder sogar als Ablehnung jeder Unterstützung erscheint. In beiden Fällen ist der Mensch innerlich in Aufruhr, auch wenn das äußerlich nicht immer sichtbar ist.

Die Aufgabe von Helfenden im psychosozialen Krisenmanagement besteht darin, zwischen diesen Extremen zu begleiten, Orientierung zu geben und dabei Sicherheit, Struktur und vor allem menschliche Präsenz zu bieten. Es geht darum, emotionale Räume zu schaffen, in denen sich das Erlebte langsam ordnen darf, ohne dass es sofort in Worte gefasst werden muss. In dieser ersten Phase geht es nicht um Problemlösung, sondern um Dasein, um das stille Aushalten, um das Halten von Raum, in dem sich etwas bewegen kann, wenn die Zeit reif ist. Helfende Menschen übernehmen in dieser Situation nicht die Verantwortung für den Schmerz, aber sie übernehmen Verantwortung dafür, ihn nicht zu bagatellisieren oder zu übergehen.

Das bedeutet auch, dass sie bereit sein müssen, sich selbst in einem Zustand des Nicht-Wissens zu bewegen. In einer Krise gibt es keine fertigen Antworten, keine schnellen Lösungen. Was hilft, ist die Fähigkeit, mit der Unsicherheit zu sein, mit der Sprachlosigkeit, mit dem Gefühl, nichts tun zu können - und genau darin eine Kraftquelle zu entdecken: die Kraft, mit einem anderen Menschen in dessen dunkelstem Moment verbunden zu bleiben. Diese Verbindung, diese stille und wertschätzende Präsenz, kann der erste Schritt zurück in die Welt sein, zurück zu sich selbst. In Momenten tiefster Verzweiflung ist es oft nicht leicht, einen ersten Kontakt zur betroffenen Person herzustellen. Worte allein reichen dann selten aus.

Der Zugang zur Person erfolgt über nonverbale Signale: Ein ruhiger, klarer Blickkontakt, eine aufrechte, aber nicht bedrohliche Körperhaltung und eine ruhige Stimmlage können mehr bewirken als viele Worte. Hektische Bewegungen, lautes Sprechen oder eine übertriebene Hektik sind in diesen Momenten unbedingt zu vermeiden. Wichtig ist es, sich als präsente, aber nicht aufdringliche Begleitung zu positionieren.

Eine einfache, klare Vorstellung wie „Mein Name ist..., ich bin jetzt da und bleibe bei Ihnen" kann stabilisierend wirken. In einem Moment, in dem das Leben einer betroffenen Person scheinbar aus den Fugen geraten ist, kann dieser Satz wie ein Anker wirken. Er bietet Halt, vermittelt Orientierung und markiert einen ersten, behutsamen Schritt in eine Beziehung, die getragen ist von Präsenz, Respekt und Achtsamkeit. Es geht darum, ein Gegenüber zu sein, das nicht urteilt, nicht bewertet, sondern einfach da ist.

Autonomie

Dabei gilt es, von Anfang an die Autonomie der betroffenen Person zu achten. Auch wenn jemand in einem Zustand tiefer emotionaler Erschütterung ist, bleibt er oder sie ein Mensch mit Rechten, Würde und der Fähigkeit, Entscheidungen zu treffen - selbst wenn diese in dem Moment nur darin bestehen, sich für ein Gespräch zu öffnen oder für einen Moment still beisammen zu sitzen. Jede Intervention sollte so gestaltet sein, dass sie Zustimmung und Einverständnis findet, auch wenn es sich nur um kleine Schritte handelt. Etwa: „Darf ich mich zu Ihnen setzen?", „Ist es in Ordnung, wenn ich einfach kurz bei Ihnen bleibe?" - solche Fragen können der betroffenen Person helfen, wieder in Kontakt mit ihrem eigenen Willen und ihrer eigenen Handlungsfähigkeit zu kommen.

Der Mensch in der Krise ist kein Objekt professioneller Handlung, sondern ein Subjekt mit Rechten, Bedürfnissen und einer Geschichte. Er oder sie ist mehr als die aktuelle Reaktion, mehr als der Schock oder das Schweigen. Das anzuerkennen bedeutet, dem Gegenüber nicht nur in seiner Not zu begegnen, sondern in seiner Ganzheit - als Vater, Mutter,

Tochter, Freund, Kollege - als jemand, der ein Leben gelebt hat, Träume hatte, Werte vertritt, und jetzt an einem Punkt steht, an dem das Gewohnte nicht mehr trägt. Diese Haltung ist grundlegend für jede Form achtsamer, würdevoller Krisenbegleitung.

Indem wir die Autonomie betonen, stärken wir das Selbstbild der betroffenen Person. Wir bieten ihr einen Raum, in dem sie nicht hilflos gemacht wird, sondern in dem sie sich in kleinen Schritten wieder als wirksam erleben kann. Gerade in Situationen, in denen alles verloren scheint, kann schon eine selbstbestimmte Entscheidung - etwa, ein Glas Wasser zu trinken oder die Bitte zu äußern, allein gelassen zu werden - eine erste Erfahrung von Kontrolle und Selbstachtung bedeuten. Diese Momente sind klein, aber sie sind von großer Bedeutung. Denn sie markieren den Anfang eines Weges zurück ins Leben.

In der Krise fühlen sich viele Menschen entmündigt - durch die Wucht des Ereignisses, die Unsicherheit der Situation, die emotionale Überforderung. Indem wir ihnen Wahlmöglichkeiten eröffnen, stellen wir nicht nur das Gleichgewicht zwischen Hilflosigkeit und Handlung wieder her, sondern würdigen sie in ihrer Einzigartigkeit und Menschlichkeit. Selbstwirksamkeit entsteht oft nicht durch große Entscheidungen, sondern durch die Wiederentdeckung alltäglicher Gesten: das Halten eines warmen Tees, das Aussprechen eines einfachen Satzes, das bewusste Atmen. Diese scheinbar nebensächlichen Handlungen öffnen einen inneren Raum, in dem sich neue Stabilität entwickeln kann. Begleitung in der Krise bedeutet daher nicht, vorschnell Lösungen vorzuschlagen oder Handlungspläne zu entwickeln, sondern in erster Linie einen Raum zu eröffnen, in dem sich ein Mensch wieder mit seiner eigenen Stimme verbinden kann. Manchmal dauert es, bis diese Stimme hörbar wird. Manchmal ist sie zuerst nur ein Flüstern, ein Zögern, ein Schweigen, das sich langsam verändert. Es braucht Geduld, liebevolle Präsenz und eine Haltung, die zutiefst davon überzeugt ist, dass in jedem Menschen auch in der größten Not noch Ressourcen vorhanden sind - selbst wenn sie im Moment verborgen sind.

Wenn wir Betroffenen auf Augenhöhe begegnen, ihnen Entscheidungsfreiheit zugestehen und gleichzeitig nicht ausweichen, wenn es schwer wird, entsteht eine tragfähige Beziehung. In dieser Beziehung kann langsam wieder Vertrauen wachsen - in den anderen und in sich selbst. Dieses Vertrauen ist die Grundlage für jede Form von innerer Heilung. Und manchmal ist der Moment, in dem ein Mensch in einer Situation voller Dunkelheit das Licht einer Entscheidung für sich selbst erkennt, ein leiser, aber kraftvoller Neubeginn.

Körperkontakt

Körperkontakt ist in der akuten Krisenintervention ein sensibles Thema, das große Achtsamkeit und Fingerspitzengefühl erfordert. In Ausnahmefällen kann ein sanftes, achtsames Antippen sinnvoll sein - beispielsweise dann, wenn die betroffene Person droht, sich vollständig aus der Wahrnehmung der Realität zu lösen und eine minimale Reizsetzung notwendig wird, um sie behutsam ins Hier und Jetzt zurückzuführen. Solche Momente sind jedoch selten und erfordern eine sehr genaue Einschätzung der Situation. Ein körperlicher Impuls darf niemals aus einem Impuls heraus geschehen, sondern muss getragen sein von innerer Klarheit, Ruhe und einem tiefen Respekt vor der verletzlichen Integrität der betroffenen Person.

In den allermeisten Fällen jedoch ist Zurückhaltung nicht nur angebracht, sondern unerlässlich. Die Berührung eines Menschen in einem hochsensiblen Ausnahmezustand kann beängstigend, überfordernd oder gar retraumatisierend wirken - insbesondere, wenn die betroffene Person bereits in ihrem Leben körperliche Grenzverletzungen oder Übergriffe erlebt hat. Der Körper ist in solchen Momenten ein hochsensibles Terrain, dessen Unversehrtheit unbedingt geachtet werden muss. Deshalb gilt: Kein Körperkontakt ohne explizite Zustimmung.

Darüber hinaus besteht in akuten Ausnahmesituationen auch die Gefahr einer ungewollten Konditionierung. Wenn ein bestimmter Reiz - wie etwa eine körperliche Berührung - im Moment intensiver emotionaler

Belastung auftritt, kann dieser Reiz dauerhaft mit der unangenehmen Erfahrung verknüpft werden. Im Sinne der klassischen Konditionierung nach Pawlow kann so ein harmloser Reiz später starke emotionale Reaktionen auslösen, etwa Angst, Abwehr oder körperliches Unbehagen. Was in einem gut gemeinten Moment als tröstend gedacht war, kann so langfristig zum Auslöser von Stress oder Rückzug werden. Umso wichtiger ist es, die Schutzmechanismen der betroffenen Person zu respektieren und jede Handlung im Lichte ihrer möglichen langfristigen Wirkung zu reflektieren. In der Krisenintervention zählt nicht nur das unmittelbare Tun, sondern auch das, was daraus im Inneren der begleiteten Person nachwirkt.

Falls Betroffene von sich aus körperliche Nähe suchen, etwa indem sie aktiv umarmt werden möchten, ist dies mit größter Sorgfalt zu betrachten. Die begleitende Person darf sich dann fragen: Fühle ich mich in der Lage, diesen Kontakt zuzulassen? Kann ich in diesem Moment mit dieser Nähe umgehen, ohne mich selbst zu überfordern oder in eine Rolle zu geraten, die mir nicht entspricht? Auch hier gilt: Die Entscheidung liegt nicht nur bei der betroffenen Person, sondern auch bei der begleitenden. Ein klares, wertschätzendes Nein ist ebenso legitim wie ein achtsames Ja. Was zählt, ist die innere Aufrichtigkeit, mit der diese Entscheidung getroffen wird.

Körperliche Berührung kann trösten, sie kann Halt geben - aber nur dann, wenn sie in einem Klima des Einvernehmens, der Achtsamkeit und des Vertrauens geschieht. In der Krisenintervention ist es daher oft heilsamer, über Blickkontakt, Stimme und Präsenz eine Form der Verbundenheit herzustellen, die Sicherheit gibt, ohne zu überfordern. Die Würde des anderen Menschen zeigt sich auch - und vielleicht gerade - in dem Moment, in dem wir bereit sind, auf Nähe zu verzichten, um Distanz zu wahren. Nicht, weil wir Gleichgültigkeit zeigen wollen, sondern weil wir spüren: Der größte Trost liegt manchmal in einem Raum, der offen bleibt für die Bedürfnisse, die sich erst langsam zu zeigen beginnen.

Keine Entmündigung!

In der akuten Phase ist es besonders wichtig, das Gegenüber nicht zu entmündigen. Auch wenn jemand sich in einem Zustand tiefer Verzweiflung befindet, handelt es sich um einen eigenständigen, mündigen Menschen in einer außergewöhnlichen Situation. Diese Grundhaltung verändert die gesamte Dynamik der Begegnung: Sie nimmt Abstand von einem helfenden „Machen" und rückt das achtsame „Mit-Sein" in den Mittelpunkt. Jede Handlung sollte daher im Dialog geschehen, jeder Schritt, jede angebotene Hilfe im Einvernehmen abgestimmt werden. Es geht darum, gemeinsam herauszufinden, was gerade hilfreich ist - und was nicht.

Diese Haltung unterstützt nicht nur das Sicherheitsgefühl der Betroffenen, sondern fördert auch ihre Selbstwirksamkeit und ihr Vertrauen in die eigene Handlungsfähigkeit. Gerade in einer Situation, in der vieles außer Kontrolle geraten ist, können kleine selbstbestimmte Entscheidungen zu einem wichtigen Schritt der Stabilisierung werden. Selbstwirksamkeit bedeutet in diesem Zusammenhang nicht, sofort aktiv zu handeln oder Lösungen zu finden, sondern die Erfahrung zu machen, dass man in einer Beziehung gesehen, geachtet und ernst genommen wird. Diese Erfahrung ist oft der erste Schritt zurück zu einem Gefühl von Würde und innerem Halt. Sie erlaubt es der betroffenen Person, wieder Verbindung mit sich selbst aufzunehmen - und das ist die Grundlage für jeden weiteren Schritt in der Verarbeitung des Erlebten.

Ruhe bewahren und vermitteln

Ruhig zu bleiben, ist eine der wichtigsten Haltungen für Begleitende in der Akutsituation. Ruhe ist ansteckend. Sie vermittelt Sicherheit, Orientierung und schafft Raum für Stabilisierung. In einer Zeit, in der für die betroffene Person das Innere tobt und das Äußere ins Wanken gerät, wird die ruhige Präsenz eines anderen Menschen zum Orientierungspunkt. Sie signalisiert: Hier ist jemand, der nicht erschrickt, nicht ausweicht, nicht flüchtet. Jemand, der bereit ist, in dieser schwierigen Erfahrung auszuhalten. Diese Form der Ruhe ist keine emotionale Kälte oder professionelle Distanz. Sie ist das Ergebnis innerer Klarheit, Selbstreflexion und Mitgefühl. Wer ruhig bleibt, stellt sich nicht über die Emotionen der betroffenen Person, sondern bietet ihr einen Raum, in dem alles, was gerade ist, da sein darf. Weinen, Schweigen, Zittern, Wut, Rückzug - all das findet Platz, ohne bewertet zu werden. Es geht nicht darum, eine Lösung zu präsentieren oder den Schmerz zu beheben, sondern darum, mit dem Menschen im Schmerz zu bleiben.

In vielen Situationen reicht es, einfach da zu sein. Nicht reden, nicht handeln müssen, sondern aushalten. Aushalten, dass jemand weint, schweigt, sich entzieht oder gar nicht kommunizieren kann. Aushalten, dass es gerade keinen Trost gibt, keine Worte, die passen, keine Handlung, die den Schmerz lindert. Die Bereitschaft, mit dem Leid anwesend zu bleiben, ohne es wegerklären oder lösen zu wollen, ist ein zutiefst menschlicher Akt. Es ist ein Akt der Demut und der Verbundenheit, der zeigt: Auch wenn ich nichts sagen kann, bleibe ich. Auch wenn ich nichts tun kann, gehe ich nicht weg.

Diese Form der Begleitung wirkt tiefer, als es viele Worte je könnten. Denn sie vermittelt: Du bist nicht allein. Und allein diese Erfahrung kann inmitten des Chaos ein erstes leises Gefühl von Halt entstehen lassen. Doch wie gelingt es, als begleitende Person in dieser Ruhe zu bleiben - besonders dann, wenn die Situation selbst von hoher emotionaler Intensität geprägt ist? Diese Fähigkeit ist keine Selbstverständlichkeit, sondern eine Haltung, die gepflegt und bewusst aufgebaut werden kann. Eine der wirkungsvollsten Methoden zur Selbstberuhigung ist die bewusste Wahrnehmung des eigenen Atems. Tiefes, ruhiges Atmen reguliert das Nervensystem und hilft, bei sich zu bleiben - besonders dann, wenn sich innere Anspannung oder Unsicherheit bemerkbar machen.

Auch die sogenannte Erdung kann helfen: das Spüren der eigenen Füße auf dem Boden, das bewusste Wahrnehmen des Körpers oder ein inneres Bild, das Sicherheit vermittelt. Manche Menschen stellen sich vor, wie sie wie ein Baum fest verwurzelt sind oder von einem schützenden Licht umgeben werden. Diese inneren Anker stärken die Präsenz und helfen, dem Gegenüber mit offener, aber stabiler Haltung zu begegnen.

Ebenso wichtig ist die Selbstempathie: die Erlaubnis, selbst berührt zu sein, nicht alles wissen oder lösen zu müssen. Eine innere Stimme, die sagt: „Es ist okay, dass ich mich gerade hilflos fühle - und dennoch bleibe ich da", schafft Raum für Authentizität und mindert den inneren Druck. Denn wer sich selbst nicht verurteilt, bleibt auch im Kontakt mit anderen wertschätzend und mitfühlend.

Gleichzeitig ist es jedoch essenziell, zwischen mitfühlender Präsenz und überidentifizierendem Mitleid zu unterscheiden. **Achtung: Zu empathisches Mitschwingen - also das ungebremste Hineingehen in die Gefühlswelt der betroffenen Person - kann unter Umständen überschwemmende Emotionen noch verstärken.** Wenn etwa eine Person in tiefer Verzweiflung steckt und das Gegenüber diese Verzweiflung vollkommen übernimmt, anstatt sie mit innerer Stabilität zu spiegeln, entsteht kein Halt, sondern eine Art emotionaler Sog. Anstelle von Beruhigung kommt es zu einer gegenseitigen Verstärkung der Not. Der Schutzraum, den die helfende Beziehung bieten soll, verliert an Stabilität - und das Risiko einer Eskalation steigt.

In der Krisenbegleitung ist es daher notwendig, das eigene Mitgefühl bewusst zu regulieren. Das bedeutet nicht, sich emotional abzugrenzen oder kalt zu werden - im Gegenteil: Es geht darum, ein inneres Gleichgewicht zu finden, das sowohl Nähe als auch professionellen Abstand erlaubt. **Die Fähigkeit, sich berühren zu lassen, ohne sich mitreißen zu lassen, ist ein zentrales Element psychosozialer Kompetenz.** Sie ermöglicht es, präsent zu bleiben, auch wenn die Gefühle der anderen Person intensiv sind - und dabei gleichzeitig den eigenen emotionalen Anker nicht zu verlieren.

Ein hilfreiches inneres Bild ist jenes des sicheren Ufers: Die betroffene Person treibt vielleicht gerade in einem stürmischen Meer aus Angst, Schmerz oder Verzweiflung. Wer helfen will, sollte nicht mitspringen und ebenfalls zu ertrinken drohen - sondern am Ufer stehen bleiben, sichtbar, hörbar, erreichbar. Diese Position erlaubt es, Trost zu spenden, Orientierung zu geben und vielleicht sogar eine helfende Hand zu reichen, ohne sich selbst zu verlieren.

Selbstempathie bedeutet in diesem Kontext auch, die eigenen Grenzen zu kennen und zu achten. Es ist keine Schwäche, sondern eine Stärke, wahrzunehmen, wann die eigenen inneren Ressourcen an eine Grenze stoßen. Wer sich erlaubt, auch eigene Regungen wie Überforderung, Angst oder Erschöpfung zu benennen - zumindest innerlich - schafft damit die Voraussetzung für eine gesunde Selbstregulation. So entsteht ein innerer Raum, der nicht nur empathisch, sondern auch tragfähig ist.

Diese Balance zwischen Mitgefühl und professioneller Distanz ist kein statischer Zustand, sondern ein fortlaufender Prozess. Es braucht Reflexion, Übung und manchmal auch das wohlwollende Feedback von Kolleg:innen oder Supervisor:innen, um die eigene Haltung immer wieder auszurichten. Nur wer sich selbst nicht verliert, kann in der Begleitung anderer ein verlässlicher Anker bleiben.

Schließlich hilft es, sich den eigenen Auftrag klarzumachen: Ich bin nicht hier, um zu reparieren oder zu heilen, sondern um zu begleiten. Diese innere Klarheit entlastet und schafft Struktur. Nach besonders intensiven Einsätzen kann es für professionell oder ehrenamtlich Helfende hilfreich sein, sich mit Kolleg:innen auszutauschen, das Erlebte zu reflektieren oder professionelle Supervision in Anspruch zu nehmen. Auch Helfende brauchen Räume, in denen sie gehalten werden - denn nur wer gut für sich selbst sorgt, kann auf Dauer für andere da sein.

Oft ist es hilfreich, aus der unmittelbaren Überforderungssituation zumindest für einen Moment herauszuführen. Ein Wechsel des Ortes, ein kurzer Spaziergang, das bewusste Atmen in einem ruhigeren Raum - all das kann dazu beitragen, die emotionale Erregung zu regulieren. Dabei ist zu beachten, dass solche Schritte stets in Absprache mit der betroffenen Person erfolgen. Jeder Ortswechsel kann auch als Kontroll-verlust erlebt werden, wenn er über den Kopf der Betroffenen hinweg erfolgt.

Der Aufbau eines Gesprächs kann entlastend wirken. Anfangs genügt es, einfache, strukturierende Fragen zu stellen: *„Möchten Sie mir erzählen, was passiert ist?"* oder *„Wollen wir ein bisschen hier sitzen und einfach nur da sein?"*. Je nach Zustand können solche Angebote helfen, aus dem Zustand der Überwältigung in eine erste Form der Ordnung und Orientierung zu finden.

BASIS-Modell

Hilfreich kann dabei auch das sogenannte BASIS-Modell sein, das fünf wesentliche Elemente für den stabilisierenden Erstkontakt benennt: Beziehung, Akzeptanz, Struktur, Information und Sicherheit.

Diese fünf Komponenten bieten eine einfache, aber wirkungsvolle Orientierungshilfe für Gespräche in belastenden Situationen:

- **Beziehung** meint das bewusste Eingehen auf den anderen Menschen, das Angebot einer tragfähigen Verbindung. Es geht um professionelle Zugewandtheit - sichtbar etwa im aktiven Zuhören, im wertschätzenden Blickkontakt, in einer präsenten, offenen Haltung. Beziehung entsteht, wenn der Mensch in seiner Ganzheit wahrgenommen wird und sich nicht nur als Fall oder Funktion erleben muss. Diese Beziehungsaufnahme schafft die Grundlage für Vertrauen und erste Stabilisierung.

- **Akzeptanz** bedeutet, das innere Erleben der betroffenen Person ernst zu nehmen, ohne zu relativieren oder vorschnell zu trösten. Gefühle wie Ohnmacht, Wut, Verzweiflung oder Leere brauchen Raum. Sie anzuerkennen heißt: Ich nehme dich wahr in dem, was du fühlst - ohne Bewertung, ohne Erklärung. Diese Haltung wirkt oft entlastend und kann das Gefühl der Isolation lindern.

- **Struktur** bietet in einer chaotisch erlebten Situation äußeren Halt. Das kann durch eine klare Sprache, einen geregelten Ablauf oder das Aufzeigen von nächsten kleinen Handlungsschritten geschehen. Struktur schafft Orientierung und gibt Sicherheit. Sie signalisiert: Du musst das jetzt nicht alleine ordnen - wir gehen gemeinsam Schritt für Schritt.

- **Information** ist dann wichtig, wenn Unsicherheit und Spekulationen die Situation zusätzlich belasten. Klar und dosiert vermittelte Informationen, angepasst an den Zustand der betroffenen Person, können beruhigen. Dabei gilt: so viel wie nötig, so wenig wie möglich - und immer ehrlich.

Was passiert als Nächstes? Wer ist jetzt zuständig? Was kann getan werden?

- **Sicherheit** bildet das Fundament aller Intervention. Sie umfasst sowohl die physische Sicherheit (ein geschützter Ort, Schutz vor weiteren Belastungen) als auch die emotionale Sicherheit (ein Raum, in dem nichts „geleistet" werden muss, in dem alles sein darf). Sicherheit bedeutet: Hier darfst du sein, wie du bist - ohne Druck, ohne Erwartung.

Das BASIS-Modell bietet einen wertvollen Rahmen, um in belasteten Situationen handlungsfähig zu bleiben, ohne in Aktivismus zu verfallen. Es hilft dabei, mit offener Haltung und innerer Struktur in Kontakt zu treten - und so zu einem Gegenüber zu werden, das Halt gibt, ohne einzuengen, und Orientierung anbietet, ohne zu überfordern. Diese fünf Komponenten bieten eine einfache, aber wirkungsvolle Orientierungshilfe für Gespräche in belastenden Situationen. Beziehung meint das Herstellen einer persönlichen Beziehung, oft durch einfache Nähe, aktives Zuhören und die Bereitschaft, emotional präsent zu sein. Akzeptanz bedeutet, das Erleben und die Gefühle der betroffenen Person ernst zu nehmen, ohne zu relativieren oder zu bewerten. Struktur bietet Halt - sei es durch klare, ruhige Sprache, Orientierung im Zeitverlauf oder durch das Vorschlagen kleiner nächster Schritte.

Information bedeutet, nur so viel wie nötig, aber so klar wie möglich zu sagen: Was geschieht als Nächstes? Was ist bereits geschehen? Was ist noch offen? Und schließlich steht Sicherheit im Zentrum - sowohl auf emotionaler Ebene als auch im physischen Sinne. Das BASIS-Modell bietet einen wertvollen Rahmen, um im Gespräch ein Gleichgewicht zwischen Nähe und Distanz, zwischen Stabilisierung und Offenheit zu finden.

S-O-S-Modell

Ein bewährtes Modell, das in der praktischen Krisenarbeit unterstützend zur Anwendung kommen kann, ist das sogenannte S-O-S-Modell, das drei zentrale Handlungsprinzipien benennt:

Stabilisieren - Zuerst geht es darum, den emotionalen Ausnahmezustand der betroffenen Person zu beruhigen. Das bedeutet, Sicherheit zu vermitteln, präsent zu bleiben, das Gefühl von Halt zu geben und schlimmstenfalls Eskalationen vorzubeugen. Nonverbale Signale wie ein ruhiger Tonfall, klare Präsenz und ein achtsames Verhalten helfen, das Erregungsniveau zu senken. Stabilisierung schafft die Voraussetzung dafür, dass weitere Schritte überhaupt möglich werden.

Orientieren - In einem nächsten Schritt brauchen Menschen in Krisen Orientierung. Sie müssen verstehen, was passiert ist, was gerade geschieht und welche Optionen ihnen offenstehen. In dieser Phase ist es wichtig, Informationen klar, langsam und wiederholend zu geben. Fragen wie „Was brauchen Sie jetzt?" oder „Was ist für Sie im Moment das Wichtigste?" können helfen, ein erstes Gefühl von Handlungsfähigkeit zurückzugewinnen.

Strukturieren - Krisen bringen Chaos - innerlich wie äußerlich. Strukturierung bedeutet, gemeinsam mit der betroffenen Person einen nächsten sinnvollen Schritt zu überlegen, Prioritäten zu setzen oder konkrete Handlungsoptionen zu benennen. Das kann sehr pragmatisch sein: „Wollen Sie jemanden anrufen?", „Was möchten Sie als Nächstes tun?" oder „Ich bleibe bei Ihnen, bis Sie jemanden erreicht haben." Auch das Ritualisieren einfacher Abläufe - etwa ein Glas Wasser trinken, sich hinsetzen, durchatmen - kann strukturierend wirken.

Das S-O-S-Modell ist keine starre Technik, sondern ein flexibler Rahmen, der hilft, auch in hochkomplexen Situationen handlungsfähig zu bleiben. Es unterstützt dabei, nicht nur zu reagieren, sondern bewusst zu begleiten - immer entlang der Bedürfnisse der betroffenen Person.

In Verbindung mit den allgemeinen Prinzipien der Gesprächsführung in Krisen - wie aktives Zuhören, empathisches Spiegeln, ressourcenorientiertes Denken und das Vermeiden von Bewertungen - ergibt sich ein kommunikatives Fundament, das Stabilität geben und Orientierung schaffen kann. Kommunikation in der Krise ist immer Beziehungsarbeit. Sie lebt von Authentizität, Klarheit und der Bereitschaft, sich auf die innere Welt des Gegenübers einzulassen - auch und gerade dann, wenn diese Welt in Aufruhr geraten ist.

S	O	S
Stabilisieren	**Orientieren**	**Strukturieren**
Emotionale Beruhigung und Schutz vermitteln	Klare, einfache Informationen geben und Orientierung schaffen	Gemeinsame Planung von nächsten Schritten und Handlungsoptionen
Präsenz zeigen, ruhig bleiben, Sicherheit geben	Zuhören, Fragen stellen, Wiederholungen anbieten	Prioritäten setzen, Handlungsspielräume aufzeigen, Rituale nutzen
Beispiele: „Ich bin da", „Atmen Sie mit mir", „Setzen Sie sich, ich bleibe bei Ihnen"	Beispiele: „Was brauchen Sie gerade?", „Ich erkläre es Ihnen Schritt für Schritt"	Beispiele: „Was ist jetzt der nächste Schritt?", „Möchten Sie jemanden anrufen?"

Umgang mit Vermeidung und Rückzug

Vermeidung ist eine andere Seite der akuten Krisenreaktion. Betroffene ziehen sich zurück, wirken kontrolliert, ruhig, manchmal fast distanziert. Doch diese Ruhe ist oft trügerisch. Dahinter kann sich eine massive innere Anspannung verbergen, die äußerlich kaum sichtbar ist. Der Kontaktabbruch oder die scheinbare Abwesenheit von Emotionen sind häufig keine Zeichen von Stabilität, sondern ein Versuch der Psyche, das Geschehen in kontrollierbare Distanz zu bringen. Diese Form der Abwehr dient dem Schutz vor einer Reizüberflutung, die im Moment nicht verarbeitet werden kann.

Der Rückzug kann auch als eine Art Notfallstrategie verstanden werden, um sich vor einem drohenden emotionalen Zusammenbruch zu schützen. Der Mensch versucht, Kontrolle zu behalten, indem er sich innerlich abkapselt und alle Eindrücke auf ein Minimum reduziert. Das hat mit Kraft zu tun, nicht mit Schwäche. Diese Mechanismen dürfen nicht vorschnell durchbrochen oder infrage gestellt werden. Sie verdienen Respekt.

Hier ist Geduld gefragt. Es ist wichtig, präsent zu bleiben, ohne zu drängen. Auch hier gilt: kein Körperkontakt. In diesen Phasen kann jede Berührung als Grenzverletzung erlebt und mit Aggression beantwortet werden. Manchmal hilft es, einfach in der Nähe zu sein, still, aber spürbar. Den Raum zu halten, bedeutet nicht, ihn zu füllen. Es reicht, eine verlässliche Präsenz zu sein. Die bloße Erfahrung, dass jemand da ist, ohne etwas zu verlangen, kann bereits stabilisierend wirken.

Vermeidung braucht Raum. Sie braucht Zeit. Sie ist Teil eines inneren Weges, den niemand von außen beschleunigen kann. Was wir als Begleitende tun können, ist, diesen Raum zu schützen - gegen vorschnelle Konfrontation, gegen übergriffige Nähe, gegen das Bedürfnis, etwas „lösen" zu müssen. In der respektvollen Anerkennung dieser Schutzstrategie liegt der erste Schritt zu einer möglichen Öffnung. Und manchmal beginnt dieser Weg mit einem kaum hörbaren Satz, einem kurzen Blick oder der einfachen Frage: „Möchten Sie, dass ich noch ein wenig bleibe?"

Auch der Wunsch, nicht betreut zu werden, ist grundsätzlich zu respektieren. Eine Ausnahme bilden Situationen, in denen eine akute Selbst- oder Fremdgefährdung anzunehmen ist. Dann sind schützende Maßnahmen erforderlich. Doch auch in diesen Fällen gilt es, so viel Kommunikation und Beteiligung wie möglich zu gewährleisten.

Die scheinbare Ruhe im Zustand der Vermeidung darf nicht dazu verleiten, die Betreuung zu früh abzubrechen. Eine belastbare Einschätzung der Lage ist häufig erst möglich, wenn eine Beziehung aufgebaut wurde. Diese braucht Zeit, Geduld und das Aushalten von Sprachlosigkeit. Schweigen ist kein Zeichen von Ablehnung, sondern oft Ausdruck eines tiefen inneren Prozesses. Es ist hilfreich, einfach dazubleiben, in Stille, aber in Kontakt.

Menschen, die im Zustand der Vermeidung verharren, benötigen mitunter behutsame Annäherung. Sie langsam, mit großer Achtsamkeit, an das Erlebte heranzuführen, ohne sie zu überfordern, ist eine der sensibelsten Aufgaben im Krisenmanagement. Dabei ist wichtig zu verstehen: Vermeidung ist kein Zeichen von Schwäche oder Uneinsichtigkeit, sondern ein Schutzmechanismus. Die Konfrontation mit der Realität braucht innere Ressourcen, die manchmal erst langsam wieder aufgebaut werden müssen.

Psychoedukation in der Akutphase

In belastenden Ausnahmesituationen geraten viele Menschen in einen inneren Zustand, der sich ihrer gewohnten Selbstwahrnehmung völlig entzieht. Gedanken überschlagen sich oder kommen gar nicht mehr klar zum Ausdruck. Gefühle schwanken zwischen Überwältigung und innerer Leere, und selbst der eigene Körper scheint manchmal fremd zu reagieren - mit Herzrasen, Zittern oder völliger Starre. Es ist, als würde sich das Leben plötzlich in Zeitlupe oder umgekehrt in rasender Geschwindigkeit abspielen. In solchen Momenten kann ein behutsames Gespräch mit einer verständnisvollen Person zu einem Anker werden. Und genau hier setzt Psychoedukation an - als eine der wirksamsten und zugleich achtsamsten Formen der ersten Orientierung nach einem seelischen Erdbeben. Sie gibt Sprache für das Unsagbare und Ordnung für das innere Chaos. Das Angebot, sich selbst ein wenig zu verstehen, in einer Zeit, in der alles auseinanderzufallen scheint, kann zum ersten Schritt auf einem langen Weg der Verarbeitung werden.

Wenn es gelingt, Betroffenen in einer Sprache, die sie erreichen kann, zu vermitteln, dass ihre Reaktionen nicht krankhaft oder unnormal sind, sondern im Gegenteil zutiefst menschlich und nachvollziehbar, dann entsteht oft ein Moment der Entlastung. Die Aussage „Sie sind nicht verrückt - Sie reagieren normal auf etwas, das nicht normal ist" hat in der psychosozialen Begleitung eine immense Bedeutung. Denn wer beginnt, sich selbst wieder ein wenig zu verstehen, kann sich langsam auch wieder spüren. Die Erlaubnis, so fühlen zu dürfen, wie man gerade fühlt - ohne Erklärung, ohne Rechtfertigung -, ist ein zutiefst heilsamer Prozess. Es geht nicht darum, sofort Lösungen zu finden oder Strategien zu entwickeln. Vielmehr geht es darum, dem inneren Erleben einen Rahmen zu geben, der es nicht beschneidet, sondern hält. Oft ist es genau dieser Rahmen, der in einer Krise verloren geht - der innere Boden, das Gefühl von Kontrolle, von Sinn und Zusammenhang. Psychoedukation kann helfen, diesen Boden zumindest tastend wiederzufinden.

Viele Menschen erleben nach einem schockierenden Ereignis eine Vielzahl intensiver und oft widersprüchlicher Emotionen. Während manche weinen, schreien oder sich in Wut verlieren, scheinen andere völlig ruhig, fast distanziert. Diese Reaktionen führen nicht selten zu Irritation - sowohl im Umfeld als auch bei den Betroffenen selbst. Die innere Frage „Stimmt etwas nicht mit mir?" steht häufig unausgesprochen im Raum. Doch diese Reaktionen sind keine Zeichen von Schwäche oder psychischer Krankheit, sondern ganz natürliche Schutzreaktionen unseres Gehirns. Unser Organismus versucht, uns vor dem emotionalen Zusammenbruch zu bewahren, indem er Gefühle dosiert, verzögert oder ganz abschaltet. Viele Betroffene erzählen später, dass sie sich wie „hinter Glas" fühlten oder wie in einem Film - distanziert, als würde das Geschehen gar nicht sie betreffen. Auch Angehörige sind oft irritiert, wenn jemand nach einem einschneidenden Erlebnis scheinbar gefasst oder gar „funktionierend" bleibt. In Wahrheit handelt es sich um eine hochaktive Schutzfunktion, die es dem Menschen ermöglicht, die Realität nur so weit zuzulassen, wie er sie im Moment ertragen kann. Diese Reaktionen zu erklären, bedeutet auch, Schuld und Scham zu nehmen. Es erlaubt, wieder in Beziehung zu treten - zu sich selbst und zu anderen.

Ein Mann, der Zeuge eines tödlichen Verkehrsunfalls wurde, berichtet später, dass er minutenlang auf eine Fensterscheibe gestarrt und nichts wahrgenommen habe. Er hatte das Gefühl, wie in Watte gepackt zu sein. Erst Stunden später wurde ihm bewusst, was geschehen war. In einem Gespräch mit einer psychosozialen Fachkraft erfährt er, dass dieses „Nicht-fühlen-Können" eine Form der Dissoziation ist - ein Selbstschutzmechanismus, der das Überleben sichern soll. Diese Erklärung nimmt ihm die Angst vor sich selbst. Er muss nicht mehr dagegen ankämpfen, sondern kann beginnen, das Erlebte als Teil eines Prozesses zu verstehen. Dissoziation - das heißt, das psychische System trennt bestimmte Erfahrungen oder Emotionen vorübergehend ab, um das Gesamtgefüge zu stabilisieren. Was von außen wie Apathie oder Teilnahmslosigkeit wirken mag, ist oft ein Zeichen dafür, dass das Gehirn gerade auf Hochtouren daran arbeitet, nicht zu überfluten. Wenn Menschen verstehen, dass selbst dieses scheinbare „Nicht-Fühlen" Teil eines tief verankerten

Schutzsystems ist, entsteht oft große Erleichterung - und eine neue Achtung vor der eigenen seelischen Intelligenz.

Psychoedukation bedeutet in diesem Zusammenhang nicht, den Betroffenen theoretisches Wissen aufzudrängen, sondern ihnen auf eine einfühlsame, zugewandte Art zu erklären, was in ihrem Inneren geschieht - immer mit dem Ziel, Sicherheit und Orientierung zurückzugeben. Es geht darum, den Menschen auf Augenhöhe zu begegnen und ihnen das Gefühl zu vermitteln, dass ihr Erleben nicht nur erklärbar, sondern auch bewältigbar ist. Dabei ist nicht entscheidend, wie viel gesagt wird, sondern wie. Die Vermittlung geschieht oft über Haltung, über Tonfall, über das bewusste Tempo eines Gesprächs. Wer psychoedukativ arbeitet, stellt keine Diagnosen, sondern schafft Deutungsangebote. Er oder sie achtet darauf, keine weiteren Ängste zu schüren, sondern Vertrauen zu stärken - in die eigene Wahrnehmung, in die natürliche Fähigkeit, mit schwierigen Erfahrungen umzugehen, auch wenn es Zeit braucht. Die Wahl der Worte ist dabei genauso bedeutsam wie das Gespür für den richtigen Moment. Nicht alles muss sofort erklärt werden. Manchmal ist ein einziges Bild, ein einziger Satz wirksamer als ein ganzes Modell.

Dabei ist es hilfreich, sich bildhafter Sprache zu bedienen. Beispielsweise lässt sich der Zustand nach einem Trauma als eine Art Notfallprogramm des Gehirns beschreiben. In diesem Modus übernimmt das limbische System - das Zentrum für Gefühle und Überleben - die Steuerung. Die Großhirnrinde, zuständig für logisches Denken, Zeiteinschätzung und Selbstreflexion, tritt in den Hintergrund. Das erklärt, warum Menschen nach einem Schock nicht rational denken oder klare Entscheidungen treffen können. Dieses Wissen kann enorm beruhigend wirken. Es schafft Verständnis für das eigene Verhalten, das in der Situation vielleicht „unlogisch" erscheint, aber unter neurobiologischen Gesichtspunkten völlig nachvollziehbar ist. Und es bewahrt davor, sich selbst zu verurteilen. Eine Mutter, die sich tagelang nicht daran erinnern kann, wo sie ihre Schlüssel hingelegt hat oder welche Uhrzeit ein Termin hatte, fühlt sich durch diese Erklärung nicht mehr wie eine Versagerin, sondern erkennt: Mein Gehirn hat gerade Wichtigeres zu tun. Es sortiert, schützt, verarbeitet. Und ich darf Geduld mit mir haben.

Eine junge Frau, deren Schwester durch Suizid verstorben ist, wird wenige Tage nach dem Ereignis von Schuldgefühlen geplagt, weil sie bei einer Fernsehsendung lachen musste. In der Begleitung wird ihr erklärt, dass unser Gehirn nach starken Belastungen versucht, durch kleine Momente der Entlastung eine Art inneres Gleichgewicht wiederherzustellen. Das Lachen ist keine Respektlosigkeit, sondern eine natürliche Reaktion, die dem Überleben dient. Die Frau beginnt zu weinen - nicht aus Scham, sondern weil sie sich zum ersten Mal wieder mit sich selbst verbunden fühlt. Solche kleinen Erklärungen ermöglichen ein tieferes Verständnis für das, was scheinbar widersprüchlich oder unangemessen wirkt. Sie zeigen: Auch Widersprüchlichkeit ist Teil der Wahrheit. Auch Nebeneinander kann stimmig sein. Freude und Schmerz schließen sich nicht aus, sondern sind oft eng verwoben - besonders in Grenzsituationen.

Gerade diese Ambivalenz von Gefühlen ist typisch für akute Krisensituationen. Ein Wechsel von Hoffnung und Verzweiflung, von Nähebedürfnis und Rückzug, von Überaktivität und totaler Erschöpfung gehört zur Verarbeitung. Für Außenstehende - und oft auch für die Betroffenen selbst - ist dieses emotionale Auf und Ab schwer auszuhalten. Doch es ist genau dieses Schwanken, dieses Nicht-Gefestigtsein, das den Weg zur Stabilisierung vorbereitet. Gefühle kommen nicht linear. Sie drängen sich auf, verstummen plötzlich, kehren in Wellen zurück. Psychoedukation hilft, diese widersprüchlichen Empfindungen nicht als Zeichen von Instabilität, sondern als Ausdruck der inneren Bemühung zu begreifen, einen Weg durch das Unfassbare zu finden. Wenn ein Mensch in kürzester Zeit von Lachen zu Weinen, von Leere zu Überforderung kippt, dann zeigt sich darin keine psychische Störung, sondern der verzweifelte Versuch des Organismus, mit einer übergroßen Realität klarzukommen. Alle inneren Regelsysteme arbeiten am Anschlag. Wenn das verstanden wird - tief und nicht nur kognitiv -, entsteht ein innerer Raum, in dem alles, was ist, sein darf.

In der ersten Phase nach einem belastenden Ereignis geht es häufig nicht um psychotherapeutische Interventionen im engeren Sinn, sondern vielmehr um Präsenz, Orientierung und Halt. Der Mensch muss zunächst begreifen können, was überhaupt geschehen ist. Und dieser Prozess des Begreifens braucht Zeit, braucht Wiederholung, braucht Beziehung. Dabei ist es hilfreich, wenn die begleitende Person nicht vorschnell mit tröstenden Worten oder Lösungsvorschlägen kommt, sondern in der Lage ist, die Reaktionen der Betroffenen zu spiegeln und zu benennen. Ein einfaches „Das fühlt sich gerade alles sehr unwirklich an, oder?" kann ein Türöffner sein. Solche Sätze sind keine Therapietechnik, sondern Ausdruck tiefer Empathie. Sie sagen: Ich sehe dich. Ich höre dich. Ich glaube dir. Und ich bleibe bei dir - auch wenn du selbst dich gerade nicht spürst.

In der konkreten Arbeit zeigt sich immer wieder, dass kleine Informationen, achtsam formuliert, große Wirkung entfalten können. So kann das behutsame Sprechen in der Vergangenheitsform ein erster Schritt sein, Realität greifbar zu machen. Wenn ein Vater nach dem plötzlichen Tod seines Kindes in der Gegenwartsform spricht - „Mein Sohn ist zwölf, er liebt Fußball" - kann eine respektvolle Rückmeldung hilfreich sein: „Ihr Sohn *war* zwölf, und er *hat* den Fußball sehr geliebt." Diese sprachliche Umstellung kann schmerzlich sein, aber sie markiert einen sanften Weg in die Wirklichkeit zurück. Gleichzeitig zeigt sie: Ich halte das aus. Ich spreche es aus, weil ich dir zutraue, dass du es hören kannst - und weil ich an deiner Seite bleibe, wenn es wehtut. Solche kleinen psychoedukativen Impulse setzen dort an, wo Worte fehlen und machen erlebbar, dass die eigene Geschichte auch dann noch erzählt werden kann, wenn sie sich radikal verändert hat. Psychoedukation ist jedoch nicht nur ein Werkzeug für Fachkräfte, sondern kann auch Angehörigen helfen, angemessener zu reagieren. Wer versteht, dass Rückzug keine Ablehnung ist, dass Schlafstörungen keine Faulheit bedeuten und dass Schweigen nicht gleich Desinteresse meint, kann einfühlsamer begleiten. Auch hier gilt: Wissen schützt vor Fehlinterpretation. Wenn Angehörige begreifen, dass scheinbare Teilnahmslosigkeit oft Ausdruck einer Überforderung ist, dass Menschen sich nicht abwenden, weil sie nichts fühlen, sondern weil sie zu viel fühlen, dann wird die Beziehung tragfähiger. Hier kann auch psychoedukatives Material - einfache Erklärungen, Infoblätter oder kurze Videos - unterstützend eingesetzt werden. Doch nichts ersetzt das direkte Gespräch. Das gemeinsame Nachdenken darüber, was gerade im Inneren geschieht, schafft Verbindung - und diese Verbindung ist oft der eigentliche Boden, auf dem Stabilisierung möglich wird.

In manchen Situationen erfordert das äußere Geschehen eine rasche Konfrontation mit der Realität - etwa bei der Identifikation Verstorbener oder bei behördlichen Maßnahmen. In solchen Fällen ist es besonders wichtig, die betroffenen Personen nicht allein zu lassen und ihnen jeden Schritt transparent zu erklären. Was wird auf sie zukommen? Was dürfen sie selbst entscheiden? Welche Unterstützungsangebote stehen bereit? Je klarer die Abläufe sind, desto weniger entsteht das Gefühl des Ausgeliefertseins. Und je mehr Zeit und Raum es gibt, um Gefühle und Reaktionen zu besprechen, desto eher können Menschen sich auf eine Begegnung mit der Realität einlassen - auch wenn diese Begegnung schmerzhaft ist. Psychoedukation bedeutet hier, die Konfrontation so vorzubereiten, dass sie nicht traumatisiert, sondern - so schwer es ist - in Würde geschehen kann.

Ein besonders berührendes Beispiel ist das eines älteren Ehepaars, das nach einem Wohnungsbrand in eine Notunterkunft gebracht wurde. Der Mann war orientierungslos, die Frau völlig verstummt. Erst nach mehreren Stunden des Daseins und immer wiederholter Bestätigung, dass sie in Sicherheit seien, begannen sie, Fragen zu stellen. Eine Fachperson erklärte ihnen in einfachen Worten, wie das Gehirn unter Schock funktioniert - und dass ihr Verhalten keine Schwäche, sondern eine normale Reaktion auf eine extreme Belastung sei. Erst durch dieses Verständnis war eine vorsichtige Annäherung an die Realität möglich. Die Frau weinte zum ersten Mal, der Mann nahm ihre Hand - ein stiller Moment der Verbindung, durch das gemeinsame Verstehen dessen, was sich eben noch nicht einordnen ließ.

Es zeigt sich: Psychoedukation ist keine einmalige Maßnahme, sondern ein fortlaufender Prozess. Sie beginnt mit kleinen Sätzen, mit

Blickkontakt, mit einem ruhigen Tonfall - und entwickelt sich zu einem inneren Kompass, der durch das Chaos führen kann. Oft besteht ihr Wert nicht im Umfang des vermittelten Wissens, sondern in der Haltung, aus der heraus sie geschieht. Sie will nicht beruhigen, indem sie verharmlost. Sie will nicht erklären, indem sie belehrt. Vielmehr eröffnet sie einen Weg, auf dem Menschen beginnen können, mit sich selbst wieder in Kontakt zu kommen. In einer Welt, die in Stücke gefallen ist, ist das Verstehen der erste Schritt zur Neuordnung. Und oft ist es dieses Verstehen, das die Frage „Wie soll es weitergehen?" in „Ich darf mir Zeit lassen" verwandelt. Diese Haltung ist geprägt von Respekt, Geduld und einem tiefen Vertrauen in die Selbstheilungskräfte des Menschen. Sie fragt nicht: „Was stimmt nicht mit dir?", sondern: „Was hast du erlebt, dass du so fühlst?" Sie bewertet nicht, sie deutet. Sie setzt nicht voraus, sie erklärt. Und sie stärkt die Überzeugung: Auch wenn der Weg lang und schmerzhaft ist - er ist begehbar. Nicht heute, nicht morgen vielleicht. Aber Schritt für Schritt. Und jeder Schritt beginnt mit dem Gefühl: Ich darf so sein, wie ich bin. Ich darf verstehen, was in mir geschieht. Und ich muss diesen Weg nicht allein gehen.

Manchmal ist das Wichtigste in der Akutphase nicht, etwas zu sagen oder zu tun, sondern einfach zu bleiben. In der Stille. In der Präsenz. In der Haltung: *Ich bin da. Du bist nicht allein.* Auch das ist Psychoedukation - im ursprünglichsten Sinn: ein Lehren durch Sein, durch Beziehung, durch Mitgefühl. Denn wer im tiefsten Schmerz nicht allein gelassen wird, beginnt langsam wieder, an die Welt zu glauben. Und manchmal reicht genau das - als Anfang.

Herausforderungen in der Krisenkommunikation

Krisensituationen bringen nicht nur äußere Umstände durcheinander, sondern fordern vor allem das Innenleben der betroffenen Menschen heraus. Kommunikation wird in solchen Momenten zu einer besonders anspruchsvollen Aufgabe, weil sie auf einem emotional und kognitiv instabilen Boden stattfindet. Während unter normalen Bedingungen Sprache, Zuhören und Reagieren selbstverständliche Prozesse sind, geraten diese in einer Krise ins Wanken. Plötzlich ist alles anders - Worte wirken nicht wie gewohnt, Zuhören wird zur Herausforderung und Missverständnisse sind an der Tagesordnung. Umso wichtiger ist es, die typischen Störungen und Dynamiken in der Krisenkommunikation zu kennen, um ihnen mit Einfühlungsvermögen, Geduld und professioneller Haltung begegnen zu können.

Ein zentrales Merkmal von Krisensituationen ist die starke emotionale Aufladung. Emotionen wie Angst, Verzweiflung, Wut oder Trauer dominieren das Erleben und stellen jede Form von sachlicher Kommunikation vor große Hürden. Diese Gefühle sind nicht nur verständlich, sondern auch notwendig, um mit der Ausnahmesituation innerlich umzugehen. Gleichzeitig erschweren sie es, Informationen aufzunehmen oder rational zu reflektieren. Wer innerlich überflutet ist, hört nicht mehr richtig zu, reagiert über oder zieht sich zurück. In dieser Phase braucht es keine Erklärungen, sondern vor allem Präsenz, Beruhigung und emotionale Resonanz. Erst wenn sich das emotionale Erregungsniveau etwas stabilisiert hat, wird ein sachlicher Austausch wieder möglich.

Eine weitere Herausforderung besteht darin, dass viele Menschen die Realität zunächst nicht wahrhaben wollen oder können. Das Leugnen oder Verdrängen der Krise ist ein typischer Schutzmechanismus. Aussagen wie „Das kann nicht sein" oder „So etwas passiert doch nicht" zeugen nicht von Uneinsichtigkeit, sondern von einem psychischen Überlebensversuch. Die Wirklichkeit wird schlichtweg nicht ertragen. In der Gesprächsführung ist es dann nicht hilfreich, sofort mit Fakten zu konfrontieren oder Überzeugungsarbeit zu leisten. Vielmehr braucht es Geduld,

Wiederholung und die Bereitschaft, die Reaktion als Teil des menschlichen Verarbeitungsprozesses anzuerkennen. Erst mit der Zeit kann ein vorsichtiges Heranführen an die Realität erfolgen - begleitet von emotionaler Unterstützung.

Auch die Wahrnehmung verändert sich unter massivem Stress. Menschen in Krisen nehmen ihre Umgebung verzerrt, fragmentiert oder nur sehr selektiv wahr. Manche berichten davon, sich wie in einem Film zu fühlen, andere hören nur einzelne Worte oder interpretieren neutrale Aussagen als Angriff. Diese Wahrnehmungsveränderungen sind Ausdruck der inneren Überforderung und oft verbunden mit einem Gefühl von Kontrollverlust. In der Kommunikation bedeutet das: Sprache muss einfach, klar und wiederholbar sein. Rückfragen und das Einholen von Verständnisrückmeldungen helfen, Missverständnisse zu vermeiden. Die Gesprächsführung muss sich an der inneren Realität des Gegenübers orientieren, nicht an der objektiven Logik.

Ein weiteres häufiges Phänomen ist das Festbeißen an Details. In der Krise, wenn alles aus dem Ruder läuft, suchen Menschen nach Orientierung. Das führt manchmal dazu, dass sie sich an Nebensächlichkeiten aufhängen - an einem falsch formulierten Satz, einer unklaren Angabe oder einem organisatorischen Detail. Was von außen banal erscheinen mag, ist für die Betroffenen ein Ankerpunkt. Es gibt ihnen das Gefühl, wenigstens einen Aspekt der Situation kontrollieren zu können. Hier ist es wichtig, nicht genervt oder belehrend zu reagieren, sondern das Bedürfnis hinter dem Verhalten zu erkennen: den Wunsch nach Halt, Struktur und Sicherheit. Ein behutsamer Umgang mit solchen Fixierungen kann helfen, die Aufmerksamkeit wieder schrittweise auf das Wesentliche zu lenken. Oft zeigt sich in Krisengesprächen auch ein Tunnelblick - die Fixierung auf einen einzigen Aspekt der Situation. Sei es eine Schuldfrage, ein möglicher Ausweg oder ein konkretes Symptom: Der Rest der Wirklichkeit wird ausgeblendet. Diese Einengung des Denkens ist eine typische Stressreaktion, die evolutionär gesehen der raschen Gefahrenabwehr dient. In der Gesprächsführung ist es wichtig, diesen engen Fokus nicht vorschnell zu kritisieren, sondern behutsam neue Perspektiven zu eröffnen. Durch gezielte Fragen, das Aufzeigen von Alternativen oder das Einbringen anderer Blickwinkel kann der „Tunnel" erweitert werden - aber immer in einem Tempo, das für die Betroffenen erträglich ist.

Manche Menschen verlieren in der Krise völlig die Sprache. Sie ziehen sich zurück, schweigen oder bringen nur noch kurze Sätze hervor. Diese Sprachlosigkeit ist kein Zeichen von Widerstand, sondern Ausdruck tiefster Überforderung. Worte fehlen, weil das Erlebte nicht benennbar ist - oder weil die Angst vor dem, was ausgesprochen werden könnte, zu groß ist. In solchen Momenten ist es entscheidend, die Stille auszuhalten und dennoch präsent zu bleiben. Ein einfühlsamer Blick, ein Nicken, ein ruhiges „Ich bin da" kann mehr bewirken als viele gut gemeinte Ratschläge. Die nonverbale Kommunikation gewinnt in solchen Situationen an Bedeutung - und braucht ein feines Gespür für Nähe und Distanz.

Schuldgefühle sind ein weiterer schwerwiegender Faktor in der Krisenkommunikation. Viele Menschen fragen sich, was sie hätten anders machen sollen oder ob sie eine Mitschuld an der Krise tragen. Selbst wenn objektiv keine Verantwortung besteht, empfinden sie sich als Verursacher:innen oder Versager:innen. Diese Gefühle blockieren oft das Gespräch, verhindern das Annehmen von Hilfe und führen nicht selten zu Selbstabwertung. In der Gesprächsführung ist es wichtig, Schuldgefühle nicht vorschnell zu relativieren („Das ist doch nicht Ihre Schuld"), sondern sie zunächst ernst zu nehmen. Erst durch das Anerkennen und Spiegeln dieser inneren Wirklichkeit kann allmählich eine realistische Einordnung erfolgen.

Auch Scham spielt in Krisensituationen eine zentrale Rolle - oft versteckt, aber tiefgreifend. Schamgefühle entstehen, wenn Menschen glauben, versagt zu haben, den Erwartungen nicht zu genügen oder anderen zur Last zu fallen. Besonders in psychischen Krisen, bei familiären Konflikten oder nach beruflichen Niederlagen ist Scham eine stille Begleiterin. Sie führt zu Rückzug, Vermeidung und dem Wunsch, nicht gesehen zu werden. Wer in solchen Situationen kommuniziert, muss besonders achtsam sein: Bewertungen, Ratschläge oder vorschnelle Deutungen können das

Schamgefühl noch verstärken. Was stattdessen hilft, ist eine zutiefst wertschätzende Haltung - eine Kommunikation, die ohne Druck, aber mit ehrlichem Interesse und Mitgefühl stattfindet. Mit Schuld- und Schamgefühlen werden wir uns im weiteren Verlauf dieses Buches noch näher beschäftigen.

All diese Phänomene zeigen, dass Kommunikation in der Krise kein „normales" Gespräch ist, sondern ein sensibler, oft stiller Dialog mit einer erschütterten Innenwelt. Die Fähigkeit, sich auf diese Welt einzulassen, sie auszuhalten und den Menschen darin mit Respekt und Zugewandtheit zu begegnen, ist das Herzstück professioneller Krisenbegleitung.

Fazit: Achtsamkeit im Spannungsfeld der Emotionen

Diese beschriebenen Phänomene sind kein Ausdruck von Schwäche oder mangelnder Kommunikationsfähigkeit, sondern natürliche Reaktionen auf extreme Belastungen. Wer in der Krisenkommunikation tätig ist, muss lernen, nicht nur mit dem Gesagten, sondern auch mit dem Unsagbaren umzugehen. Die Fähigkeit, emotionale Zustände zu erkennen, auszuhalten und feinfühlig zu begleiten, ist dabei genauso entscheidend wie Fachwissen und methodische Sicherheit.

In Verbindung mit den allgemeinen Prinzipien der Gesprächsführung in Krisen - wie aktives Zuhören, empathisches Spiegeln, ressourcenorientiertes Denken und das Vermeiden von Bewertungen - ergibt sich ein kommunikatives Fundament, das Stabilität geben und Orientierung schaffen kann. Kommunikation in der Krise ist immer Beziehungsarbeit. Sie lebt von Authentizität, Klarheit und der Bereitschaft, sich auf die innere Welt des Gegenübers einzulassen - auch und gerade dann, wenn diese Welt in Aufruhr geraten ist.

Schuld und Schuldgefühle

Schuld und Schuldgefühle gehören zu den intensivsten und zugleich komplexesten Erfahrungen menschlichen Erlebens. Sie treten besonders dann in den Vordergrund, wenn unser Leben durch Krisen, Verluste oder unerwartete Wendungen erschüttert wird. In solchen Momenten geraten Menschen nicht nur äußerlich aus dem Gleichgewicht, sondern auch innerlich - im Empfinden ihrer Rolle, Verantwortung und Selbstwirksamkeit. Plötzliche, einschneidende Ereignisse wie der Tod eines geliebten Menschen, ein schwerer Unfall oder das miterlebte Leid anderer können tiefgreifende emotionale Reaktionen hervorrufen, die sich oft in Schuldgefühlen äußern. Diese sind selten logisch erklärbar und noch seltener objektiv begründbar - und doch entfalten sie eine oft überwältigende Kraft, die das Denken, Fühlen und Handeln von Betroffenen dominieren kann.

Dabei ist es unerheblich, ob juristisch oder objektiv tatsächlich eine Schuld besteht. Der menschliche Geist neigt in Ausnahmesituationen dazu, nach Sinn, nach Ordnung und nach Erklärung zu suchen. Wenn das Außen keine zufriedenstellenden Antworten liefert, richtet sich dieser Impuls nach innen. Das Ergebnis kann eine subjektive Übernahme von Verantwortung sein, die zu dem Gefühl führt: „Ich bin schuld." Dieses Gefühl ist keine rationale Bewertung, sondern Ausdruck eines zutiefst emotionalen Vorgangs. Es kann zu einem inneren Knoten werden, der sich trotz gegenteiliger Argumente nicht lösen lässt - zumindest nicht sofort.

In der juristischen Betrachtung setzt Schuld eine freie Willensentscheidung voraus, mit der jemand durch aktives Handeln oder Unterlassen einem anderen einen Schaden zufügt. Es braucht Vorsatz, Fahrlässigkeit oder zumindest das bewusste Inkaufnehmen einer negativen Konsequenz. Doch das Erleben von Schuld im Kontext von Krisen folgt anderen Regeln. Es entsteht häufig unabhängig von tatsächlichem Einfluss oder Absicht und basiert auf der Vorstellung, man hätte anders handeln, früher eingreifen oder Schlimmeres verhindern können. Diese Vorstellung verankert sich tief im emotionalen Gedächtnis und ist häufig mit Bildern, Szenen oder wiederkehrenden Gedanken verknüpft.

Ein tiefer psychologischer Mechanismus liegt diesem Erleben zugrunde: Schuldgefühle dienen der Wiederherstellung eines Gefühls von Kontrolle. In einer Welt, die plötzlich bedrohlich, unverständlich oder willkürlich erscheint, vermittelt das Schuldgefühl zumindest die Illusion, man hätte etwas tun können. Diese Illusion kann paradoxerweise als tröstlich empfunden werden. Denn das Eingeständnis, vollkommen machtlos gewesen zu sein, ist für viele Menschen kaum zu ertragen. Die Akzeptanz, nichts beeinflussen zu können, erschüttert unser Weltbild, unser Selbstverständnis und unser Vertrauen in den Lauf der Dinge. Das Schuldgefühl bietet dagegen eine Art psychischen Anker: Wenn ich Schuld trage, dann war ich nicht bloßes Opfer - ich war beteiligt, ich hatte Handlungsspielraum, auch wenn ich ihn nicht genutzt habe.

In dieser psychischen Konstruktion liegt auch der Grund, warum Schuldgefühle sich häufig so hartnäckig halten und sich durch logische Argumentation nicht einfach auflösen lassen. Es geht nicht um Fakten, sondern um das Bedürfnis nach Ordnung, Verstehen und Kontrolle in einer chaotisch erlebten Welt. Menschen stellen sich rückblickend immer wieder die gleichen Fragen: Hätte ich es verhindern können? Warum habe ich nicht anders gehandelt? Wieso habe ich nicht gespürt, was passieren würde? Diese Fragen sind Ausdruck eines verzweifelten inneren Suchens - nicht nach der Wahrheit, sondern nach einem Halt im Inneren.

Besonders der sogenannte Rückschaufehler spielt dabei eine zentrale Rolle. Im Rückblick erscheint vieles klarer, logischer und vorhersehbarer, als es in der Situation tatsächlich war. Das Gehirn konstruiert aus der heutigen Perspektive eine alternative Realität, in der das Unglück hätte vermieden werden können - wenn man nur aufmerksamer, entschlossener oder mutiger gewesen wäre. Doch dieser Mechanismus verzerrt die damalige Wahrnehmung. Er blendet aus, wie verwirrend, überfordernd oder mehrdeutig die Situation in Echtzeit war. Menschen vergessen, wie wenig sie wussten, wie eingeschränkt ihre Handlungsmöglichkeiten tatsächlich waren. Die damalige Entscheidung wird mit heutigem Wissen bewertet - ein Maßstab, der niemals gerecht sein kann.

Diese rückblickende Selbstverurteilung erzeugt nicht nur Schmerz, sondern auch Scham, Selbstzweifel und das Gefühl, ein moralisches Versagen begangen zu haben. Es ist ein innerer Prozess der Selbstzerfleischung, der nicht selten von einem hohen Anspruch an sich selbst und einem übermäßigen Verantwortungsgefühl begleitet wird. Das Gefühl, versagt zu haben, wird zur allgegenwärtigen inneren Stimme, die alles in Frage stellt: das eigene Urteil, die eigenen Handlungen, ja sogar den eigenen Wert als Mensch. Menschen, die sich in dieser Spirale befinden, verlieren häufig das Vertrauen in ihre Fähigkeit, in der Zukunft besser zu handeln. Die Vergangenheit wird zum ständigen Mahnmal, zur Quelle stummer Vorwürfe, die sich nicht zum Schweigen bringen lassen.

Dieser Zustand führt dazu, dass Betroffene sich innerlich immer weiter zurückziehen. Das Gefühl der Scham lässt sie verstummen, während die Selbstzweifel wie ein Schatten alle Lebensbereiche durchdringen. Es entsteht ein tiefes Misstrauen - nicht nur gegenüber der Welt, sondern vor allem gegenüber sich selbst. In dieser Unsicherheit liegt eine besondere Tragik, denn sie hindert Betroffene daran, Hilfe anzunehmen oder sich mitzuteilen. Die Annahme, es nicht verdient zu haben, verstanden zu werden, blockiert den Zugang zu mitfühlenden Beziehungen und verstärkt die Isolation.

Nicht selten mündet diese Dynamik in selbstbestrafenden Tendenzen: Gedanken, die sich in endlosen Schleifen der Anklage bewegen, körperliche Symptome wie Schlaflosigkeit, Appetitlosigkeit oder psychosomatische Beschwerden, oder sogar konkrete selbstschädigende Handlungen. Dabei geht es nicht nur um Strafe im klassischen Sinn, sondern oft auch um das Bedürfnis nach Ausgleich. Wer sich für ein großes Unrecht verantwortlich fühlt, will das Gleichgewicht wiederherstellen - selbst wenn dies bedeutet, sich selbst zu verletzen.

Der Weg aus dieser emotionalen Enge ist selten ein gerader. Er beginnt oft erst dann, wenn die akute emotionale Intensität langsam nachlässt und eine gewisse innere Distanz zum Geschehen möglich wird. Erst wenn der Schmerz nicht mehr alles überlagert, kann ein neuer Blick auf die eigene Rolle, auf das Geschehene und auf die eigenen Ressourcen entstehen. Bis zu diesem Punkt brauchen Menschen keine Bewertungen, keine schnellen Ratschläge oder Erklärungen, sondern tiefes, echtes Verständnis. Sie brauchen kein Gegenargument zu ihrem Schuldgefühl, sondern Mitgefühl. Nicht die Widerlegung ihrer Gedanken heilt - sondern die Anerkennung ihres Leids. Sie brauchen Zeit, Raum und eine vertrauensvolle Beziehung, in der sie ihre Geschichte erzählen dürfen - so oft und so ungeordnet wie nötig. In der Wiederholung liegt manchmal der erste Schritt zur Heilung: Indem das Erlebte Worte bekommt, kann es sich verändern. Indem jemand zuhört, entsteht ein erster Halt. Und indem Schuldgefühle verstanden werden, verlieren sie langsam ihre zerstörerische Macht.

In der psychosozialen Begleitung bedeutet das, zuzuhören, ohne zu bewerten. Es heißt, die Geschichte eines Menschen ernst zu nehmen, auch wenn sie irrational erscheint. Schuldgefühle können nur dort weich werden, wo sie nicht bekämpft, sondern verstanden werden. Der Schritt hin zu einer realistischeren Einordnung der eigenen Verantwortung geschieht nicht durch Argumente, sondern durch Beziehung, durch Anerkennung des Schmerzes und durch gemeinsame Reflexion. Was hätte man damals wirklich wissen können? Welche Optionen waren realistisch? Was hätte man gebraucht, um anders zu handeln? Solche Fragen ermöglichen eine neue Perspektive - nicht auf das Ereignis allein, sondern auf sich selbst in diesem Ereignis.

Neben der kognitiven Neubewertung spielt auch die emotionale Dimension eine große Rolle. Schuldgefühle sind eng mit der Selbstwahrnehmung verknüpft. Besonders gefährlich werden sie, wenn sie sich von einzelnen Handlungen auf das gesamte Selbst ausweiten. Aus „Ich habe etwas falsch gemacht" wird dann „Ich bin falsch." Diese generalisierte Selbstverurteilung kann zur inneren Lähmung führen, zur Isolation und im schlimmsten Fall zu suizidalen Krisen. Deshalb ist es essenziell, zwischen Verhaltensbewertung und Selbstbewertung zu unterscheiden - und diese Unterscheidung auch im therapeutischen Gespräch deutlich zu machen.

Gleichzeitig tragen Schuldgefühle oft eine starke Handlungsenergie in sich. Das Bedürfnis, etwas wiedergutzumachen, ist tief im Menschen verankert - es entspringt dem Wunsch, das innere Gleichgewicht wiederherzustellen, Verantwortung zu übernehmen und auf das Leid, das man vermeintlich verursacht hat, zu reagieren. Dieses Bedürfnis ist nicht nur Ausdruck eines moralischen Empfindens, sondern auch ein Weg, sich selbst wieder als handlungsfähig zu erleben. In Momenten großer Hilflosigkeit bietet das Streben nach Wiedergutmachung eine Möglichkeit, aus der Passivität herauszutreten und wieder Gestaltungskraft zu erleben.

Dabei ist es hilfreich, eine klare Unterscheidung zwischen realer Schuld und eingebildeter Schuld zu treffen. Reale Schuld meint ein tatsächliches, objektiv nachvollziehbares Fehlverhalten, bei dem eine konkrete Verantwortung besteht - sei es juristisch, moralisch oder ethisch. Diese Schuld kann durch eigenes Handeln oder durch bewusste Unterlassung entstanden sein und ist in der Regel nachvollziehbar durch Fakten, Zeugnisse oder eindeutige Zusammenhänge. In solchen Fällen bietet der Prozess der Wiedergutmachung einen konkreten Ansatzpunkt: Einsicht, Reue, Entschuldigung oder tatsächliche Wiedergutmachung können helfen, den inneren Konflikt zu lösen und in einen heilenden Prozess zu überführen.

Eingebildete Schuld hingegen entsteht häufig in Situationen, in denen keine objektive Verantwortlichkeit besteht, die emotionale Beteiligung aber hoch ist. Betroffene übernehmen Verantwortung für Umstände oder Geschehnisse, auf die sie keinen oder nur sehr begrenzten Einfluss hatten. Diese Form der Schuld entsteht oft aus dem Bedürfnis heraus, das Unbegreifliche zu erklären und das Gefühl der Ohnmacht zu kompensieren. Die Betroffenen glauben, mehr hätten tun zu müssen oder sollen, obwohl sie unter den gegebenen Umständen nichts verhindern konnten. Diese eingebildete Schuld ist nicht weniger belastend - im Gegenteil: Da sie sich schwerer greifen und objektivieren lässt, ist sie oft noch hartnäckiger und begleitet die Betroffenen über lange Zeiträume.

Die Unterscheidung zwischen realer und eingebildeter Schuld hilft nicht nur bei der Einordnung des eigenen Erlebens, sondern auch bei der Auswahl angemessener Bewältigungsstrategien. Während bei realer Schuld konkrete Schritte zur Wiedergutmachung möglich sind, erfordert der Umgang mit eingebildeter Schuld vor allem psychische Begleitung, die Entlastung durch neue Perspektiven und die Anerkennung der eigenen Grenzen. Gerade hier zeigt sich die Bedeutung einer achtsamen, nichtwertenden Begleitung, die Raum gibt für die Auseinandersetzung mit der eigenen Geschichte - und zugleich einen sicheren Rahmen schafft, in dem Selbstvergebung überhaupt erst denkbar wird.

Wenn diese Energie in heilsame Bahnen gelenkt werden kann - etwa durch symbolische Rituale, durch soziale oder ehrenamtliche Tätigkeiten, durch das Teilen der eigenen Erfahrung mit anderen Betroffenen oder durch achtsame Zuwendung zu Menschen im eigenen Umfeld -, kann sie ein wichtiger Teil des Verarbeitungsprozesses werden. Solche Handlungen helfen dabei, das innere Erleben mit dem äußeren Leben in Einklang zu bringen. Sie schaffen Verbindung, Resonanz und manchmal auch eine Form von Sinn, die trotz des erlebten Schmerzes erfahrbar wird. In vielen Fällen ist es weniger die konkrete Handlung als vielmehr die dahinterliegende Haltung, die heilend wirkt: Der Wille, sich der Verantwortung zu stellen, ohne sich in Selbstvorwürfen zu verlieren.

Doch wenn eine Wiedergutmachung faktisch nicht möglich ist - wie bei einem Todesfall oder einem irreversiblen Geschehen -, kann diese kraftvolle Energie ins Leere laufen. Dann besteht die Gefahr, dass sie sich gegen die eigene Person richtet. Die Frage „Was kann ich jetzt noch tun?" bleibt unbeantwortet, und aus dem Wunsch nach Handlung wird eine Quelle der Selbstanklage. Das Schuldgefühl bleibt bestehen, aber ohne Kanal, ohne Richtung. In solchen Fällen zeigt sich die destruktive Seite der Schuld: Sie wird zum Motor innerer Zerstörung, zum Auslöser von Selbstentwertung, Rückzug oder psychosomatischen Beschwerden.

Deshalb sind in solchen Momenten besonders achtsame und feinfühlige Interventionen gefragt. Es gilt, die Handlungsenergie anzuerkennen, ohne sie zu blockieren - und gleichzeitig neue, sinnvolle Wege zu erschließen, auf denen sie Ausdruck finden kann. Dies kann in Form von inneren Ritualen geschehen, in Briefen an Verstorbene, in künstlerischer Verarbeitung, im Aufbau neuer Beziehungen oder in der bewussten Entscheidung, etwas im eigenen Leben zu verändern, was aus dem Schmerz heraus gewachsen ist. Der Impuls zur Wiedergutmachung muss nicht in der Vergangenheit wirksam werden - er kann auch die Zukunft gestalten. Die Energie der Schuld kann, wenn sie gehalten und begleitet wird, zur Kraftquelle für Wachstum, Verbindung und Mitgefühl werden - nicht nur für andere, sondern auch für sich selbst.

Es ist wichtig zu erkennen, dass Schuldgefühle eine psychologische Funktion erfüllen: Sie sind Ausdruck des Bedürfnisses nach Sinn, nach Kontrolle und nach Verbindung mit anderen. Sie helfen, das Geschehen einzuordnen und nicht in völliger Hilflosigkeit zu versinken. Deshalb dürfen sie nicht vorschnell pathologisiert werden. Vielmehr sollten sie in ihrer Tiefe verstanden und begleitet werden. Sie ernst zu nehmen bedeutet, den Menschen ernst zu nehmen, der sie empfindet.

Langfristig braucht es jedoch mehr als nur Entlastung. Es braucht eine neue innere Landkarte - ein Weltbild, das Raum lässt für Unvollkommenheit, für Scheitern, für Ohnmacht. Es braucht eine Selbstsicht, die nicht auf Fehlervermeidung basiert, sondern auf Mitgefühl mit sich selbst. Der Mensch muss sich selbst wieder als Ganzes erleben dürfen - mit Licht und Schatten, mit Stärke und Schwäche, mit Verantwortung und Begrenzung. Erst wenn diese Integration gelingt, verlieren Schuldgefühle ihre zerstörerische Kraft und verwandeln sich vielleicht in etwas anderes: in Trauer, in Reue, in Versöhnung - oder schlicht in ein tieferes Verständnis für die eigene Menschlichkeit.

Der Umgang mit Schuld und Schuldgefühlen ist eine der anspruchsvollsten Aufgaben in der Begleitung von Menschen in Krisen. Er verlangt Einfühlungsvermögen, Geduld, Klarheit und das Wissen um die psychodynamischen Kräfte, die in solchen Prozessen wirken. Wer in diesen Momenten an der Seite eines Menschen steht, braucht die Fähigkeit, Ambivalenzen auszuhalten, Schmerz nicht vorschnell lindern zu wollen und dem Bedürfnis nach Orientierung nicht mit vorschnellen Antworten zu begegnen. Denn wer Schuld empfindet, braucht keine Lösung, sondern Resonanz - jemanden, der das Unaussprechliche mitträgt, ohne es zu relativieren.

Gerade in Zeiten größter innerer Verunsicherung kann das bloße Dasein eines anderen Menschen, der nicht flieht, nicht bewertet, nicht korrigiert, einen ersten sicheren Raum schaffen. Es ist eine stille Form des Haltens, des Mittragens, des Zeigens: „Du bist nicht allein mit dem, was du empfindest." Das erfordert oft mehr Mut als jedes Argument. Denn manchmal ist das Wichtigste nicht, die Schuld zu lösen, sondern sie gemeinsam auszuhalten - in ihrer Schwere, in ihrem Schmerz, in ihrer existenziellen Tiefe. Erst wenn sie vollständig gefühlt, ausgesprochen, geteilt werden darf, entsteht ein innerer Prozess, in dem sich Schuldgefühle nicht auf Befehl, sondern in einem natürlichen, tiefgreifenden Wandel verändern können. So wird Begleitung zu einem Akt echter Menschlichkeit - und manchmal auch zu einer stillen Form der Hoffnung.

Trauer und Trauerbegleitung

Trauer ist ein Prozess, der das Leben erschüttert. Sie trifft nicht nur das Herz, sondern den ganzen Menschen. Sie verändert nicht nur Gedanken, sondern auch Körper, Beziehungen, Zukunftsbilder. In dem Moment, in dem etwas unwiederbringlich verloren geht - sei es ein Mensch, eine Beziehung, eine Lebensperspektive oder auch ein tiefer Lebenstraum - beginnt ein Prozess, den niemand freiwillig wählt, den aber alle früher oder später durchleben: der Prozess der Trauer.

Was dabei oft übersehen wird: Trauer ist kein einzelnes Gefühl. Sie ist eine ganze Welt von Empfindungen, oft widersprüchlich, wild und chaotisch. Sie ist Schmerz, ja - aber auch Wut, Leere, Angst, Sehnsucht, Dankbarkeit, Schuld, Liebe, Hilflosigkeit. Sie ist manchmal laut, dann wieder vollkommen stumm. Sie kann körperlich sein - wie ein Kloß im Hals, ein Ziehen in der Brust, bleierne Müdigkeit oder ein ständiger Druck auf dem Solarplexus. Manche spüren sie als Kälte, andere als Unruhe. Sie kann den Appetit rauben oder den Schlaf, das Gedächtnis trüben oder den Blick auf die Welt. Der ganze Organismus leidet. Und genau darin zeigt sich ihre Tiefe: Trauer betrifft nicht nur das Denken, sondern unser gesamtes Dasein.

Viele Menschen berichten, dass ihnen im Moment des Verlustes der Boden unter den Füßen weggezogen wurde. Alles, was zuvor selbstverständlich war, erscheint plötzlich fremd. Der Tagesablauf verliert an Struktur, die Zeit fühlt sich anders an - gedehnt oder beschleunigt, manchmal beides zugleich. Das innere Erleben entgleitet den gewohnten Kategorien. Wer trauert, erlebt oft einen Zustand zwischen den Welten: nicht mehr im Alten, noch nicht im Neuen. In dieser Zwischenzeit, in der die Welt da draußen einfach weitermacht, während die eigene stehen geblieben ist, entsteht ein tiefes Gefühl von Isolation.

Und doch ist genau diese Erfahrung der erste Schritt des Anpassungsprozesses an eine neue Wirklichkeit. Eine Wirklichkeit, die leerer ist - und voller zugleich. Leerer, weil etwas fehlt. Voller, weil alles plötzlich bedeutungsschwanger wird. Der Lieblingsstuhl des Verstorbenen, das leere Bett, das nicht mehr benutzte Rasierwasser - sie alle erzählen Geschichten. Sie fordern Erinnerungen heraus, aber auch Tränen. Und beides gehört zur Trauer: das Festhalten und das Loslassen. Das Erinnern und das Aushalten. Die Gegenwart wird zum Ort des inneren Ringens zwischen Vergangenem und Kommendem.

Es ist wichtig zu verstehen, dass Trauer nicht „bewältigt" werden muss - nicht im Sinne eines schnellen Überwindens oder Abhakens. Sie will gelebt werden. Denn in ihr liegt eine tiefe Wahrheit: Wer trauert, bezeugt, dass da Liebe war. Und dass da noch Liebe ist. Der Schmerz des Verlustes ist der Preis für die Tiefe der Bindung. Nichts anderes. Wer das erkennt, kann aufhören, gegen den Schmerz zu kämpfen. Kann beginnen, ihn zu würdigen. Ihn zu achten. Und ihn Stück für Stück zu integrieren.

Manche Menschen fragen sich in der Trauer: „Warum trifft es mich so hart?" oder: „Ist das noch normal?" Diese Fragen sind verständlich - und sie deuten auf eine Suche nach Orientierung hin. Doch die Antwort liegt weniger in Vergleichen mit anderen als in der Einzigartigkeit der eigenen Geschichte. Es gibt keine Norm für Trauer. Sie ist so individuell wie die Beziehung, die ihr vorausging. Wer etwa einen Elternteil verliert, mit dem die Verbindung ambivalent war, wird anders trauern als jemand, der einen Partner verloren hat, mit dem er jahrzehntelang in liebevoller Nähe lebte. Und selbst innerhalb einer Familie kann der Tod desselben Menschen ganz unterschiedliche Trauerprozesse auslösen - abhängig davon, welche Rolle dieser Mensch für jede:n Einzelne:n gespielt hat.

Was in dieser Zeit besonders schwer wiegt, ist die oft mangelnde Resonanz im sozialen Umfeld. Viele trauernde Menschen berichten, dass sie sich unverstanden fühlen - dass Freunde sich zurückziehen, Gespräche ausbleiben oder gut gemeinte Sätze wie „Du musst loslassen" oder „Er ist jetzt an einem besseren Ort" mehr verletzen als helfen. Trauer braucht jedoch Resonanz. Sie braucht das Gegenüber, das nicht urteilt, sondern einfach da ist. Jemanden, der zuhört, aushält, schweigt, mitgeht. Manchmal ist es nur ein Blick, eine Hand auf der Schulter, ein Satz wie: „Ich weiß nicht, was ich sagen soll - aber ich bin da." Das genügt. Es schafft Verbindung.

Trauer bringt auch alte Verletzungen an die Oberfläche. Sie konfrontiert mit ungelösten Themen, mit Schuldgefühlen, mit Dingen, die ungesagt blieben. Gerade in der frühen Phase nach einem Verlust kommen solche Fragen wie aus dem Nichts: „Habe ich genug getan?" „Habe ich mich richtig verabschiedet?" „War ich da, als es wichtig war?" Solche Gedanken können quälen - und doch gehören sie zur Trauerarbeit dazu. Denn auch das, was zwischen zwei Menschen unausgesprochen blieb, hat Bedeutung. In der Auseinandersetzung damit liegt oft die Chance, Frieden zu schließen - nicht mit dem Verstorbenen, sondern mit sich selbst.

Viele Menschen spüren in ihrer Trauer auch eine spirituelle Dimension. Sie beginnen, über den Tod hinaus zu denken. Fragen tauchen auf, die bisher vielleicht keine Rolle gespielt haben: Wo ist der Verstorbene jetzt? Gibt es eine Seele? Bin ich noch verbunden? Manche finden Trost in der Vorstellung, dass der geliebte Mensch „irgendwo" weiter existiert - im Licht, in einer anderen Dimension, im Herzen. Andere erleben eine tiefe Sinnkrise, wenn ihr bisheriges Weltbild ins Wanken gerät. Auch das ist Teil des Prozesses: Trauer erschüttert nicht nur die Gefühle, sondern auch das Denken. Sie stellt die Grundfesten unseres Daseins infrage - und lädt uns ein, uns neu zu verorten. Dabei gibt es keine „richtige" Art zu trauern. Es gibt Menschen, die weinen viel, andere bleiben äußerlich gefasst. Manche ziehen sich zurück, andere suchen Austausch. Einige gestalten Rituale, schreiben Tagebuch, sprechen mit dem Verstorbenen. Wieder andere erleben lange Zeiten der Sprachlosigkeit. Alles das kann Ausdruck von Trauer sein. Wichtig ist, dass jede Form ihren Platz haben darf. Und dass niemand gezwungen wird, schneller oder anders zu trauern, als es ihm oder ihr entspricht.

Trauer ist kein Umweg. Sie ist der Weg. Und wer ihn nicht geht, bleibt stecken - nicht im Schmerz selbst, sondern im Versuch, ihn zu vermeiden. Viele psychische und körperliche Beschwerden, die sich Monate oder Jahre nach einem Verlust zeigen, haben darin ihren Ursprung: dass dem

Schmerz kein Raum gegeben wurde. Dass er weggedrückt, verleugnet, betäubt wurde. Aber Schmerz, der nicht gefühlt wird, verschwindet nicht - er sucht sich andere Wege. Deshalb ist es so wichtig, Trauer nicht zu unterdrücken, sondern zu leben. In kleinen Schritten, im eigenen Tempo, mit Unterstützung, wenn nötig. Denn auch das ist Teil der Trauer: die Erlaubnis, sich helfen zu lassen.

Trauerobjekte

Und es ist ebenso wichtig zu verstehen, dass sich Trauer nicht ausschließlich auf den Tod eines Menschen bezieht. Der Verlust eines geliebten Menschen ist eine der sichtbarsten und gesellschaftlich anerkanntesten Formen von Trauer - doch die Erfahrung von Verlust ist vielgestaltig. Menschen trauern auch um Beziehungen, die zerbrochen sind, um Lebensabschnitte, die zu Ende gegangen sind, oder um Träume, die sich nicht erfüllt haben. Auch eine Trennung, eine Scheidung, ein Umzug, ein Arbeitsplatzwechsel oder der Eintritt in die Pension können tiefe Trauerreaktionen auslösen - auch wenn das Umfeld dafür oft wenig Verständnis zeigt.

Eine Frau, die nach dreißig Ehejahren geschieden wurde, erzählt von einer tiefen Einsamkeit, die sich wie ein dunkler Nebel über ihr Leben gelegt habe. Niemand sei gestorben, aber alles, was sie mit ihrem Partner verbunden habe - Rituale, Gespräche, Berührungen, Gewohnheiten -, sei plötzlich weggebrochen. Freunde sagten: „Jetzt beginnt dein neues Leben", doch sie fühlte nur Leere. Auch das ist Trauer. Und sie ist ebenso real wie nach einem Todesfall.

Ebenso ergeht es einem Mann, der nach zwanzig Jahren denselben Arbeitsplatz verliert. Mit ihm verliert er auch seinen Status, seine Rolle, seinen Selbstwert. Der Arbeitsalltag hat ihm Struktur gegeben, Sinn, soziale Kontakte. Der Verlust trifft nicht nur seine finanzielle Sicherheit, sondern auch sein inneres Bild von sich selbst. Die Gesellschaft spricht von „beruflicher Neuorientierung" - aber er spürt vor allem: Ich habe einen Teil meiner Identität verloren. Auch das ist Trauer.

Selbst ein Umzug kann tiefe Trauer auslösen - besonders, wenn er mit Zwang verbunden ist. Der Verlust des gewohnten Umfelds, des vertrauten Blicks aus dem Fenster, der Nachbarn, der Bäume am Wegesrand - all das kann mehr wiegen, als man vermutet. Kinder zeigen das oft ungeschönt: Sie weinen, sind wütend, haben Heimweh - während Erwachsene sich oft gezwungen fühlen, „vernünftig" zu reagieren. Doch auch hier gilt: Die Trauer will gesehen werden, nicht bewertet.

Auch der Verlust eines Haustieres kann eine tiefe Wunde reißen. Wer mit einem Tier in emotionaler Nähe gelebt hat, weiß um die stille, verlässliche Verbundenheit, die im Alltag mitläuft - wortlos, aber spürbar. Wenn ein Tier stirbt, endet oft nicht nur ein Lebensabschnitt, sondern auch eine Form von Geborgenheit. Doch viele trauernde Tierhalter:innen hören Sätze wie: „Es war doch nur ein Hund" oder: „Kauf dir einen neuen." Solche Aussagen verkennen, wie individuell und bedeutungsvoll Bindungen sein können - und wie stark der Schmerz über ihren Verlust.

Auch körperliche Verluste sind oft mit intensiven Trauerprozessen verbunden. Der Verlust einer Gliedmaße, einer Körperfunktion oder der Selbstständigkeit - sei es durch Unfall, Krankheit oder altersbedingte Einschränkungen - führt häufig zu einer tiefgreifenden Krise. Nicht nur die Mobilität oder Selbstversorgung gehen verloren, sondern auch Autonomie, Selbstbild, Würde. Menschen berichten, dass sie sich „nicht mehr ganz" fühlen, „nicht mehr sie selbst". Die Trauer um die eigene frühere Unversehrtheit wird dabei selten als solche benannt - doch sie ist da, leise und zäh.

Gleiches gilt für chronische Krankheiten oder Behinderungen. Auch hier geht es oft nicht nur um die medizinische Dimension, sondern um die psychische Auseinandersetzung mit einem veränderten Leben. Menschen trauern darum, nicht mehr leistungsfähig zu sein, nicht mehr spontan, nicht mehr unabhängig. Sie vermissen das frühere Ich - das sorgenlose, das fitte, das selbstbestimmte. Es ist eine stille, oft einsame Form von Trauer - denn auch hier fehlen meist die Rituale, die Anerkennung, der geschützte Raum.

Finanzieller Abstieg, gesellschaftlicher Statusverlust, unfreiwillige Frühpensionierung - all das kann tiefe Kränkungen und Trauerreaktionen auslösen. Denn mit dem Verlust der gesellschaftlichen Rolle geht oft auch der Verlust von Zugehörigkeit und Selbstwert einher. Menschen fühlen sich plötzlich nicht mehr gebraucht, nicht mehr gefragt, nicht mehr gesehen. Auch wenn diese Themen im öffentlichen Diskurs meist rationalisiert werden, steckt dahinter oft eine seelische Not: Wer bin ich noch, wenn ich nichts mehr „leisten" kann? Wenn mich niemand mehr „braucht"?

All diese Formen der Trauer zeigen: Es geht nicht immer nur um den Abschied von einem Menschen. Es geht um den Abschied von einer gewohnten Welt, von einem Lebensentwurf, von einem Teil der eigenen Identität. Der Schmerz, den solche Verluste hinterlassen, ist nicht geringer als jener nach einem Todesfall - nur oft unsichtbarer. Und gerade deshalb ist es so wichtig, auch diese Formen der Trauer ernst zu nehmen.
Wenn Menschen die Erlaubnis bekommen, über solche Verluste zu sprechen, wenn sie hören dürfen: „Ja, auch das ist Trauer", dann entsteht ein Raum, in dem Heilung beginnen kann. Ein Raum, in dem nicht bewertet wird, wie groß oder wie berechtigt ein Verlust ist, sondern in dem anerkannt wird, dass jeder Verlust seinen Platz hat - und jedes Gefühl, das daraus entsteht, seine Berechtigung.

Umgang mit der gesellschaftlichen Unsichtbarkeit von Trauer

Trauer ist ein zutiefst menschliches Erleben - und doch bleibt sie im gesellschaftlichen Alltag oft unsichtbar. Wer professionell oder semiprofessionell begleitet, begegnet ihr nicht nur in ihrer persönlichen Form, sondern auch in ihrer strukturellen Unsichtbarkeit. Viele Menschen trauern im Verborgenen, nicht weil sie es so wollen, sondern weil sie keine Sprache, keine Resonanz, keinen Raum dafür finden. Sie leben mitten unter uns, erledigen ihre Arbeit, führen Gespräche, kümmern sich um andere - und tragen zugleich ein schweres, oft unausgesprochenes inneres Gewicht.

Für helfende Personen stellt sich die Frage, wie wir mit dieser Unsichtbarkeit umgehen. Wie können wir Räume schaffen, in denen Trauer sichtbar, sagbar, spürbar werden darf - auch dann, wenn sie gesellschaftlich nicht anerkannt ist? Wie können wir mithelfen, die Last zu tragen, ohne sie kleinzureden oder zu beschleunigen? Und was brauchen wir selbst, um in diesem Feld präsent und tragfähig zu bleiben?

Zunächst ist es hilfreich, sich bewusst zu machen, dass die gesellschaftliche Norm Trauer vor allem dann akzeptiert, wenn sie klar definierbar und zeitlich begrenzt ist - etwa nach dem Tod eines nahestehenden Menschen. Doch bereits hier endet oft die Toleranz: Nach einigen Wochen oder Monaten erwartet das Umfeld, dass „es wieder gut sein muss". Für alle anderen Verluste - Trennungen, Arbeitsplatzverlust, Krankheit, Migration, finanzielle Einbrüche, unerfüllte Lebensentwürfe - fehlt meist das Verständnis, obwohl sie ebenfalls tiefe Trauerprozesse auslösen können. Wer um eine zerbrochene Ehe, um ein früheres Leben, um die eigene Gesundheit oder um ein Haustier trauert, bekommt oft kaum Raum - oder gar mitleidlose Kommentare.

In der psychosozialen Begleitung begegnen wir diesen Menschen oft nicht mit dem Label „Trauer", sondern über Umwege: Erschöpfung, Schlafstörungen, innere Leere, Gereiztheit oder psychosomatische Beschwerden. Erst im Verlauf der Gespräche zeigt sich: Es geht nicht nur um

Symptome. Es geht um Verluste, die nie betrauert werden durften. Um Rollen, Beziehungen, Möglichkeiten, die leise verschwunden sind - ohne Abschied, ohne Worte, ohne Anerkennung.

Unsere erste Aufgabe besteht deshalb darin, Trauer in ihrer Vielfalt zu erkennen und anzuerkennen. Das bedeutet, den Blick zu weiten. Nicht nur nach Todesfällen zu fragen, sondern auch nach Übergängen, Brüchen, schmerzhaften Veränderungen. Wer aus seiner Wohnung ausziehen musste, die seit Jahrzehnten sein Zuhause war, trauert. Wer nach einer Erkrankung plötzlich auf Hilfe angewiesen ist, trauert. Wer sein Unternehmen verliert, das er aufgebaut hat, trauert. Und auch wenn diese Formen von Trauer keine Todesanzeigen nach sich ziehen, sind sie real - und verdienen den gleichen Raum, die gleiche Würde.

Manchmal ist es ein einziger Satz, der das Gegenüber öffnet. Ein vorsichtiger, aber klarer Impuls, dass hier Platz ist. Eine beispielhafte Formulierung im Gespräch könnte lauten: *„Es klingt, als wäre da viel in Bewegung - auch wenn es vielleicht gerade gar keine Worte gibt. Ich möchte nur sagen: Alles, was Sie fühlen - oder nicht fühlen - hat hier seinen Platz. Es ist in Ordnung, wenn Sie nicht funktionieren. Es ist auch in Ordnung, wenn Sie es doch tun und sich das komisch anfühlt."*

Solche Sätze schaffen eine Atmosphäre von Offenheit. Sie entziehen sich dem gesellschaftlichen Druck, etwas rasch ins Positive wenden zu müssen. Sie benennen das Ambivalente - und erlauben es. Eine weitere hilfreiche Formulierung könnte sein: *„Manche Verluste sieht man nicht von außen - aber innerlich fühlt sich alles anders an. Wenn Sie möchten, sprechen wir genau darüber. Sie müssen mir nichts beweisen."* Oder auch:

„Manchmal ist das, was verloren ging, gar nicht so leicht zu greifen. Und trotzdem bleibt ein Gefühl von Leere, von Schmerz, von Unstimmigkeit. Ich nehme das ernst - auch wenn es keinen Namen dafür gibt."

Diese Art des Begleitens hat nichts mit großen Interventionen zu tun. Sie lebt von Haltung, von Präsenz, von Beziehung. Sie nimmt den Menschen ernst, nicht nur seine Worte. Und sie vertraut darauf, dass das, was sich zeigen darf, sich auch wandeln kann - im eigenen Tempo, auf eigene Weise.

Wichtig ist auch, die Trauer nicht vorschnell zu deuten oder zu „bearbeiten". Sie ist kein Problem, das gelöst werden muss. Vielmehr ist sie ein Prozess, der begleitet werden darf. Das bedeutet auch, dass wir unsere professionelle Rolle nicht im Reparieren sehen, sondern im Mitgehen. Im Halten. Im Benennen. In der Erlaubnis, dass jemand sein darf, wie er gerade ist - ohne Ziel, ohne Plan, ohne Optimierung.

Das gilt besonders in Fällen, in denen die Trauer nicht den klassischen Bildern entspricht. Ein junger Mann, der nach dem Tod seines Vaters nicht weint, sondern überdreht und witzelnd reagiert. Eine Frau, die nach dem Verlust ihres Kindes kaum sprechen mag und sich zurückzieht. Ein älterer Mensch, der nach der Pensionierung in eine tiefe Antriebslosigkeit fällt. All das ist Trauer. Und sie wird nicht durch Form erkennbar, sondern durch Beziehung. Wenn wir aufmerksam, achtsam und geduldig sind, zeigt sie sich. Manchmal erst nach Wochen. Manchmal ganz nebenbei. Und genau dann ist unser Dasein entscheidend.

Für professionell helfende Menschen heißt das auch, sich mit der eigenen Haltung auseinanderzusetzen. Was empfinde ich selbst, wenn mir große Trauer begegnet? Wann werde ich ungeduldig? Wann will ich trösten - und wovor schützt mich dieses Bedürfnis? Welche Formen von Trauer kann ich gut halten - und welche verunsichern mich? Diese Fragen sind nicht nur legitim, sondern notwendig. Denn je besser wir unsere inneren Reaktionen kennen, desto klarer und empathischer können wir begleiten.

Gleichzeitig braucht es für diese Arbeit auch Räume der Entlastung. Supervision, kollegiale Reflexion, Fortbildung - nicht als Pflichtübung, sondern als Pflege der eigenen seelischen Tragfähigkeit. Wer Trauer begleitet, begegnet nicht nur fremdem Schmerz, sondern auch der eigenen

Verletzlichkeit. Und nur wer sich selbst halten kann, kann andere auf Dauer halten.

Wir müssen die gesellschaftliche Unsichtbarkeit von Trauer nicht allein auflösen. Aber wir können in unserem Wirkungsfeld Kontrapunkte setzen. Durch Worte, durch Haltung, durch Räume. Wir können Menschen dabei unterstützen, das Unsagbare zu sagen. Das Unsichtbare zu fühlen. Das Unerhörte zu hören. Und manchmal beginnt all das mit einem leisen Satz: *Du darfst. So wie du bist. Und ich bleibe bei dir.*

Mögliche Gefühle im Trauerfall

Trauer zeigt sich selten eindeutig. Sie ist nicht nur traurig. Nicht nur leise. Nicht nur dunkel. Vielmehr entfaltet sie ein ganzes Spektrum von Gefühlen, Reaktionen und Ausdrucksformen, die sich in ihrer Vielfalt oft selbst für die trauernde Person nicht klar benennen lassen. Gerade das macht die Begleitung von Menschen in Trauer so anspruchsvoll - und so bedeutsam. Denn inmitten dieser inneren Verwirrung braucht es ein Gegenüber, das nicht ordnet oder bewertet, sondern den Raum offenhält. Einen Menschen, der nicht vorgibt, zu wissen, was richtig ist, sondern einlädt, alles da sein zu lassen, was gerade ist - auch wenn es widersprüchlich ist, ambivalent oder verwirrend.

In der professionellen Begleitung begegnet uns diese Vielstimmigkeit der Trauer auf ganz unterschiedliche Weise. Menschen sprechen von Orientierungslosigkeit, innerer Leere, Hilflosigkeit. Sie fühlen sich überfordert, funktionierend, nicht mehr authentisch. Viele berichten von einem schlechten Gewissen - weil sie noch leben, weil sie lachen, weil sie nicht genug getan haben, oder weil sie nichts mehr fühlen. Andere erleben Schuldgefühle, weil sie erleichtert sind - etwa nach einem langen Pflegeprozess oder nach schwierigen Beziehungsdynamiken. Viele spüren Wut, auf das Schicksal, auf sich selbst, auf andere. Oder sie ziehen sich zurück, wollen in Ruhe gelassen werden, fühlen sich gleichzeitig einsam und unverstanden. Sie schwanken zwischen dem Bedürfnis nach Nähe und dem

Wunsch nach Abstand. All diese Reaktionen sind nicht „abweichend" - sie sind normal. Ausdruck einer inneren Bewegung, die in keinem geradlinigen Verlauf verläuft.

Manche Gefühle überraschen. So etwa das Aufblitzen von Dankbarkeit oder sogar Freude. Es gibt Momente, in denen Menschen, mitten im Schmerz, auch Verbindung spüren. Erinnerung, Wärme, ein leises Lächeln. Viele empfinden solche Momente als irritierend. Sie fragen sich: *Darf ich das? Ist das noch Trauer?* Genau hier ist die feinfühlige Begleitung so entscheidend: Die Erlaubnis, ambivalent zu sein, darf explizit gemacht werden. Der Mensch ist nicht falsch, weil er lacht. Er ist nicht zu schwach, weil er nichts fühlt. Er ist nicht zu langsam, weil es immer noch wehtut. Jede Reaktion hat ihre eigene Logik - und ihren Sinn.

In der Gesprächsführung mit trauernden Menschen braucht es deshalb keine perfekten Worte, sondern eine Haltung der Offenheit. Gerade in der frühen Phase der Begleitung ist es hilfreich, Fragen zu stellen, die nicht in die Tiefe drängen, sondern Orientierung ermöglichen. Etwa: *"Wie sieht ein typischer Tag für Sie gerade aus?"* oder *"Was fällt Ihnen im Moment besonders schwer?"* Diese Fragen setzen auf Beschreibung, nicht auf Interpretation. Sie holen den Menschen dort ab, wo er sich noch äußern kann, wo Worte noch verfügbar sind.

Sprachlosigkeit darf ebenfalls ihren Platz haben. Viele Menschen wissen selbst nicht, was sie fühlen. Oder sie trauen sich nicht, es auszusprechen. Statt dies zu übergehen, kann es entlastend sein, es zu spiegeln: *"Es ist in Ordnung, wenn gerade keine Worte da sind. Vielleicht braucht es auch gar keine."* Schweigen ist kein Zeichen von Stagnation - sondern oft Ausdruck von Vertrauen. Und wenn Worte doch kommen, müssen sie nicht tiefgründig sein. Auch Sätze wie *"Ich weiß nicht mehr weiter"* oder *"Es fühlt sich alles komisch an"* verdienen gehört zu werden, ohne vorschnelle Deutung.

Die innere Erwartung, „funktionieren" zu müssen, begegnet uns häufig. Menschen kehren zu früh an den Arbeitsplatz zurück, kümmern sich um andere, machen weiter - oft aus Pflichtgefühl, manchmal aus Angst, sonst zusammenzubrechen. Wer begleitet, muss nicht sofort intervenieren, aber achtsam benennen: *"Sie leisten gerade sehr viel - auch wenn es von außen nicht sichtbar ist. Ich frage mich, wie es wäre, wenn da auch Raum für Sie selbst wäre."* Solche Rückmeldungen öffnen einen Reflexionsraum - und machen Selbstfürsorge überhaupt erst denkbar.

Ein weiteres häufiges Phänomen: Trauer in Form von Reizbarkeit, Wut oder feindseligen Reaktionen. Viele Fachpersonen erleben diese Situationen als belastend oder verunsichernd. Wichtig ist hier, die Aggression nicht persönlich zu nehmen, sondern sie als Energie zu verstehen. Sie ist oft ein Zeichen dafür, dass jemand noch kämpft - gegen den Schmerz, gegen den Kontrollverlust, gegen das Gefühl der Ohnmacht. Eine geeignete Reaktion kann sein: *"Ich höre viel Energie in Ihren Worten. Vielleicht ist da auch Schmerz, der kaum Platz findet?"* So entsteht eine Einladung zum Perspektivwechsel - ohne Bewertung, ohne Eskalation.

In Gesprächen mit Menschen, die sich selbst als „lästig" oder „anstrengend" empfinden, lohnt es sich, das Thema Scham behutsam anzusprechen. Viele ziehen sich zurück, nicht weil sie keine Nähe wollen, sondern weil sie sich als Zumutung erleben. Hier kann ein Satz wie *"Ich habe den Eindruck, dass es schwer für Sie ist, sich mit all dem hier zu zeigen - und dass das viel Mut braucht"* Türen öffnen. Denn hinter dem Rückzug liegt oft eine tiefe Sehnsucht nach Anerkennung. Nicht für Leistung, sondern für das bloße Dasein.

Wo Sprache nicht reicht, kann das Gespräch bildhaft werden. Fragen wie *"Wenn das Gefühl in Ihnen eine Farbe hätte - welche wäre es?"* oder *"Stellen Sie sich vor, Ihre Stimmung ist ein Raum - wie sieht es darin gerade aus?"* helfen, den emotionalen Zustand zu externalisieren. Sie bieten neue Ausdrucksformen - besonders in belasteten Gesprächssituationen, bei überfluteten Emotionen oder wenn rationale Reflexion nicht möglich ist. Auch biografisch orientierte Fragen können Zugänge eröffnen: *"Gab es in Ihrem Leben schon einmal eine ähnlich schwere Zeit?*

Was hat Ihnen damals geholfen?" So wird das Vertrauen in eigene Ressourcen gestärkt, ohne die aktuelle Trauer kleinzureden.

Immer wieder kommt es vor, dass Menschen sich selbst für ihre Gefühle rechtfertigen: „Ich müsste doch...", „Ich sollte schon längst...". In solchen Momenten darf gefragt werden: *"Wer sagt das?"* oder *"Wessen Stimme hören Sie da?"* Nicht belehrend, sondern einladend. Diese Fragen führen oft zu den inneren Antreibern, den alten Mustern, den übernommenen Erwartungshaltungen. Und machen neue Freiheiten sichtbar - langsam, leise, aber wirksam.

Die wichtigste Kompetenz in der Gesprächsführung mit Trauernden ist nicht technischer Art. Sie liegt in der Fähigkeit, die eigene Unsicherheit zuzulassen. Sich nicht über den Schmerz des Gegenübers zu stellen, sondern ihn zu begleiten - auf Augenhöhe. Die eigenen Deutungen zurückzunehmen. Die Stille nicht als Leere zu erleben, sondern als Raum. Und auch dann dazubleiben, wenn man selbst keine Worte mehr findet.

Ein einziger Satz kann reichen, um das spürbar zu machen. Zum Beispiel: *„Sie müssen hier gerade nichts erklären. Es reicht, dass Sie da sind."* Oder: *„Ich bin nicht hier, um etwas zu lösen. Ich bin hier, um mit Ihnen zu gehen - so lange Sie möchten."*

Trauer in Phasen

Trauer wird oft als ein Prozess beschrieben, der in Phasen verläuft. Dieses Bild ist weit verbreitet und findet sich in Ratgebern, in der Begleitungspraxis und auch in der öffentlichen Vorstellung von Trauer. Doch so hilfreich diese Modelle auch sein können, so schnell geraten sie in Gefahr, ein starres Schema zu erzeugen, dem sich individuelle Trauerverläufe unterordnen sollen. In der professionellen Begleitung von Trauernden ist es deshalb wichtig, die gängigen Phasenmodelle nicht unreflektiert zu übernehmen, sondern sie als das zu sehen, was sie sind: Orientierungshilfen. Keine Naturgesetze. Keine Landkarten, die den Weg vorschreiben, sondern eher grobe Skizzen, die mögliche Etappen markieren.

Denn Trauer folgt keinen festen Regeln. Sie ist kein linearer Ablauf, keine To-do-Liste der Emotionen, die man nur Schritt für Schritt abarbeiten muss. Trauer ist individuell. Sie ist geprägt von der Beziehung zur verlorenen Person, von der Art des Verlusts, vom Alter, von kulturellem Hintergrund, von vorherigen Erfahrungen, von der persönlichen Resilienz, dem sozialen Umfeld und vielen weiteren Faktoren. Es gibt Menschen, die relativ schnell zu einem neuen inneren Gleichgewicht finden. Andere brauchen Jahre. Manche erleben intensive Trauerwellen erst verspätet, wenn die Welt längst wieder zur Tagesordnung übergegangen ist. Wieder andere trauern still, innerlich, kaum sichtbar für die Umwelt, während andere ihre Trauer öffentlich, laut und kreativ ausdrücken.

Trotzdem lohnt sich ein Blick auf die verschiedenen Trauermodelle, die in der Fachliteratur und Praxis verwendet werden. Nicht, um sie als Norm zu begreifen, sondern um ein Repertoire an Verständnismöglichkeiten zu gewinnen. Wenn wir wissen, wie sich Trauer zeigen *kann*, sind wir als Begleiter:innen besser vorbereitet auf das, was *möglicherweise* kommen *könnte*. Das reduziert unsere eigene Unsicherheit und schärft unser Einfühlungsvermögen für die Unterschiedlichkeit der Trauerprozesse.

Ein frühes und weithin bekanntes Modell stammt von der Ärztin und Sterbeforscherin Elisabeth Kübler-Ross. Ursprünglich entwickelte sie ihr Fünf-

Phasen-Modell, um die emotionalen Reaktionen sterbender Menschen auf ihre Diagnose und das bevorstehende Lebensende zu beschreiben. Später wurde dieses Modell auch auf Menschen in Trauerprozessen angewendet. Die fünf Phasen, die Kübler-Ross beschreibt, sind: Leugnen, Zorn, Verhandeln, Depression und Akzeptanz. Diese werden oft als typische emotionale Stationen verstanden, die Trauernde durchlaufen - nicht zwingend in der genannten Reihenfolge, aber doch als eine Art innerer Entwicklungspfad. Das Modell hat den Vorteil, dass es vielen Menschen eine erste Struktur und ein gewisses Maß an Orientierung gibt. Es benennt Gefühle, die ansonsten vielleicht als „verrückt" oder unangemessen empfunden würden - Zorn auf den Verstorbenen, das Verhandeln mit einem höheren Wesen, das Nicht-wahrhaben-Wollen der Realität. Insofern hat Kübler-Ross mit ihrem Modell wichtige Pionierarbeit geleistet, insbesondere in einer Zeit, in der über Tod und Trauer kaum offen gesprochen wurde.

Dennoch zeigt sich in der Praxis, dass dieses Modell auch seine Grenzen hat. Es suggeriert einen linearen Verlauf und ein definiertes Ziel: Akzeptanz. Damit entsteht nicht selten ein impliziter Druck - sowohl bei den Trauernden selbst als auch in ihrem sozialen Umfeld. Wer nicht „weiterkommt", wer Monate oder Jahre nach dem Verlust noch intensiv trauert, wer keine Akzeptanz empfindet, gerät leicht in die Gefahr, sich selbst zu pathologisieren oder pathologisiert zu werden. Außerdem berücksichtigt das Modell kaum die vielfältigen Einflüsse, die den Trauerprozess prägen - etwa kulturelle Prägungen, Bindungsdynamiken, Persönlichkeitsmerkmale oder traumatische Anteile des Verlusts. In der heutigen Trauerforschung und -begleitung wird das Kübler-Ross-Modell daher oft als Einstieg oder historischer Meilenstein betrachtet - nicht jedoch als abschließende Erklärung. Es eignet sich gut zur Gesprächseröffnung und zur Thematisierung einzelner Gefühle, sollte aber immer mit der Klarstellung verbunden sein: Nicht jede Trauer verläuft in diesen fünf Phasen. Und niemand muss an einem bestimmten Punkt „ankommen". Es gibt Menschen, die nie wütend werden, andere, die nie verhandeln, manche, die lange im Leugnen bleiben oder bei denen sich Phasen gleichzeitig überlagern. Trauer ist komplexer, vielfältiger und individueller, als es ein Fünf-Punkte-Schema je einfangen kann.

Ein weiteres einflussreiches Modell stammt von Verena Kast, einer Schweizer Psychologin, die vier Phasen der Trauer beschreibt: die Phase des Nicht-Wahrhaben-Wollens, die Phase der aufbrechenden Emotionen, die Phase des Suchens und Sich-Trennens und schließlich die Phase des neuen Selbst- und Weltbezugs. Dieses Modell basiert auf psychodynamischen Theorien und betont, dass der Trauerprozess nicht nur eine Abfolge von Reaktionen ist, sondern eine aktive innere Auseinandersetzung mit dem Verlust. In der ersten Phase, dem Nicht-Wahrhaben-Wollen, steht der Schutzmechanismus im Vordergrund: Die Realität des Verlusts wird abgewehrt, um eine Überforderung zu vermeiden. In der zweiten Phase brechen die unterdrückten Gefühle - wie Schmerz, Wut, Angst oder Schuld - durch und fordern Raum. Das Erleben dieser Gefühle ist notwendig, um in der dritten Phase, dem Suchen und Sich-Trennen, die innere Beziehung zur verlorenen Person zu reflektieren und neu zu ordnen. Hier werden Erinnerungen durchlebt, innere Dialoge geführt, ein Abschied wird emotional vorbereitet. Die vierte Phase schließlich - der neue Selbst- und Weltbezug - beschreibt die allmähliche Neuorientierung, in der das Leben ohne die verstorbene Person weitergeht, jedoch nicht ohne sie, sondern mit einer veränderten, innerlich verankerten Verbindung.

Kasts Modell bietet hilfreiche Bilder für das, was im Inneren geschehen *kann*. Es eignet sich gut zur psychoedukativen Begleitung, weil es verständlich und nachvollziehbar aufzeigt, welche emotionalen und kognitiven Prozesse in der Trauer möglich sind. Auch die Betonung der emotionalen Verarbeitung ist eine Stärke dieses Ansatzes. Dennoch muss auch hier kritisch angemerkt werden: Der vorgeschlagene Ablauf suggeriert eine gewisse Ordnung, die nicht für alle Menschen zutrifft. Manche durchleben einzelne Phasen mehrfach, andere überspringen sie scheinbar, und wieder andere verharren lange in bestimmten Erlebenszuständen, ohne je eine sogenannte Neuorientierung zu erreichen. Wie jedes Modell kann auch dieses zu einer Norm werden, wenn es zu eng interpretiert wird. Deshalb ist es wichtig, es als Angebot zu verstehen - als Landkarte, nicht als Navigationssystem. Es darf hilfreich sein, um Orientierung zu bieten, aber es ersetzt niemals die individuelle Geschichte, die jeder Mensch mit seiner Trauer schreibt.

Colin Murray Parkes, ein britischer Psychiater, orientiert sich in seinem Modell am Bindungskonzept. Er beschreibt Trauer als eine normale Reaktion auf den Verlust einer Bindungsperson. Sein Modell umfasst vier Phasen: Schock und Betäubung, aufbrechende Emotionen, Suchen und Sich-Trennen sowie Reorganisation. Parkes betont die Rolle der Beziehungsgestaltung in der Trauer und bringt damit ein wichtiges Element ins Spiel: Die Bindung endet nicht mit dem Tod, sondern transformiert sich. Diesem Gedanken folgen auch neuere Modelle wie das Konzept der „continuing bonds" - der andauernden Bindung - das davon ausgeht, dass eine gesunde Trauer nicht das Loslassen, sondern das Umgestalten der Beziehung bedeutet.

Ein noch jüngeres Modell, das in der Begleitungspraxis zunehmend Bedeutung gewinnt, ist das „Duale Prozessmodell" von Margaret Stroebe und Henk Schut. Es beschreibt Trauer als einen Prozess der ständigen Pendelbewegung zwischen verlustbezogener und wiederherstellungsbezogener Orientierung. Auf der einen Seite stehen Schmerz, Vermissen, Erinnern, auf der anderen Seite die Anforderungen des Alltags, neue Rollen, neue Erfahrungen. Das Modell betont, dass Menschen hin- und herpendeln, manchmal mehr in der Trauer, manchmal mehr im Leben stehen. Diese Flexibilität macht das Modell besonders anschlussfähig für die Praxis.

Auch Teresa Rando und William Worden haben Trauerprozesse als Aufgaben beschrieben. Wordens Ansatz, der in Fachkreisen breite Anerkennung findet, formuliert vier sogenannte „Traueraufgaben": den Verlust akzeptieren, den Schmerz durchleben, sich an eine Welt ohne die verstorbene Person anpassen und schließlich eine neue, innere Beziehung zum Verstorbenen finden. Diese Aufgaben stehen nicht für einen festen

Ablauf, sondern vielmehr für unterschiedliche Felder, in denen sich Trauer vollzieht.

Die erste Aufgabe, den Verlust zu akzeptieren, beschreibt die kognitive Dimension der Trauer: die innere Zustimmung zur Realität des Todes. Dies bedeutet nicht bloß ein rationales Verstehen, sondern ein tiefes, emotionales Anerkennen des unwiderruflichen Verlusts. Die zweite Aufgabe - den Schmerz durchleben - umfasst die emotionale Auseinandersetzung: das Zulassen von Trauergefühlen, von Wut, Verzweiflung, Schuld oder Leere. Die dritte Aufgabe richtet sich auf die soziale und lebenspraktische Ebene: Wie kann ein Leben funktionieren, in dem die gewohnte Bezugsperson nicht mehr existiert? Welche Rollen ändern sich, welche Kompetenzen müssen neu entwickelt werden? Die vierte Aufgabe schließlich stellt einen Brückenschlag zwischen Abschied und innerer Kontinuität her. Sie fragt danach, wie eine veränderte, innere Beziehung zum Verstorbenen aussehen kann - eine, die Erinnerung und Verbindung bewahrt, ohne das Leben zu blockieren.

Wordens Modell ist besonders hilfreich in der beratenden Praxis, weil es Handlungsspielräume eröffnet. Es betrachtet Trauernde nicht als passive Opfer eines unkontrollierbaren Gefühlschaos, sondern als aktiv Gestaltende ihres Trauerwegs. Das kann empowernd wirken, besonders für Menschen, die sich in ihrer Handlungsfähigkeit geschwächt erleben. Gleichzeitig darf nicht übersehen werden, dass auch dieses Modell implizit eine Vorstellung von Entwicklung und Zielgerichtetheit beinhaltet, die nicht auf jede Lebenswirklichkeit passt. Nicht alle Menschen erleben alle Aufgaben gleichermaßen, nicht jeder Schritt gelingt vollständig, und manche Aufgaben stellen sich wiederholt oder bleiben offen. Auch hier gilt: Es ist ein Deutungsangebot, kein Maßstab. Entscheidend bleibt, wie sich der Mensch im Prozess selbst erlebt - und ob er sich in den beschreibenden Bildern wiederfinden kann.

Einen gänzlich anderen Zugang bietet das Trauerkaleidoskop der Trauerbegleiterin und Autorin Chris Paul. Anders als klassische, linear aufgebaute Phasenmodelle verzichtet es bewusst auf eine feste Reihenfolge oder eine Zielvorgabe. Stattdessen beschreibt es sechs unterschiedliche Aspekte, die sich in Trauerprozessen zeigen können: Realität wahrnehmen, Schmerz spüren, sich anpassen, die Beziehung zum Verstorbenen neu gestalten, das eigene Leben neu ordnen sowie mit Schuld und offenen Fragen umgehen. Diese Aspekte versteht Chris Paul nicht als Stufen, die nacheinander durchlaufen werden, sondern als Bewegungen, die sich wellenförmig abwechseln, überlagern oder ganz ausbleiben können. Das Bild des Kaleidoskops steht dabei sinnbildlich für die Vielfalt und Unvorhersehbarkeit von Trauer. Wie die farbigen Glasstücke im Inneren des optischen Instruments, die sich bei jeder Bewegung neu anordnen und ein anderes Bild erzeugen, so verändern sich auch die inneren Themen und Gefühle von Trauernden ständig. Mal steht das Spüren im Vordergrund, mal das Bedürfnis nach Struktur, mal das Ringen mit offenen Fragen. Alles darf sein, nichts muss in einer bestimmten Abfolge passieren. Das Kaleidoskop macht deutlich: Trauer ist nicht linear, sondern dynamisch, nicht logisch, sondern lebendig, nicht kontrollierbar, sondern zu begleiten.

Besonders hilfreich ist dieses Modell in der Praxis, weil es eine sprachliche Öffnung erlaubt. Es ermöglicht, mit den Trauernden gemeinsam zu schauen: „Welche Farbe zeigt sich gerade bei dir? Was ist im Moment besonders spürbar oder drängend?" Auf diese Weise kann ein individueller, prozessorientierter Zugang entstehen, der weder überfordert noch normiert. Das Kaleidoskop eignet sich auch gut für Gruppensettings oder kreative Zugänge, etwa durch Visualisierungen, farbige Karten oder Symbolarbeit. Zugleich entlastet das Modell auch begleitende Personen: Sie müssen nicht mehr auf „Fortschritte" achten oder auf das „Erreichen" einer Phase warten, sondern dürfen sich mit dem Menschen durch dessen jeweiliges Erleben bewegen. Es stärkt die Haltung der Offenheit, der achtsamen Präsenz und des Mitgehens. In seiner Grundidee erinnert das Kaleidoskop daran, dass professionelles Begleiten nicht bedeutet, durch ein vorgegebenes Schema zu führen, sondern das Vertrauen in den inneren Prozess des trauernden Menschen zu stärken.

Chris Pauls Ansatz steht exemplarisch für eine neue Haltung in der Trauerbegleitung: weg vom linearen Denken, hin zu einer wertschätzenden Betrachtung innerer Vielfalt. Er eröffnet einen würdigenden, dialogischen Raum für das, was ist - und für das, was sich zeigen möchte, wenn es bereit ist.

Das Modell von Chris Paul ist besonders anschlussfähig für die Praxis, weil es nicht normiert, sondern beschreibt. Es lädt dazu ein, gemeinsam mit den trauernden Menschen zu schauen: Welche Farbe zeigt sich gerade? Was braucht jetzt Raum? Es erlaubt, dass Trauer ein komplexes, dynamisches Geschehen ist - geprägt von innerer Bewegung, Beziehung, Zeit und Kontext. Und es erinnert uns daran, dass professionelles Begleiten nicht bedeutet, durch eine Phase zu führen, sondern zuzuhören, mitzuschwingen und mit dem zu sein, was gerade in Erscheinung tritt. Das Kaleidoskop bietet damit einen offenen, würdigenden Zugang zur Vielfalt von Trauererleben.

Trotz all dieser hilfreichen Modelle bleibt zentral: Kein Modell kann einem Menschen den Weg durch seine Trauer abnehmen. Kein Modell bildet die Realität in ihrer Tiefe ab. Und keines darf zum Standard gemacht werden, an dem Trauer gemessen wird. Die Gefahr liegt darin, dass Menschen das Gefühl bekommen, sie trauerten „falsch" - weil sie nicht wütend sind, weil sie nicht weinen können, weil sie nicht zur Akzeptanz gelangen oder weil sie nach Monaten noch immer jeden Tag an den Verstorbenen denken. Professionell helfende Personen sollten diese Modelle deshalb als Werkzeug begreifen, nicht als Vorschrift. Als Möglichkeit zur Orientierung, zur Reflexion, zur Strukturierung - nicht als normativen Fahrplan. Die wichtigste Haltung in der Begleitung bleibt: Offenheit für das, was ist. Sensibilität für das, was zwischen den Zeilen geschieht. Und die Bereitschaft, auch mit Nichtwissen da zu sein.

Denn oft liegt die tiefste Weisheit in der Anerkennung, dass Trauer keine Regel kennt. Nur Tiefe. Nur Beziehung. Nur das, was jetzt gerade da ist - und einen Platz braucht.

Trauer belastet das Umfeld und die Beziehungen

Trauer trifft nicht nur die betroffene Person, sondern wirkt immer auch in ihr Umfeld hinein. Sie verändert Beziehungen, Dynamiken, Nähe und Distanz. Besonders für Angehörige, Freund:innen oder Kolleg:innen ist es oft herausfordernd, mit der veränderten emotionalen Präsenz eines Menschen umzugehen. Das macht Trauer zu einem sozialen Prozess - und zugleich zu einer Quelle möglicher Missverständnisse, Spannungen oder Rückzüge. Wer professionell oder ehrenamtlich begleitet, tut gut daran, nicht nur auf das Innenleben der trauernden Person zu schauen, sondern auch auf die Reaktionen der Menschen um sie herum.

Trauer bringt häufig ein Phänomen in den Vordergrund, das in keiner Beziehungsdynamik gänzlich auflösbar ist: der innere Widerspruch zwischen dem Wunsch zu helfen und der natürlichen Distanz zwischen Menschen. Die tiefe emotionale Not der trauernden Person ruft beim Gegenüber nicht nur Mitgefühl hervor, sondern oft auch Unsicherheit. Was soll ich sagen? Was, wenn ich etwas Falsches tue? Darf ich Nähe zeigen - oder ist das übergriffig? Gerade in Kulturen, in denen Trauer wenig Platz hat, fühlen sich viele überfordert. Die Folge: Rückzug.

Für trauernde Menschen ist dieser Rückzug jedoch meist schwer einzuordnen. Das Schweigen der anderen, die ausbleibende Nachricht, die abgesagte Einladung - sie alle werden leicht als Desinteresse oder Überforderung mit der eigenen Person gedeutet. Nicht selten entsteht daraus das Gefühl, zu viel zu sein. Lästig. Schwer erträglich. Und während das soziale Umfeld sich mit der eigenen Unsicherheit abmüht, rutscht die trauernde Person tiefer in Einsamkeit.

Für uns als Begleitende ist es hilfreich, dieses Spannungsfeld bewusst anzusprechen - nicht nur im direkten Gespräch mit Trauernden, sondern auch im Rahmen von Angehörigengesprächen oder Teamsupervisionen. Denn häufig wirken im Hintergrund eigene Erfahrungen mit Tod, Verlust und Trauer. Wer selbst noch ungelöste Trauer trägt, reagiert auf fremde Trauer oft mit innerem Rückzug - nicht aus Kälte, sondern aus

Selbstschutz. Auch Ängste vor dem eigenen Sterben, vor Kontrollverlust, vor Ohnmacht können aktiviert werden, wenn wir mit existenziellem Leid konfrontiert werden. Die Reaktionen des Umfelds sind also nicht nur Ausdruck von Beziehung, sondern oft Spiegel eigener innerer Prozesse.

In akuten Belastungssituationen spielt auch ein weiterer psychologischer Mechanismus eine Rolle: die sogenannte Verantwortungsdiffusion. Wenn mehrere Menschen beteiligt sind - etwa in Familien, in Teams oder Freundeskreisen - neigen Einzelne dazu zu denken: „Die anderen kümmern sich schon." Oder: „Ich weiß eh nicht, was ich tun soll - da kann jemand anders sicher besser helfen." In der Folge passiert gar nichts. Die trauernde Person erlebt dann nicht nur den Verlust, sondern auch das Gefühl, verlassen zu werden.

In der Begleitung kann es sinnvoll sein, diesen Mechanismus explizit zu benennen - sachlich, nicht vorwurfsvoll. Etwa: *„In schwierigen Situationen gehen Menschen oft unterschiedlich um - manche ziehen sich eher zurück, manche übernehmen schnell Verantwortung. Das kann manchmal dazu führen, dass sich alle ein wenig hilflos fühlen - und niemand wirklich den ersten Schritt macht."* Solche Spiegelungen ermöglichen Entlastung und fördern zugleich die Verantwortung des Einzelnen. Sie helfen Angehörigen, sich selbst besser zu verstehen - und eröffnen oft neue Wege zur Unterstützung.

Trauernde Personen profitieren auch davon, wenn wir als Fachpersonen dabei unterstützen, soziale Rückzüge nicht sofort als Ablehnung zu interpretieren. Hier kann eine Formulierung wie *"Könnte es sein, dass Ihre Freundin vielleicht selbst nicht gut weiß, wie sie mit Ihrer Trauer umgehen soll?"* helfen, Perspektivwechsel zu ermöglichen. Die damit verbundene Botschaft lautet: Du bist nicht zu viel. Aber dein Gegenüber ist vielleicht an einer Grenze - nicht deiner Schuld wegen, sondern weil es schwer ist, da zu sein.

Gleichzeitig dürfen wir Beziehungen nicht schönreden. Es gibt auch echte Überforderung. Es gibt Nähe, die zerbricht. Freundschaften, die nicht standhalten. Familien, die sich entzweien. Und auch das ist Teil der Realität. Wichtig ist, dass Trauernde nicht zusätzlich zu ihrem Verlust auch noch die Verantwortung für das Unvermögen anderer übernehmen. Wer begleitet, darf diese Doppelbelastung würdigen: *„Das klingt so, als hätten Sie nicht nur mit Ihrem eigenen Schmerz zu tun - sondern auch mit der Unsicherheit oder dem Schweigen anderer. Das ist ganz schön viel."*

Zugleich können wir dabei helfen, neue, stabilere Beziehungen zu entdecken - im erweiterten Umfeld, in Selbsthilfegruppen, im Gesprächskreis, im Ehrenamt. Denn oft entstehen in der Krise neue Verbindungen - mit Menschen, die offen sind, die zuhören können, die nicht ausweichen. Es geht nicht darum, alte Beziehungen zu ersetzen. Aber darum, den sozialen Raum zu erweitern. Neue Resonanz zu ermöglichen.

Trauer verändert nicht nur die Innenwelt, sondern auch das soziale Gefüge. Und sie fordert heraus - nicht nur die Trauernden selbst, sondern auch alle, die sich mit ihnen verbunden fühlen. Wer begleitet, braucht deshalb nicht nur das Gespür für Emotionen, sondern auch für Beziehungsdynamiken. Denn in diesen Zwischenräumen, zwischen Nähe und Distanz, zwischen Hilfsbereitschaft und Rückzug, zwischen Präsenz und Abwesenheit entscheidet sich oft, ob Trauer getragen wird - oder noch schwerer wird, weil sie keinen Platz findet.

Trauernde aushalten

Trauernde auszuhalten - das klingt zunächst einfach, doch in der Realität ist es oft die größte Herausforderung für das Umfeld. Denn „aushalten" bedeutet mehr, als nur still zu bleiben. Es bedeutet, präsent zu bleiben, wo andere sich abwenden. Es bedeutet, nicht einzugreifen, wo wir den Impuls verspüren, zu helfen. Es bedeutet, eine Realität zu bezeugen, die sich nicht ändern lässt - und dennoch nicht leer daneben zu stehen. Wer trauert, braucht kein sofortiges „Besserwerden". Wer trauert, braucht Räume, in denen die eigene Erfahrung ungeteilt da sein darf - ohne Relativierung, ohne Eile, ohne Vergleich.

Oft sind es gerade gut gemeinte Worte, die mehr Schaden anrichten als helfen. „Er oder sie hatte doch ein langes Leben", „Jetzt musst du stark sein", „Die Zeit heilt alle Wunden" - solche Sätze mögen trösten wollen, aber sie drücken selten das aus, was der oder die Trauernde wirklich braucht. Stattdessen vermitteln sie das Gefühl, sich rechtfertigen zu müssen für eine Trauer, die länger dauert, anders verläuft oder intensiver erlebt wird als „üblich". Wer professionell begleitet, sollte sich bewusst machen: Echtes Dasein braucht keine fertigen Sätze. Es braucht Wahrhaftigkeit. Ein einfacher Satz wie *"Ich sehe, dass es weh tut - und ich bin da"* kann mehr bewirken als jede gut gemeinte Floskel.

Ein bedeutender Akt des Aushaltens ist es auch, den oder die Verstorbene bewusst im Gespräch zu halten. Viele Menschen vermeiden es, den Namen auszusprechen, aus Angst, „alte Wunden aufzureißen". Doch die meisten Trauernden empfinden es als wohltuend, wenn über die verstorbene Person gesprochen wird - als wäre sie noch Teil des Gesprächsraums. Ein behutsames *"Ich habe neulich an Anna gedacht - sie hat immer so herzlich gelacht"* oder eine offene Frage wie *"Wie würdest du sagen, hat er dich geprägt?"* würdigt die Beziehung und erlaubt ein Weiterleben der Verbindung - nicht biologisch, aber seelisch.

Ebenso wichtig ist es, immer wieder nach dem Erleben der trauernden Person zu fragen - nicht einmal, sondern immer wieder. Nicht als Pflicht, sondern als Ausdruck echter Anteilnahme. Fragen wie *"Wie ist es dir heute ergangen?"* oder *"Was fehlt dir im Moment besonders?"* zeigen: Du bist nicht vergessen. Und auch wenn keine Antwort kommt, bleibt die Frage ein Signal von Verbundenheit. Besonders wirksam ist es, diese Form der Zuwendung auch nach längerer Zeit beizubehalten - an Tagen, an denen andere schon längst weitergegangen sind.

Ein häufiger Fehler - auch im professionellen Kontext - besteht darin, Trauer zu vergleichen oder zu werten. Aussagen wie „Du hast ja noch andere Kinder", „Andere haben noch Schlimmeres erlebt" oder gar „Ich habe das auch erlebt, bei mir war es so und so..." mögen gut gemeint sein, wirken aber oft entwertend. Sie überstülpen eigene Erfahrungen über ein individuelles Erleben - und verschließen damit Räume statt sie zu öffnen. Wer aushält, macht genau das nicht. Er oder sie stellt sich nicht vor die Trauer, sondern daneben. Nicht mit der eigenen Geschichte, sondern mit offenem Ohr, offenem Herzen und der Fähigkeit, auch die Stille zu lassen.

Tränen gehören zur Trauer - und sie stellen Begleiter:innen manchmal auf die Probe. Viele haben den Impuls, sofort ein Taschentuch zu reichen, ein Thema zu wechseln oder körperlich einzugreifen. Doch das Weinen selbst ist oft der Moment, in dem die Verarbeitung beginnt. Es ist ein Zeichen dafür, dass etwas in Bewegung ist - nicht, dass etwas „nicht stimmt". Wer Tränen aushält, stärkt das Vertrauen. Und wer sie einfach begleitet, ohne sie zu stoppen, gibt ein wertvolles Signal: Du darfst hier alles fühlen.

Trauer kennt kein fixes Tempo. Manche Menschen finden schneller wieder Boden unter den Füßen, andere brauchen lange. Das heißt nicht, dass sie sich „verlieren" oder nicht „vorankommen" - es heißt, dass ihre Trauer ihrem eigenen Rhythmus folgt. Sie zu drängen, zurück ins Leben, in den Alltag, in die Normalität, ist ein verständlicher Wunsch des Umfelds - aber selten hilfreich. Wer professionell oder menschlich gut begleiten will, muss bereit sein, sich diesem Rhythmus anzupassen - auch wenn er langsam ist, unvorhersehbar, unlogisch erscheint.

Das bedeutet nicht, passiv zu bleiben. Im Gegenteil: Aushalten heißt auch, den Kontakt nicht abbrechen zu lassen. Es bedeutet, kleine Gesten anzubieten, ohne sich aufzudrängen. Eine Einladung zu einem Spaziergang. Ein „Ich fahre morgen einkaufen - brauchst du etwas?". Ein „Ich bin am Wochenende da, wenn du reden oder einfach still sein willst." Solche Angebote dürfen auch wiederholt werden - sanft, unaufdringlich, konstant. Es geht nicht darum, Trauer zu „vertreiben", sondern darum, ein Fenster zu öffnen: hinaus ins Leben, wenn der Mensch dazu bereit ist.
Trauer spielt sich nicht nur in den ersten Wochen ab. Viele Menschen durchleben ihre intensivsten Momente in der Stille der Monate danach - dann, wenn alle anderen vermeintlich „zurück im Leben" sind. Besonders

bedeutsam sind dabei Jahrestage: der Geburtstag des Verstorbenen, der Hochzeitstag, der Todestag. Diese Tage sind oft schwer. Und sie werden umso schwerer, wenn niemand sie wahrnimmt. Ein kurzes *„Ich denke heute besonders an dich"* kann an solchen Tagen zum tragenden Impuls werden. Auch ein Anruf, ein Licht vor der Tür, ein handgeschriebener Brief - sie alle zeigen: Du bist nicht allein mit dem Erinnern.

Und schließlich: Es ist nie zu spät, Kontakt aufzunehmen. Viele Menschen zögern, wenn der Verlust schon länger zurückliegt. Sie glauben, es sei „nicht mehr passend", jetzt noch Anteil zu zeigen. Doch das Gegenteil ist oft der Fall: Gerade dann, wenn es still geworden ist, wird jede echte Nachfrage als Zeichen tiefer Verbundenheit erlebt. Wer begleitet, darf diese Brücke schlagen - auch nach Monaten, auch nach Jahren. Und manchmal reicht ein einziger Satz: *„Ich weiß, dass es schon eine Weile her ist - aber ich habe oft an dich gedacht."*

Kleiner Werkzeugkasten für Gesprächseinstiege

Einstiege zum Ankommen und Öffnen (besonders im Erstkontakt):

Diese Formulierungen schaffen Sicherheit, orientieren, laden ein - ohne zu drängen:

„Schön, dass Sie da sind. Es braucht manchmal Mut, einen Raum wie diesen zu betreten. Möchten Sie mir erzählen, was Sie heute hierher geführt hat?" → Öffnet behutsam, benennt den Schritt, schafft Augenhöhe.

„Ich weiß noch gar nicht viel von Ihnen. Was wäre gut, dass ich über Sie oder Ihre Situation weiß - ganz egal, wo Sie beginnen möchten?" → Erlaubt freies Erzählen, ohne Fokus auf Verluste oder Emotionen.

„Es ist völlig in Ordnung, wenn Sie nicht wissen, wo Sie anfangen sollen. Wir können uns Zeit lassen. Ich bin da." → Entlastet bei Sprachlosigkeit oder emotionaler Überforderung.

Einstiege über Alltag und Struktur:

Hilfreich, wenn Gefühle schwer greifbar sind oder Gespräche ins Stocken geraten:

„Wie sieht Ihr Tag im Moment aus? Gibt es bestimmte Abläufe, die sich verändert haben?" → Bietet Zugang über Gewohnheiten, schafft indirekten Raum für Verlustthemen.

„Was hilft Ihnen gerade ein kleines Stück, den Tag zu überstehen?" → Fokussiert auf vorhandene Bewältigungsstrategien, auch im Kleinen.

„Gibt es Dinge, die Sie heute zum ersten Mal wieder getan haben? Oder zum letzten Mal?" → Macht Entwicklungen sichtbar, würdigt Fortschritte und Übergänge.

Einstiege zum Erleben des Verlusts:

Sensibel einsetzen, wenn die Beziehung zum Verstorbenen oder Verlorenen Thema wird:

„Wenn Sie an den Moment des Verlustes denken - was kommt Ihnen als Erstes in den Sinn?" → Vorsichtiger Einstieg in konkrete Erinnerung, gut zur Strukturierung geeignet.

„Was war für Sie das Schwerste in den ersten Tagen? Und was war vielleicht unerwartet leicht?" → Fördert Differenzierung, erlaubt auch entlastende Gefühle.

„Welche Gedanken oder Bilder begleiten Sie gerade am häufigsten?" → Zugang über innere Bilder, auch hilfreich bei nonverbalen Menschen.

Einstiege zu Ambivalenz und inneren Spannungen:

Trauer ist selten eindeutig. Diese Fragen machen das Sagbar, was sonst schwer einzuordnen ist:

„Gibt es Gefühle, die sich widersprechen - oder die Sie überraschen?" → Legitimation von Ambivalenz, z. B. Trauer und Erleichterung gleichzeitig.

„Haben Sie manchmal das Gefühl, dass Sie sich selbst nicht mehr verstehen?" → Fördert Selbstmitgefühl, baut Brücken zu innerer Verunsicherung.

„Gab es in den letzten Tagen Momente, die gut waren - und haben Sie sich dafür vielleicht sogar geschämt?" → Thematisiert positive Gefühle inmitten von Trauer - sehr entlastend.

Einstiege bei Schweigen, Rückzug oder „Es geht eh":

Wenn Menschen wenig von sich aus erzählen oder signalisieren, dass alles „passt":

„Manche Menschen sprechen viel über das, was sie erleben. Andere eher wenig. Ich höre Ihnen in jedem Fall gerne zu - ganz ohne Erwartung."
→ Druckfreier Gesprächsrahmen, der Rückzug respektiert, aber Offenheit signalisiert.

„Ich bin da, auch wenn Sie gerade keine Worte haben. Manches darf auch einfach im Raum stehen." → Bestärkt in der Erlaubnis zum Schweigen - besonders hilfreich bei introvertierten Personen.

„Wollen Sie, dass wir heute eher in Ruhe beisammen sind oder gemeinsam hinschauen?" → Gibt Kontrolle zurück, stärkt Selbstbestimmung.

Einstiege zu Ressourcen und innerer Stärke:

Zur Förderung von Selbstwirksamkeit und zur sanften Stärkung in belastenden Phasen:

„Gab es schon einmal eine schwere Zeit in Ihrem Leben, die Sie irgendwie überstanden haben? Was hat Ihnen damals geholfen?" → Aktiviert Erinnerungen an bewältigte Krisen, stärkt Vertrauen in eigene Ressourcen.

„Gibt es etwas, das Ihnen ganz leise Halt gibt - auch wenn es nur ein kleiner Moment ist?" → Fördert feine Formen von Stabilität, macht kleine Ressourcen sichtbar.

„Wenn jemand, der Sie sehr gern hat, Sie jetzt beobachten würde - was würde er oder sie sehen?" → Perspektivwechsel, öffnet zu Selbstwahrnehmung und innerer Würdigung.

Hinweise zur Anwendung

- Jeder Gesprächseinstieg ist nur ein Angebot. Nicht jede Frage passt zu jeder Person oder Situation.
- Achte auf Körpersprache, Stimme, Tempo - viele Antworten kommen zwischen den Worten.
- Bleib in deiner Haltung offen und flexibel: Manchmal ist keine Frage nötig, sondern einfach Präsenz.
- Wiederhole niemals mechanisch - authentische Beziehung ist wichtiger als richtige Technik.

Mini-Manual für trauerfreundliche Kommunikation im Alltag

Wie du Menschen in Trauer begegnen kannst - auch ohne „die richtigen Worte"

1. Zeig dich - statt dich zu verstecken.

Wenn jemand in deinem Umfeld einen Verlust erlitten hat, sag lieber etwas als gar nichts. Schweigen aus Unsicherheit fühlt sich für Trauernde oft wie Ablehnung an. Du musst nichts Kluges sagen. Es reicht schon: "Ich weiß nicht, was ich sagen soll - aber ich bin da.". „Ich habe gehört, was passiert ist. Es tut mir leid. Wie geht's dir heute?"

2. Vermeide Floskeln - sprich ehrlich.

Sätze wie „Das wird schon wieder" oder „Er/Sie ist jetzt an einem besseren Ort" wirken oft schmerzhaft. Auch gut gemeinter Optimismus kann verletzen. Sag stattdessen, was du ehrlich meinst - auch wenn es unbeholfen klingt. *"Ich kann mir gar nicht vorstellen, wie das für dich ist - aber ich will dich nicht allein lassen damit."*

3. Hab den Mut, nachzufragen - auch wenn es weh tun könnte.

Trauer ist kein Tabu. Viele Trauernde möchten über ihre Gefühle oder über die verstorbene Person sprechen - auch Monate später. *"Möchtest du von ihm/ihr erzählen?". "Was fehlt dir im Moment am meisten?"* Wenn du unsicher bist: Frag nach. *"Ist es okay, wenn ich nachfrage?". „Reden oder lieber einfach schweigen - was wäre dir gerade lieber?"*

4. Wertschätze kleine Schritte - und urteile nicht.

Trauer ist kein linearer Prozess. Gute Tage wechseln sich mit schweren ab. Akzeptiere, dass Menschen unterschiedlich trauern - leise oder laut, aktiv oder zurückgezogen. Sag bitte keine Sätze wie: *"Du bist aber stark!" oder: "Du solltest langsam wieder unter Leute gehen." Sag lieber: "Ich sehe, dass du da bist - das ist viel."*

5. Bleib im Kontakt - auch nach Wochen oder Monaten.

Viele Trauernde erleben eine erste Welle von Unterstützung - und dann plötzlich Leere. Der Schmerz bleibt, auch wenn der Alltag weiterläuft. Eine kurze Nachricht, eine Postkarte, ein Anruf ohne Anlass kann viel bewirken. *„Ich denke heute an dich.". „Ich erinnere mich gerade an... und wollte es dir erzählen."*

6. Biete Konkretes an - nicht nur „Meld dich, wenn du was brauchst."

Menschen in akuter Trauer haben oft nicht die Kraft, Hilfe einzufordern. Besser als allgemeine Angebote sind konkrete Vorschläge: *„Ich fahre morgen einkaufen - darf ich dir etwas mitbringen?" „Ich bin am Freitag in der Nähe. Wenn du willst, komme ich für 20 Minuten auf einen Tee vorbei."* Und wenn dein Angebot abgelehnt wird: bleib trotzdem offen. Wiederhol es später - ohne Druck.

7. Halte emotionale Reaktionen aus - ohne sie „zu reparieren".

Tränen, Wut, Stille oder scheinbare Gleichgültigkeit sind normale Ausdrucksformen von Trauer. Es ist nicht deine Aufgabe, das zu ändern. Es reicht, da zu bleiben. *„Du darfst hier alles fühlen - ich bin an deiner Seite." „Ich muss das nicht verstehen - ich nehme dich ernst."*

8. Achte auf deine eigenen Grenzen - ohne dich ganz zurückzuziehen.

Du darfst sagen, wenn dir etwas zu viel ist. Es ist ehrlich und besser als plötzlicher Rückzug. *„Ich merke, dass mich das sehr bewegt - und dass ich manchmal selbst sprachlos werde. Aber ich will trotzdem da sein."*

9. Sprich über die verstorbene Person - wenn es passt.

Erinnerungen sind wertvoll. Viele Trauernde wünschen sich, dass der oder die Verstorbene nicht „vergessen" wird. Teile eine kleine Anekdote oder einen Gedanken. *„Ich musste neulich an seine Art zu lachen denken.". „Weißt du noch, wie sie immer...?"*

10. Sei bereit, einfach da zu bleiben.

Nicht reden. Nicht erklären. Nicht aufheitern. Manchmal ist die wichtigste Form der Unterstützung deine stille Präsenz. Ein freier Stuhl. Eine Tasse Tee. Eine Hand auf dem Rücken. *„Ich bin da. Du bist nicht allein."*

Abschließender Gedanke für Helfende:

Trauer lässt sich nicht lösen - aber begleiten. Du musst nichts perfekt machen. Es reicht, wenn du ehrlich bist, mitfühlend und bereit, mitzuschwingen. Der Raum, den du schaffst, wird vielleicht nicht alles leichter machen - aber weniger einsam.

Wann ist ein Trauerprozess abgeschlossen?

In der Begleitung von Trauernden taucht immer wieder die Frage auf, wann ein Trauerprozess als „abgeschlossen" betrachtet werden kann - oder ob er das überhaupt je ist. Diese Frage ist von großer Bedeutung, weil sie einen Zustand beschreibt, auf den viele trauernde Menschen hoffen: ein innerer Ort, an dem der Schmerz nicht mehr alles überlagert, an dem Leben wieder möglich wird, ohne dass der Verlust an Bedeutung verliert. Zugleich ist es eine Frage, die Unsicherheit erzeugen kann - gerade wenn von außen Erwartungen formuliert werden, wie lange oder wie „intensiv" man zu trauern habe. Für Fachpersonen ist es daher entscheidend, die Idee eines „Abschlusses" nicht zu normieren, sondern differenziert und prozessorientiert zu betrachten.

Dennoch gibt es gewisse Hinweise darauf, dass eine Phase intensiver, aktiver Trauer allmählich in eine stabilere Form übergeht - ohne dass der Verlust je verschwindet. Ein erster Anhaltspunkt kann sein, dass die trauernde Person eine gewisse Echtheit und innere Stimmigkeit in ihren Gefühlen erlebt. Es entsteht eine Übereinstimmung zwischen dem äußeren Erleben und dem inneren Empfinden. Die Emotionen sind nicht abgewehrt oder abgespalten, sondern dürfen da sein - in ihrer Komplexität, in ihrer Lebendigkeit, ohne dass sie die Betroffenen völlig überwältigen oder handlungsunfähig machen. Dieses Erleben ist nicht mit ständiger Ausgeglichenheit gleichzusetzen, sondern vielmehr mit einem inneren Einverständnis, dass die Gefühle da sein dürfen, ohne kontrollieren zu müssen.

Ein weiteres Merkmal ist, dass wieder ein Gefühl von Eigenständigkeit, Handlungsfähigkeit und Hoffnung spürbar wird. Die trauernde Person nimmt wieder aktiv Anteil am Leben, beginnt, neue Interessen zu entwickeln oder alte wiederaufzunehmen. Es entsteht ein Zukunftsbezug - nicht als banaler Optimismus, sondern als feine, leise Bewegung hin zu Gestaltung und Teilhabe. Der Mensch erlebt sich nicht mehr nur im Kontext des Verlusts, sondern beginnt, neue Aspekte seiner Identität zu entdecken oder wiederzubeleben. Lebensfreude darf wieder auftauchen -

nicht als Verrat am Verstorbenen, sondern als Ausdruck einer vitalen Rückbindung an das Leben. Dieses Wiederanknüpfen an die Welt ist ein zentraler Bestandteil dessen, was viele als „Abschließen" verstehen - auch wenn der Verlust selbst niemals verschwindet.

Zentral ist schließlich, dass die verlorene Person - oder das, was verloren wurde - nicht verdrängt oder verleugnet wird, sondern in das gegenwärtige Leben integriert wurde. Dies kann sich zeigen in liebevoll gepflegten Erinnerungen, in inneren Gesprächen, in Ritualen, im Erzählen oder durch das Aufrechterhalten von Symbolen und persönlichen Orten der Verbundenheit. Die Beziehung besteht fort - verändert, aber wirksam. Es ist kein Loslassen im Sinne von Vergessen, sondern ein Weitertragen in neuer Form. In diesem Sinne kann Integration bedeuten, dass der Verstorbene innerlich einen festen Platz bekommen hat - nicht mehr im Zentrum, aber dauerhaft in Reichweite des Herzens.

Ein Trauerprozess kann also als „weitgehend integriert" gelten, wenn Schmerz und Erinnerung koexistieren dürfen, wenn das Leben wieder als gestaltbar erlebt wird, wenn das eigene Ich nicht mehr ausschließlich von der Trauer definiert ist und wenn die verstorbene Person ihren Platz im inneren Erleben gefunden hat - nicht als Hindernis, sondern als Teil des Gewordenseins. Dabei muss nicht alles „gut" sein. Es darf Narben geben, ungelöste Fragen, bleibende Sehnsucht. Doch diese Zustände sind eingebettet in ein tragfähiges inneres und äußeres Leben.

Dabei gilt: Ein solcher Zustand ist kein endgültiger Endpunkt. Auch nach Jahren kann sich die Trauer wieder melden - an Jahrestagen, durch Gerüche, Musik, Begegnungen oder in Lebensphasen, in denen sich Verlusterfahrungen aktualisieren. Integration bedeutet nicht, dass der Verlust abgeschlossen ist. Es bedeutet, dass er mitgetragen werden kann - als Teil der eigenen Geschichte, als etwas, das nicht mehr überwältigt, aber immer Bedeutung behält. Es ist eine bewegte Form des Friedens - ein innerer Raum, in dem Schmerz und Leben nebeneinander bestehen dürfen, ohne einander zu verdrängen.

Bedeutung von Traditionen und Ritualen

Trauer ist nicht nur ein innerer, psychischer Prozess - sie ist ebenso eine zutiefst soziale und kulturelle Erfahrung. In nahezu allen Gesellschaften finden sich Traditionen und Rituale, die es den Hinterbliebenen ermöglichen, den Tod eines Menschen zu bezeugen, den Verlust auszudrücken und einen Übergang zu gestalten. Diese äußeren Formen des Gedenkens und Abschieds sind mehr als symbolische Handlungen: Sie strukturieren den Trauerprozess, geben Halt, bieten Ausdrucksmöglichkeiten und stiften Verbindung. Für viele Menschen sind sie unverzichtbar, um das Unbegreifliche fassbar zu machen.

Rituale - ob religiös, spirituell, kulturell oder ganz individuell gestaltet - schaffen Räume, in denen Trauer sichtbar, hörbar und spürbar werden darf. Sie sind Brücken zwischen Innen und Außen, zwischen Gefühl und Handlung, zwischen Vergangenheit und Gegenwart. Die klassische Trauerfeier, das Entzünden einer Kerze, das gemeinsame Schweigen oder Singen, das Niederlegen von Blumen, das Schreiben eines letzten Briefes, das Tragen von Schwarz oder das Errichten eines Erinnerungsaltars - all diese Gesten und Handlungen sind Ausdrucksformen, mit denen Menschen versuchen, dem Unsagbaren Form zu geben, dem Schmerz Gestalt zu verleihen und dem Tod eine symbolische Sprache entgegenzusetzen. In diesen Handlungen verdichtet sich das, was oft nicht in Worte zu fassen ist: die Liebe, der Verlust, die Wut, die Dankbarkeit, die Ohnmacht. Rituale bündeln Aufmerksamkeit, sie markieren Übergänge und geben der inneren Bewegung einen äußeren Rahmen. Gerade in Zeiten existenzieller Erschütterung, in denen der Alltag seine Selbstverständlichkeit verloren hat, wirken Rituale strukturierend und beruhigend. Sie schaffen Orientierung, indem sie die chaotische Erfahrungswelt der Trauernden in eine Abfolge von Symbolen, Zeichen und Handlungen übersetzen. Sie helfen dem Bewusstsein, das Unfassbare in Schritten zu verarbeiten.

Darüber hinaus bieten Rituale einen Raum für Würde und Präsenz. Sie würdigen das gelebte Leben des oder der Verstorbenen, geben dem Abschied Tiefe und erlauben gleichzeitig den Hinterbliebenen, sich selbst als

Teil eines Geschehens zu begreifen, das größer ist als der eigene Schmerz. Indem sie sich beteiligen - durch ein Gebet, eine Geste, ein Symbol, eine Erinnerung -, können Trauernde aktiv mitgestalten. Dies stärkt das Erleben von Selbstwirksamkeit in einem Moment, der von Kontrollverlust geprägt ist. Rituale, die unter Einbezug der Betroffenen individuell gestaltet werden, können dadurch heilsam wirken und ein erstes Gefühl von innerer Ordnung in der Unübersichtlichkeit stiften.

Nicht zuletzt schaffen Rituale auch kollektive Verbundenheit. In ihnen begegnen sich Menschen, die trauern, aber auch solche, die mittragen wollen - oft jenseits von Sprache. Rituale eröffnen einen Raum des Mitgefühls, der nicht überredet, sondern trägt. Die gemeinsame Symbolhandlung, das geteilte Schweigen, der Blickkontakt beim Entzünden einer Kerze: Es sind oft diese einfachen, stillen Gesten, die tiefer verbinden als viele Worte. In einer Kultur, in der der Tod oft aus dem Alltag gedrängt wird, ermöglichen Rituale einen kulturell akzeptierten Ausdruck von Trauer - und damit auch eine Rückbindung an das, was uns menschlich macht.

Traditionen wiederum verankern die individuelle Trauer in einem kollektiven Rahmen. Sie schaffen eine Verbindung zwischen dem persönlichen Schmerz und einem größeren kulturellen Gedächtnis. Sie machen deutlich: Du bist nicht allein. Andere haben vor dir getrauert, andere werden nach dir trauern. Die Rituale, Lieder, Gesten und Symbole, die durch Generationen weitergegeben wurden, geben dem Einzelnen das Gefühl, eingebettet zu sein in eine gemeinsame Menschlichkeit. Diese Einbettung in einen größeren Zusammenhang kann enorm entlastend wirken - sie lässt Trauer nicht als etwas Isoliertes, sondern als Teil einer universellen Erfahrung erscheinen. Sie gibt dem Erleben Tiefe und Würde, weil sie dem persönlichen Verlust einen Platz im sozialen und historischen Gefüge einräumt.

Traditionen bieten Halt, weil sie vertraut sind. Sie strukturieren nicht nur den Ablauf von Beerdigungen oder Gedenkfeiern, sondern auch das innere Erleben der Trauernden. Durch das Wiedererkennen von Formen -

wie dem Totengebet, dem Trauerbesuch, dem Tragen bestimmter Farben - wird ein Rahmen geschaffen, der Sicherheit geben kann. Gleichzeitig bieten sie auch eine Sprache, wenn eigene Worte fehlen. In der Wiederholung liegt Trost - in der Wiederholung liegt auch Zugehörigkeit. Wer sich an ein bekanntes Ritual anlehnt, spürt, dass er Teil von etwas Größerem ist - und nicht allein in seinem Schmerz.

Doch so kraftvoll Traditionen sein können, so sehr bergen sie auch eine Ambivalenz. Denn was kollektive Form bietet, kann auch als Enge erlebt werden. Gerade dann, wenn die vorgegebenen Riten nicht zur individuellen Biografie, zu den spirituellen Überzeugungen oder zur familiären Dynamik passen, können sie sich fremd anfühlen. Manche Trauernde empfinden traditionelle Formen als leer, übergriffig oder gar als Zwang. In solchen Momenten besteht die Gefahr, dass sie sich nicht getragen, sondern ausgeschlossen fühlen - von etwas, das eigentlich stützen sollte. Deshalb ist es essenziell, in der Begleitung sensibel und offen zu bleiben: Was hilft wirklich? Was gibt Halt - und was wirkt wie eine leere Pflicht? Was darf angepasst, verändert oder ganz neu gestaltet werden?

Professionell helfende Personen sind hier in einer wichtigen Rolle: Sie können Räume eröffnen, in denen sowohl traditionelle Formen gewürdigt als auch neue, individuelle Ausdrucksweisen entwickelt werden dürfen. Sie können die Frage stellen: „Was von dem, was Ihre Familie, Ihre Kultur, Ihre Religion vorsieht, fühlt sich für Sie stimmig an - und was nicht?" Oder: „Gibt es etwas, das Sie vielleicht selbst als Ritual entwickeln möchten? Etwas, das Ihre Beziehung zum Verstorbenen ausdrückt, auch wenn es nicht in einem Regelbuch steht?" Auf diese Weise können Traditionen nicht nur erhalten, sondern auch weiterentwickelt werden - lebendig, persönlich, heilsam.

Langfristig betrachtet eröffnen Traditionen einen Resonanzraum für kollektives Erinnern und Gedenken - sei es im privaten Rahmen oder im gesellschaftlichen Kontext. Gedenktage, Allerseelen, Yahrzeit, das Licht anzünden im Advent - all diese kollektiven Formen der Trauer halten die Verbindung zu den Toten wach. Sie erlauben, dass Erinnerung einen festen Platz im Jahreslauf behält. Und sie erinnern uns daran, dass Trauer nicht mit dem Tod endet - sondern mit uns weitergeht, in allem, was wir gestalten, weitergeben, bewahren. In diesem Sinne sind Traditionen auch eine Form von Weiterleben: nicht nur für die Trauernden, sondern auch für die, an die wir erinnern.

In der professionellen Praxis ist es hilfreich, gemeinsam mit den Trauernden zu erkunden, welche Rituale für sie von Bedeutung sein könnten. Das kann ein klassisches Gedenken am Grab sein - aber auch ein Spaziergang an einem Lieblingsort, das Kochen eines Gerichts, das der Verstorbene mochte, oder das Anlegen eines Erinnerungsbuchs. Die Kraft der Rituale liegt nicht in ihrer Form, sondern in ihrer persönlichen Bedeutung. Sie ermöglichen es, einen aktiven Ausdruck für Beziehung, Verlust und Weiterleben zu gestalten.

Rituale sind dabei nicht nur auf die erste Zeit nach dem Tod beschränkt. Viele Menschen entwickeln im Verlauf der Trauer neue Rituale - zum Beispiel an Jahrestagen, zu Geburtstagen oder in Momenten, in denen der Verstorbene besonders fehlt. Solche wiederkehrenden Handlungen können helfen, Bindung zu gestalten, Erinnerung wachzuhalten und der Trauer einen kontinuierlichen Platz im Leben zu geben. Besonders in Übergangszeiten - etwa beim ersten Weihnachten ohne die geliebte Person - können bewusst gestaltete Rituale Schutz und Struktur bieten.

Zugleich eröffnen Rituale auch einen Raum für Gemeinschaft. In ihnen begegnen sich Trauernde und Mitfühlende, oft jenseits vieler Worte. Sie ermöglichen stille Solidarität, Verbindung durch Gesten. Gerade für Menschen, denen es schwerfällt, über ihre Gefühle zu sprechen, bieten Rituale eine nonverbale Form der Auseinandersetzung. Sie helfen, inneres Erleben mit äußerem Ausdruck zu verknüpfen - und machen dadurch Trauer nicht nur erträglicher, sondern auch verstehbarer.

Die Bedeutung von Ritualen liegt also nicht nur in ihrem Symbolgehalt, sondern in ihrer Fähigkeit, etwas innerlich Bewegtes äußerlich sichtbar zu machen. Sie helfen, Grenzen zu markieren - zwischen Leben und Tod, zwischen Vorher und Nachher. Sie ermöglichen einen Abschied in Würde, eine Verbindung über den Tod hinaus und ein schrittweises Wiederanknüpfen ans Leben.

Für Fachpersonen in der Trauerbegleitung bedeutet das: Rituale verdienen Aufmerksamkeit. Sie sind keine Dekoration am Rand, sondern zentrale Elemente des Verarbeitungsprozesses. Es lohnt sich, Raum zu schaffen für die Frage: „Was würde Ihnen helfen, sich zu verabschieden? Wie könnten wir gemeinsam etwas gestalten, das Bedeutung hat?" In der Antwort auf diese Fragen liegt oft der Beginn eines neuen inneren Weges.

Glaube und Trauerrituale - Fokus: Buddhismus

Der Umgang mit Tod und Trauer ist nicht allein eine psychologische oder persönliche Angelegenheit - er ist auch tief kulturell und religiös geprägt. In der Begleitung trauernder Menschen wird diese Dimension häufig unterschätzt oder vernachlässigt. Dabei kann das spirituelle Weltbild einer Person wesentlich beeinflussen, wie sie Tod, Verlust und Trauer erlebt und verarbeitet. Eine solche Perspektive zu verstehen und einzubeziehen, ist für professionell helfende Personen zentral - insbesondere in einer pluralistischen Gesellschaft.

Ein eindrucksvolles Beispiel dafür bietet der Buddhismus. Als spirituelle Lehre und Lebensweg ist er in zahlreichen Ländern Asiens tief verwurzelt - unter anderem in Tibet, Thailand, Sri Lanka, Myanmar, Japan, China und Vietnam - und gewinnt auch im Westen zunehmend an Bedeutung. Die buddhistische Sicht auf das Leben ist untrennbar mit der Idee von Vergänglichkeit und Wandlung verbunden. Alles, was entsteht, vergeht - und das Erkennen dieser Wahrheit ist ein Schlüssel zur Befreiung vom Leiden.

Im Buddhismus endet das Leben nicht mit dem physischen Tod. Vielmehr wird der Tod als Übergang betrachtet: Das Bewusstseinskontinuum verlässt den sterbenden Körper und wandert weiter - in eine neue Existenzform. In welcher Sphäre dieses neue Leben beginnt, hängt vom Karma ab: jenem geistigen Gesetz von Ursache und Wirkung, das durch Gedanken, Taten und Absichten im Laufe des Lebens geprägt wurde. Das bedeutet auch: Der Augenblick des Sterbens ist entscheidend. Die letzten Gedanken und Gefühle haben nach buddhistischer Überzeugung eine besonders starke karmische Wirkung. Deshalb ist es bedeutsam, dass Sterbende von vertrauten, friedvollen Menschen umgeben sind, die sie liebevoll begleiten und durch positive Worte zu einem heilsamen Geisteszustand ermutigen.

Der Sterbeprozess selbst wird im tibetischen Buddhismus sehr detailliert beschrieben. Demnach löst sich der Körper nach und nach in seine fünf elementaren Bestandteile auf - Erde, Wasser, Feuer, Luft und Leere. Erst wenn dieser Prozess abgeschlossen ist, gilt der Tod als vollzogen. Aus diesem Grund ist es in vielen buddhistischen Kulturen üblich, den Körper nach dem klinischen Tod für einige Zeit - manchmal bis zu drei Tagen - unberührt zu lassen, um diesen Übergang nicht zu stören. Angehörige wachen am Sterbebett, rezitieren Mantras oder beten leise. Der Raum ist von Ruhe, Konzentration und Achtsamkeit geprägt.

Auch die Bestattung selbst folgt je nach Region, Schule und familiärer Tradition unterschiedlichen Formen. Ob Erdbestattung, Feuerbestattung oder das Aussetzen des Körpers an heiligen Orten - wie in der tibetischen Himmelsbestattung -, stets steht die spirituelle Begleitung des Verstorbenen im Vordergrund. Die rituelle Reinigung der Grabstätte, das Darbringen von Opfergaben und das Rezitieren heiliger Texte dienen dazu, den Verstorbenen auf seinem Weg ins nächste Leben zu unterstützen.

Besonders auffällig ist, dass in der buddhistischen Trauerkultur nicht die Angehörigen im Zentrum stehen, sondern der Verstorbene. Die Zeremonien sind darauf ausgerichtet, seiner Seele zu helfen, eine gute Wiedergeburt zu finden. Das bedeutet aber nicht, dass die Trauer der Zurückgebliebenen keine Rolle spielt. Vielmehr wird sie eingebettet in eine tiefere spirituelle Sinngebung: Der Tod wird nicht als Bruch erlebt, sondern als Teil eines größeren Kontinuums. Das kann tröstlich sein - gerade für Menschen, die nach Halt in einem übergeordneten Zusammenhang suchen.

Zahlreiche Rituale begleiten diesen Übergang: An bestimmten Tagen nach dem Tod - etwa am dritten, siebten oder 49. Tag - finden Gedenkzeremonien statt. Mönche und Angehörige rezitieren Sutren, entzünden Räucherwerk, legen Opfergaben nieder. In vielen Ländern, insbesondere in Japan, ist es auch üblich, zu Hause einen kleinen Hausaltar mit dem Foto der verstorbenen Person, einer Kerze und Räucherstäbchen zu gestalten. So bleibt die Präsenz des Verstorbenen im Alltag spürbar - nicht als Schatten, sondern als Quelle innerer Verbundenheit.

Im Westen nehmen immer mehr Menschen buddhistische Impulse in ihre eigene Trauerkultur auf - unabhängig von ihrer religiösen Herkunft.

Die Idee von Wiedergeburt, das Konzept des Mitgefühls, die Praxis der Achtsamkeit oder das stille Gedenken im Sitzen - all das kann helfen, Trauer nicht nur zu durchleben, sondern bewusst zu gestalten. Besonders in einer säkularisierten Gesellschaft, in der klassische religiöse Riten an Bedeutung verlieren, bieten buddhistisch inspirierte Rituale eine sinnstiftende Alternative.

Für Fachpersonen in der Trauerbegleitung stellt sich hier eine zentrale Frage: Wie kann ich die spirituelle Welt der Trauernden achtsam und respektvoll in meine Begleitung einbeziehen? Es geht nicht darum, selbst buddhistisch zu denken oder zu handeln, sondern darum, offen zu sein für das, was dem anderen Halt gibt. Wenn ein Mensch an Karma, Wiedergeburt oder heilsame Gedanken glaubt, dann ist dies ein bedeuter Teil seines Erlebens. Und es verdient, gehört und ernst genommen zu werden.

Die buddhistische Perspektive lädt dazu ein, Tod und Trauer als Teil eines großen Prozesses zu sehen - nicht als Ende, sondern als Übergang. Sie eröffnet eine Haltung, die den Schmerz nicht verdrängt, aber auch nicht darin verharrt. Und sie erinnert daran, dass der liebevolle Blick auf das Leben - im Jetzt - das größte Geschenk sein kann, das wir einem sterbenden oder trauernden Menschen machen können.

Glaube und Trauerrituale - Fokus: Hinduismus

Der Hinduismus ist keine einheitliche Religion, sondern vielmehr ein Sammelbegriff für eine Vielzahl religiöser Strömungen und Traditionen, die sich über Jahrtausende in Indien entwickelt haben. Er besitzt keinen einheitlichen Gründer, kein zentrales Lehrsystem und keine verbindliche Glaubensinstanz. Der Begriff „Hindu" stammt ursprünglich aus dem Persischen und bedeutet schlicht „Inder" - und so kann man sagen, dass der Hinduismus eine aus gelebter Praxis gewachsene Religion ist, die sich durch eine enorme Vielfalt an Glaubensformen, Ritualen und Weltbildern auszeichnet.

Im Zentrum hinduistischer Weltanschauung steht der Glaube an einen geordneten Kosmos, in dem alles miteinander verbunden ist. Der Mensch ist eingebunden in das universelle Weltgesetz, genannt Dharma. Dieses Prinzip durchdringt alle Lebensbereiche - von Moral und Recht bis hin zu gesellschaftlichen Regeln und spirituellen Pflichten. Es regelt sowohl die persönliche Lebensführung als auch das Verhältnis zwischen Individuum und Gemeinschaft. Die Einteilung in Kasten, das Rollenverständnis zwischen den Geschlechtern, die Stellung von Lehrern und Schülern - all das ist Ausdruck einer als natürlich verstandenen Ordnung, die von Geburt an besteht.

Ein zentraler Aspekt des hinduistischen Glaubens ist die Vorstellung von der Seelenwanderung: Das Leben endet nicht mit dem Tod, sondern die Seele (Atman) verlässt den vergänglichen Körper und geht - je nach angesammeltem Karma - in eine neue Daseinsform über. Das Ziel dieser spirituellen Reise ist Moksha, die endgültige Erlösung aus dem Kreislauf von Wiedergeburt und Tod. Diese Sichtweise prägt auch den Umgang mit Tod und Trauer im Hinduismus ganz wesentlich.

Wenn ein Mensch stirbt, soll er nach Möglichkeit nicht allein sein. Angehörige versammeln sich um das Sterbebett, rezitieren Mantras, singen spirituelle Lieder und schaffen eine friedliche Atmosphäre. Der Kopf des Sterbenden wird nach Süden ausgerichtet - der Himmelsrichtung, in der

der Todesgott Yama erwartet wird. Wenn möglich, erhält die sterbende Person Wasser aus dem heiligen Fluss Ganges, das ihr helfen soll, inneren Frieden zu finden und den Übergang der Seele zu erleichtern. Nach Eintritt des Todes wird der Verstorbene traditionell zu Hause aufgebahrt. Der älteste Sohn wäscht den Leichnam, kleidet ihn neu ein und wickelt ihn gemeinsam mit roten Blumen in ein weißes Tuch. Diese rituelle Waschung symbolisiert sowohl die äußere als auch die innere Reinigung - von Körper und Seele. Auch hier zeigt sich die tiefe Verbindung zwischen ritueller Handlung und spirituellem Verständnis.

Die einzig zulässige Bestattungsform im Hinduismus ist die Feuerbestattung. Feuer gilt als Erscheinungsform der Gottheit Shiva und wird als heilig angesehen. Durch das Verbrennen wird der grobstoffliche Körper aufgelöst, und die Seele kann sich vom Irdischen befreien. Nur wenige Ausnahmen - wie Priester, Kinder und Schwangere - werden nicht verbrannt, sondern beigesetzt oder einem heiligen Gewässer übergeben.

Die Bestattungszeremonien unterscheiden sich stark - je nach Kaste, Region und sozialem Status. Während der Verbrennungsprozession ist es in Indien üblich, keine Trauer öffentlich zu zeigen. Weinen und Klagen gelten als störend für die Seele auf ihrer Reise. Deshalb sind Frauen und Kinder häufig von dieser Zeremonie ausgeschlossen, und traditionell nehmen überwiegend Männer daran teil. Die Trauer selbst wird jedoch nicht verdrängt - sie wird im häuslichen Bereich, im Gedenken und in rituellen Handlungen ausgedrückt.

Hinduistische Trauerkultur kennt viele Formen - vom stillen Rückzug über die rituelle Reinigung der Kleidung bis hin zu aufwändigen Gedenkfeiern, die Wochen und Monate nach dem Tod stattfinden. Besonders wichtig ist das Gedenken am 10. und 13. Tag nach der Bestattung, sowie die abschließenden Riten nach einem Jahr, bei denen die Seele vollständig verabschiedet und in die Ahnenreihe aufgenommen wird.

Für Fachpersonen in der Trauerbegleitung stellt der Hinduismus eine Einladung dar, sich auf eine spirituelle Welt einzulassen, die zyklisch, ordnend und zutiefst durchdrungen von ritueller Bedeutung ist. Es gilt, mit Respekt und Neugier zu fragen: Was bedeutet der Tod in Ihrer Welt? Welche Riten sind für Sie wichtig? Wie können wir einen Rahmen schaffen, in dem Sie Ihren Glauben leben und Ihre Trauer ausdrücken können? Die Antwort auf diese Fragen kann der Schlüssel sein zu einer tief empfundenen, heilsamen Begleitung.

Glaube und Trauerrituale - Fokus: Islam

Im Islam, der nach dem Christentum die zweitgrößte Weltreligion ist und mehr als eine Milliarde Menschen auf der ganzen Welt verbindet, nimmt dieser Umgang eine ganz eigene, durch religiöse Vorschriften und spirituelle Überzeugungen geprägte Gestalt an. Dabei steht nicht - wie im Christentum - die Versöhnung mit Gott im Mittelpunkt, sondern die freiwillige und bewusste Unterwerfung unter den Willen Gottes. Für gläubige Muslim:innen bedeutet dies, das Leben als einen von Gott bestimmten Weg zu betrachten, an dessen Ende nicht das Nichts, sondern ein Übergang in eine andere Daseinsform steht. Der Tod ist in dieser Sichtweise kein endgültiges Ende, sondern ein Tor zur nächsten Stufe der Existenz. Alles Irdische ist vergänglich, nur Gott allein ist ewig.

Engel begleiten nach islamischem Glauben die Menschen ein Leben lang, sie bewachen, schützen und beobachten sie. Nichts entgeht ihrer Aufmerksamkeit - sie führen Buch über gute und schlechte Taten, handeln aber stets im Auftrag Gottes. Im Moment des Todes sind sie es, die die Seele des Verstorbenen in Empfang nehmen und sie - nach einer ersten Prüfung - vor das Jüngste Gericht bringen. Dort wird über das weitere Schicksal der Seele entschieden. Das Bewusstsein, dass Gott allwissend, gerecht und barmherzig ist, hilft vielen Gläubigen, den Tod als Teil eines göttlichen Plans zu akzeptieren und ihn mit einer tiefen inneren Haltung der Ergebenheit anzunehmen. In dieser Unterwerfung liegt keine Schwäche, sondern eine Form des inneren Friedens. Alles ist in Gottes Hand. Diese Haltung ist besonders in der Trauerzeit spürbar - sie prägt Rituale, Gespräche und Gesten und bringt ein starkes Gefühl der Geborgenheit in der Gemeinschaft mit sich.

Trauer wird im Islam nicht unterdrückt oder verdrängt, sondern hat ihren Platz. Schmerz, Weinen, das offene Aussprechen des Verlustes - all das ist erlaubt, ja sogar erwünscht, solange es im Rahmen bleibt und nicht in Selbstaufgabe oder Anklage gegen Gott mündet. Das Ziel ist es, den Verlust zu teilen, zu lindern und die Hinterbliebenen in das soziale Netz der Gemeinschaft einzubinden. Besonders betont wird im Islam die Pflicht zur Fürsorge: Wer trauert, darf nicht allein bleiben. Nachbarn, Verwandte, Freund:innen - sie alle sind aufgerufen, Anteil zu nehmen. Dabei spielt es keine Rolle, wie nahe man dem Verstorbenen tatsächlich stand. Die gemeinsame Verantwortung ist Teil des religiösen Selbstverständnisses.

Rituelle Reinheit ist ein zentrales Konzept im Islam - und es betrifft auch den Umgang mit Verstorbenen. Die Vorbereitung des Körpers ist geprägt von Respekt, Sorgfalt und einer tiefen symbolischen Bedeutung. Das Öffnen des Fensters, damit die Seele hinausgleiten kann, ist mehr als ein symbolischer Akt - es ist Ausdruck des Glaubens an die Lebendigkeit der Seele. Der Leichnam wird sanft zurechtgelegt: Arme an den Seiten, Kopf nach rechts gedreht, das Gesicht in Richtung Mekka, dem heiligen Zentrum des Islam. Angehörige, sofern religiös geschult oder angeleitet, übernehmen oft selbst die Erstversorgung. Diese persönliche Zuwendung ist Teil der letzten Ehre und wird mit großer Achtsamkeit vollzogen. Das Schließen der Augen und des Mundes, das Hochbinden des Kinns, das Umbinden der Füße - all das dient nicht nur der äußeren Form, sondern auch der inneren Würde. Der Körper wird anschließend in ein weißes Leinentuch gehüllt, schlicht und rein - ohne Schmuck, ohne Prunk, als Zeichen der Gleichheit aller Menschen vor Gott.

Die rituelle Waschung, Ghusl genannt, ist ein wichtiger Bestandteil islamischer Bestattungsrituale. Sie ist Ausdruck spiritueller Reinigung und geschieht in geschlechtergetrennten Gruppen: Frauen waschen Frauen, Männer waschen Männer. In vielen Gemeinden übernehmen dafür vorgesehene Personen diese Aufgabe - häufig sind es ältere, erfahrene Mitglieder der Glaubensgemeinschaft, die diese Aufgabe als Dienst an der Gemeinschaft verstehen. Die Waschung erfolgt in einer bestimmten Reihenfolge, begleitet von Gebeten und stillen Bittgesängen. Danach wird der Körper in mehrere Tücher gehüllt - drei bei Männern, fünf bei Frauen - und bleibt bis zur Beisetzung verhüllt. Der Umgang mit dem Leichnam geschieht stets in Stille und Andacht. Das Ziel ist es, der verstorbenen Person den Übergang in die andere Welt zu erleichtern und sie in Würde loszulassen.

Beisetzungen finden im Islam in der Regel innerhalb von 24 Stunden statt - möglichst ohne Verzögerung. Das entspricht dem Wunsch, den natürlichen Ablauf des Sterbens nicht unnötig zu unterbrechen. In vielen Ländern ist es üblich, auf einen Sarg zu verzichten und den Leichnam direkt in die Erde zu legen. Dabei liegt der Körper auf der rechten Seite, das Gesicht nach Mekka gewandt. Die Grabstelle wird schlicht gehalten, ohne aufwendige Grabsteine oder Ausschmückungen - denn im Tod sind alle Menschen gleich. Im Totengebet, dem Salat al-Djanaza, kommen Angehörige, Freunde, Bekannte und Gemeindevertreter:innen zusammen, um gemeinsam für die verstorbene Seele zu beten und Gott um Barmherzigkeit zu bitten. Anders als im Christentum wird nicht für das Seelenheil im Sinne einer Fürbitte gebetet, sondern für das Wohl der Seele und um die Vergebung ihrer Sünden.

Die Trauerzeit variiert - sie ist nicht strikt vorgeschrieben, aber kulturell stark geprägt. In vielen Regionen wird 40 Tage lang getrauert, mit besonderer Aufmerksamkeit für die Familie. An bestimmten Tagen - dem dritten, siebten und vierzigsten Tag nach dem Tod - finden gemeinschaftliche Gedenkgebete statt. Besonders für Witwen gelten klare Regeln: Sie sollen während der sogenannten Idda, die 130 Tage dauert, in Rückzug und Stille leben, keine neuen Beziehungen eingehen und keine auffällige Kleidung tragen. Diese Zeit ist sowohl Schutzfrist als auch spirituelle Phase der Neuorientierung.

Trauer wird im Islam nicht als Krankheit betrachtet, sondern als Ausdruck der Liebe zum verstorbenen Menschen. Diese Liebe endet nicht mit dem Tod, sondern verwandelt sich in Erinnerung, Gebet und Dankbarkeit. Viele Angehörige spenden in der Zeit nach dem Tod vermehrt Almosen, besuchen Bedürftige oder setzen sich für soziale Projekte ein - in der Hoffnung, dass diese guten Taten dem Verstorbenen im Jenseits zugutekommen. Diese Praxis ist tief in der Vorstellung verankert, dass gute Taten in einer Art göttlicher Bilanz gezählt werden und das Gleichgewicht zwischen Schuld und Verdienst beeinflussen können.

Auch im interkulturellen Kontakt spielt der Umgang mit islamischen Trauerritualen eine wichtige Rolle. Besonders in Krankenhäusern, Pflegeheimen und Hospizen ist es wichtig, die spirituellen Bedürfnisse muslimischer Patient:innen und Angehöriger zu respektieren. Das beginnt bei der Auswahl der Pflegekräfte, die bei Bedarf auf Geschlechtergrenzen Rücksicht nehmen, reicht über das Bereitstellen eines ruhigen Raumes für das Gebet bis hin zur Möglichkeit, den Leichnam nicht durch fremde Hände berühren zu lassen. Sollte dies aus organisatorischen oder rechtlichen Gründen notwendig sein, ist der respektvolle Umgang - etwa durch das Tragen von Handschuhen und das Vermeiden unnötiger Manipulationen - ein Zeichen der Achtung vor dem Glauben des anderen.

Die Vorstellung vom Jüngsten Gericht, vom Paradies und von der Hölle ist im Islam sehr präsent. Sie beeinflusst nicht nur das individuelle Verhalten im Leben, sondern auch die Sichtweise auf das Sterben. Wer im Einklang mit den göttlichen Geboten lebt, darf auf Gottes Gnade hoffen. Und wer sündigt, kann dennoch auf Vergebung bauen - wenn er aufrichtig bereut. Diese Grundhaltung zwischen Hoffnung und Verantwortung ist ein wichtiger seelischer Anker für viele trauernde Muslim:innen. Sie spendet Trost und gibt Halt in einer Zeit, die von Unsicherheit und Schmerz geprägt ist.

Im Zentrum aller islamischen Trauerrituale steht die Überzeugung, dass Allah - Gott - der barmherzige, gerechte Schöpfer aller Menschen ist. Er entscheidet über das Schicksal der Seelen, nicht der Mensch. Diese tiefe Frömmigkeit, gepaart mit einem ausgeprägten Sinn für Gemeinschaft und Mitgefühl, prägt die islamische Trauerkultur auf allen Ebenen. Auch Mohammed, der Prophet des Islam, wird in Überlieferungen als Mensch voller Empathie beschrieben - besonders gegenüber Armen, Kranken und Trauernden. Seine Worte und Handlungen - gesammelt in der Sunna - dienen vielen Gläubigen als moralischer Kompass, auch im Umgang mit dem Tod.

So zeigt sich, dass Trauer im Islam nicht nur ein persönliches Gefühl ist, sondern ein kollektives Geschehen, das eng mit dem Glauben, mit sozialen Pflichten und spirituellen Vorstellungen verwoben ist. Sie ist Ausdruck von Respekt, Liebe und Hoffnung - eine Brücke zwischen den Welten, getragen vom Vertrauen in Gottes Barmherzigkeit.

Für Trauerbegleiter:innen, die mit muslimischen Klient:innen arbeiten, ist ein sensibler, informierter und respektvoller Umgang mit religiösen und kulturellen Werten von zentraler Bedeutung. Nicht alle Muslim:innen leben ihren Glauben gleich intensiv, doch die religiösen Grundlagen bieten eine wichtige Orientierung für das Verstehen von Trauerprozessen im islamischen Kontext. Eine aufmerksame, nicht urteilende Haltung ist dabei oft hilfreicher als vorschnelle Annahmen über „den Islam". Jede Familie, jede Einzelperson, jede Ausprägung religiöser Praxis ist individuell zu betrachten.

Ein erster wichtiger Aspekt ist die Akzeptanz des Glaubens an die göttliche Vorherbestimmung. Viele muslimische Trauernde empfinden es als tröstlich, dass der Tod Teil von Gottes Plan ist. In der Begleitung kann es hilfreich sein, diese Sichtweise nicht in Frage zu stellen, sondern als Ressource zu erkennen. Aussagen wie „Es war sein/ihr Schicksal" oder „Allah weiß es am besten" sind für gläubige Muslim:innen oft Ausdruck von Vertrauen, nicht von Resignation. Eine Trauerbegleitung, die diese Perspektive aufgreift und respektiert, kann helfen, Halt zu geben, ohne eigene religiöse Überzeugungen überzustülpen.

Ein weiterer wichtiger Punkt betrifft die Nähe zur Gemeinschaft. Trauer ist im Islam ein soziales Ereignis - das bedeutet, dass viele muslimische Trauernde stärker von der Unterstützung ihres Umfelds getragen sind als dies in westlich geprägten, individualistischen Kulturen der Fall ist. Trauerbegleiter:innen sollten dies berücksichtigen und darauf achten, ob sich Klient:innen eher nach Rückzug oder nach Verbindung sehnen. Häufig ist es sinnvoll, Gruppenangebote oder rituelle Formen des Gedenkens zu ermöglichen, statt nur auf individuelle Verarbeitung zu setzen.

Besondere Aufmerksamkeit verdienen auch geschlechterspezifische Aspekte. In der islamischen Tradition haben Männer und Frauen im

Trauerkontext oft unterschiedliche Rollen. Frauen erleben längere Trauerfristen, wie etwa die Idda für Witwen, und nehmen häufiger emotionale Aufgaben innerhalb der Familie wahr. Männer dagegen zeigen ihre Trauer oft zurückhaltender und übernehmen organisatorische Verantwortung. Diese kulturell geprägten Rollenbilder sollten nicht als starre Normen verstanden werden, aber sie beeinflussen das Erleben von Verlust. Trauerbegleitung kann unterstützen, indem sie beiden Geschlechtern erlaubt, ihre Gefühle auf jeweils stimmige Weise zu äußern - auch jenseits der Tradition.

Auch im praktischen Umgang mit dem Leichnam sind Kenntnisse islamischer Vorschriften hilfreich: Wenn eine muslimische Person verstorben ist und keine Angehörigen vor Ort sind, ist es von großer Bedeutung, schnell Kontakt zu einer Moscheegemeinde herzustellen. Viele muslimische Gemeinden haben Bestattungsteams, die die rituellen Waschungen übernehmen und die notwendigen religiösen Abläufe koordinieren. Hier ist Kooperation und Offenheit gefragt - ebenso wie ein Bewusstsein dafür, dass der direkte Kontakt mit dem Leichnam durch nicht-muslimische Personen nach Möglichkeit vermieden werden sollte. Sollte dies unvermeidlich sein, sollte stets mit Handschuhen gearbeitet und mit größtem Respekt gehandelt werden.

In Gesprächen mit Angehörigen empfiehlt es sich, offene Fragen zu stellen, anstatt Annahmen zu treffen. Beispielsweise: „Gibt es bestimmte Rituale oder Gebete, die für Sie in dieser Situation wichtig sind?" oder „Wie kann ich Sie dabei unterstützen, Ihre religiösen Vorstellungen in die Abschiedsphase einzubinden?" Solche Fragen signalisieren Respekt und Interesse, ohne belehrend zu wirken.

Es ist zudem hilfreich, Grundkenntnisse über den Islam und seine Vielfalt zu besitzen. Nicht alle Muslim:innen gehören zur sunnitischen Mehrheit - es gibt schiitische, alevitische, sufistische und viele weitere Ausprägungen, deren Trauerrituale sich teils deutlich unterscheiden. Besonders in der Begleitung von Migrant:innen oder Geflüchteten ist die religiöse Praxis häufig mit kulturellen und regionalen Bräuchen verflochten. Was für eine syrische Familie selbstverständlich ist, mag für eine Familie aus Bosnien oder Indonesien ganz anders aussehen. Interkulturelle Kompetenz bedeutet in diesem Zusammenhang, Fragen zu stellen, statt zu deuten, und die Vielfalt innerhalb des Islam ernst zu nehmen.

Nicht zuletzt ist es auch für Trauerbegleiter:innen selbst wichtig, eine eigene Haltung zu religiösen Fragen zu entwickeln, ohne diese den Klient:innen aufzudrängen. Wer sich in der Begleitung klar positioniert - offen, lernbereit und respektvoll -, schafft Vertrauen und ermöglicht einen Raum, in dem spirituelle Fragen gestellt und beantwortet werden dürfen, ohne dass sie analysiert oder bewertet werden müssen.

Ein Mensch, der an das ewige Leben glaubt, trauert anders - nicht weniger, aber mit einer anderen Hoffnung. Diese Hoffnung zu verstehen und mitzutragen, ohne sie sich zu eigen machen zu müssen, ist vielleicht eine der feinsten und wertvollsten Aufgaben im Bereich der interreligiösen Trauerbegleitung.

Glaube und Trauerrituale - Fokus: Judentum

In kaum einer anderen Religion ist die Verbundenheit mit dem Diesseits so stark ausgeprägt wie im Judentum. Das Leben, mit all seinen Freuden und Zumutungen, steht im Mittelpunkt des Glaubens. Der Tod wird nicht verdrängt oder mystifiziert, sondern als Teil dieses Lebensweges verstanden - unausweichlich, aber nicht das Ende. Denn nach jüdischer Überzeugung ist die Seele unsterblich. Sie steigt nach dem Tod zu Gott auf und lebt dort weiter. Hoffnung auf Auferstehung und ewiges Leben verbindet sich dabei mit der Verpflichtung, dem Verstorbenen schon hier auf Erden die letzte Ehre zu erweisen - einfach, würdevoll und gemeinschaftlich.

In der jüdischen Tradition ist der Tod keine private Angelegenheit. Die Verantwortung für Verstorbene liegt nicht allein bei den Angehörigen, sondern bei der ganzen Gemeinde. Eine zentrale Rolle spielt dabei die Chewra Kadischa - die „Heilige Bruderschaft", eine rituelle Bestattungsgruppe, die sich um die Vorbereitung der Bestattung, die rituellen Waschungen und um die Begleitung der Hinterbliebenen kümmert. Sie versteht sich als Ausdruck gelebter Barmherzigkeit und Solidarität - ein Dienst an den Toten und an den Lebenden zugleich. Ihre Mitglieder üben ihre Aufgabe ehrenamtlich und mit großer Demut aus. Ihr Wirken beginnt oft schon zu Lebzeiten, denn es gehört zur Aufgabe dieser Gemeinschaft, Sterbende zu besuchen, mit ihnen zu beten und sie zu begleiten, ohne sie zu berühren - denn jede Berührung könnte als Eingriff in den natürlichen Sterbeprozess verstanden werden.

Wenn der Tod eintritt, wird der Verstorbene mit einem Leinentuch bedeckt und auf den Boden gelegt - eine Geste der Rückkehr zur Erde, zur Schöpfung, zum Ursprung. Die Augen werden geschlossen, Kerzen entzündet, Gebete gesprochen. All dies geschieht in Stille, mit einem tiefen Respekt vor dem Übergang, den die Seele nun vollzieht. In modernen Zeiten, in denen viele Menschen in Krankenhäusern sterben, werden diese alten Rituale seltener praktiziert - aber ihr Geist lebt weiter in den Abläufen der Bestattung, wie sie durch jüdische Gemeinden heute organisiert werden.

Die rituelle Waschung des Leichnams, die Tahara, ist ein zentraler Bestandteil der jüdischen Trauerkultur. Sie findet meist in der Leichenhalle des jüdischen Friedhofs statt. Dort wird der Körper mit lauwarmem Wasser gewaschen, in bestimmte Reihenfolgen getaucht, getrocknet und mit einem schlichten weißen Totenhemd bekleidet. Männer werden häufig zusätzlich in ihren Tallit, den Gebetsschal, gehüllt - eine letzte Geste der Verbundenheit mit der eigenen spirituellen Praxis. Es wird darauf geachtet, dass der Körper nicht unnötig manipuliert wird. Die Würde des Verstorbenen steht über allem. Jede Handlung ist Ausdruck einer tiefen Ehrfurcht.

Das jüdische Religionsgesetz, die Halacha, erlaubt ausschließlich die Erdbestattung. Feuerbestattungen gelten als unvereinbar mit dem Gebot der Unversehrtheit des Körpers. Die Kremation wird als Verstoß gegen die letzte Ehre und als Missachtung der menschlichen Hülle verstanden, die - so der Glaube - einst am Tag des Jüngsten Gerichts wiedererstehen wird. Die rasche Beisetzung - meist innerhalb von 24 Stunden - ist deshalb nicht nur Tradition, sondern religiöse Pflicht. Erst mit der Bestattung findet die Seele zur Ruhe. Erst dann kann sie ihren Weg fortsetzen, hin zu Gott.

Seit fast zwei Jahrtausenden besteht im Judentum das Gebot der schlichten Beerdigung. Es gibt keine Unterschiede zwischen arm und reich - keine prunkvollen Särge, keine luxuriösen Gräber. Die Gleichheit aller Menschen vor Gott zeigt sich besonders im Tod. Das Leichentuch, das alle Verstorbenen kleidet, ist Symbol dieser radikalen Gleichheit. Auch die Grabsteine sind einfach gehalten, oft ohne aufwendige Gravuren oder persönliche Botschaften. Sie werden traditionell erst nach einem Jahr aufgestellt - in der Annahme, dass die Trauer Zeit braucht und Erinnerung nicht sofort in Stein gemeißelt werden muss.

Die eigentliche Trauerfeier beginnt auf dem Friedhof. In einem speziell dafür vorgesehenen Abschiedsraum versammelt sich die Trauergemeinde. Der Kantor eröffnet die Zeremonie mit einem Gesang, der den Raum mit Klang füllt und das Herz der Anwesenden berührt. Ein Rabbiner hält eine Trauerrede - auf Hebräisch, aber auch in der jeweiligen Landessprache, um allen Anwesenden das Verstehen zu ermöglichen. Weitere Angehörige oder Freund:innen können persönliche Worte hinzufügen, die das Leben und Wirken des Verstorbenen würdigen. Psalmen und Gebete sind Teil dieses rituellen Rahmens.

Ein ergreifender Moment ist das Einreißen des Gewandes - die K´riah. Die nächsten Angehörigen zerreißen symbolisch ein Kleidungsstück als Ausdruck des Schmerzes. Dieser Riss steht für die Wunde, die der Tod im Leben der Zurückgebliebenen hinterlässt. Es ist ein sichtbares Zeichen des Verlusts, aber auch ein Zeichen dafür, dass Trauer gezeigt und nicht versteckt werden darf.

Nach der Zeremonie verlässt die Trauergemeinde gemeinsam die Trauerhalle. Der Sarg wird zur vorbereiteten Grabstelle getragen, begleitet von Psalmen und Gebeten. Es ist Tradition, dass Angehörige und Freund:innen drei Schaufeln Erde in das Grab werfen - eine letzte Geste der Nähe, ein bewusster Akt des Loslassens. Sobald der Sarg mit Erde bedeckt ist, wird das Kaddisch gesprochen - das Totengebet, das jedoch nicht vom Tod spricht, sondern von Gottes Größe, seiner Heiligkeit und seiner Barmherzigkeit. Es ist ein Gebet der Hoffnung, kein Gebet des Schmerzes. Nach dem Verlassen des Grabes legen die Anwesenden kleine Steine auf den Grabstein - ein alter Brauch, der die bleibende Erinnerung symbolisiert. Anders als Blumen, die vergehen, bleiben Steine bestehen. Sie stehen für die Dauer der Liebe, für die Unvergänglichkeit der Verbundenheit.

Die jüdische Trauerzeit folgt einer klaren Struktur. In den ersten sieben Tagen nach der Beerdigung - der Schiwa - zieht sich die engste Familie zurück. Man sitzt auf niedrigen Stühlen, trägt keine Lederschuhe, spiegelt werden abgehängt, Musik ist untersagt. Familie, Freund:innen und Gemeindemitglieder besuchen die Trauernden, bringen Essen, sprechen Trost aus, rezitieren Psalmen. Die Schiwa ist eine Zeit der inneren Sammlung und des kollektiven Mitgefühls. Sie hilft den Hinterbliebenen, die ersten, oft überwältigenden Tage nach dem Verlust nicht allein zu durchleben.

Es folgen die Schleoschim - dreißig Tage der Trauer, in denen die Betroffenen zwar wieder am gesellschaftlichen Leben teilnehmen, jedoch weiterhin bestimmte Einschränkungen beachten, etwa keine Feiern besuchen oder Musik hören. Für Eltern, die ein Kind verlieren, oder für Kinder, die ein Elternteil verlieren, dauert die offizielle Trauerzeit ein ganzes Jahr. Erst danach wird der Grabstein gesetzt. Die Trauer ist damit nicht beendet - aber sie hat einen äußeren Rahmen erhalten, in dem Schmerz und Erinnerung ihren Platz finden.

Im Zentrum des jüdischen Umgangs mit Tod und Trauer steht der Respekt vor dem Leben - vor dem gelebten Leben und vor dem Weiterleben der Seele. Die Rituale sind klar, einfach und voller Bedeutung. Sie geben Halt in einer Zeit, die von innerem Chaos geprägt ist. Sie würdigen den Verstorbenen und begleiten die Lebenden. Und sie erinnern daran, dass die Würde des Menschen nicht mit dem Tod endet, sondern im Umgang mit dem Sterben ihren tiefsten Ausdruck findet.

Für Trauerbegleiter:innen, die mit jüdischen Klient:innen arbeiten, ist ein einfühlsames, informiertes und kultursensibles Vorgehen besonders wichtig. Auch wenn nicht alle Jüdinnen und Juden religiös praktizieren, ist das Wissen um die religiösen und kulturellen Grundlagen des Judentums hilfreich, um trauernden Menschen respektvoll und wirkungsvoll beizustehen. Viele Rituale haben auch für säkular lebende Angehörige eine identitätsstiftende, tröstliche Bedeutung - selbst dann, wenn sie nicht vollständig verstanden oder aktiv gelebt werden.

Eine der wichtigsten Haltungen im jüdischen Trauerkontext ist: Nicht stören, aber präsent sein. Die ersten sieben Tage nach der Beisetzung - die Schiwa - sind eine Zeit des Rückzugs. Trauerbegleiter:innen sollten diese Phase respektieren und Besuche oder Gespräche nur dann anbieten, wenn sie ausdrücklich erwünscht sind. Das Sitzen der Schiwa ist ein durch Rituale strukturierter Raum der Trauer. Wer eingeladen wird, soll nicht mit oberflächlichem Trost oder Aktionismus kommen, sondern mit ehrlicher Anteilnahme und der Bereitschaft, gemeinsam zu schweigen, zu hören oder zu beten. In dieser Zeit ist weniger oft mehr.

Hilfreich ist es, bei der Begleitung nicht vorschnell psychologische Deutungen anzubieten, sondern die Struktur der Trauerrituale als Ressource zu erkennen. Viele jüdische Trauernde finden Halt in der festen Ordnung der Abläufe - von der Bestattung über das Kaddisch bis hin zur Trauerzeit. Diese Rituale helfen, dem Unfassbaren eine Form zu geben und sich im Chaos des Verlusts zu orientieren. Trauerbegleiter:innen können diese Strukturen wertschätzen, benennen und bestärken, ohne sie zu bewerten oder zu hinterfragen. Fragen wie „Was hilft Ihnen im Moment am meisten?" oder „Wie wird in Ihrer Familie üblicherweise getrauert?" können das Gespräch öffnen, ohne Normen zu verletzen.

Besondere Bedeutung hat im jüdischen Kontext die Rolle der Gemeinschaft. Viele jüdische Familien erleben Trauer nicht als individuelles, sondern als kollektives Geschehen. Das kann für Außenstehende ungewohnt wirken - besonders, wenn große Gruppen anwesend sind, die sich in die Begleitung einbringen. Für die Trauerarbeit bedeutet das: Die Arbeit mit Einzelnen ist oft auch eine Arbeit im Kontext eines größeren sozialen Geflechts. Manchmal ist es hilfreicher, eine Familie oder eine kleine Gruppe gemeinsam zu begleiten, statt sich nur auf eine Einzelperson zu konzentrieren.

Ein sensibler Umgang mit religiösen Regeln ist besonders im Zusammenhang mit der Bestattung wichtig. Wenn Trauerbegleiter:innen in Situationen eingebunden sind, in denen Entscheidungen rund um den Tod zu treffen sind - etwa im Krankenhaus, in der Pflegeeinrichtung oder in der Organisation einer Beisetzung - sollten sie möglichst früh Kontakt zu einer jüdischen Gemeinde oder zur örtlichen Chewra Kadischa herstellen. Diese Gruppen verfügen über das notwendige religiöse und praktische Wissen und übernehmen rituelle Aufgaben, die für Außenstehende oft schwer zugänglich oder erklärbar sind. Besonders wichtig ist der Hinweis, dass jüdische Verstorbene nicht kremiert werden dürfen und die Erdbestattung so bald wie möglich erfolgen soll.

Auch im sprachlichen Ausdruck ist Feinfühligkeit gefragt. Das jüdische Kaddisch ist kein Totengebet im klassischen Sinn - es preist nicht den Tod, sondern das Leben und die Größe Gottes. Wer dies weiß, kann Gespräche gezielter führen und symbolische Bedeutungen achtsamer aufgreifen. Viele jüdische Trauernde möchten keine theologischen Diskussionen führen, sondern einfach verstanden werden in ihrer Weise zu trauern - auch dann, wenn diese Weise nicht deckungsgleich ist mit christlich geprägten Vorstellungen von Trauer oder Jenseits.

In der Begleitung von Kindern und Jugendlichen sollte ebenfalls auf kulturelle Sensibilität geachtet werden. Auch sie nehmen Rituale ernst, auch wenn sie nicht immer alles verstehen. Trauerbegleiter:innen können helfen, kindgerechte Zugänge zu schaffen - etwa durch das gemeinsame Legen eines Steins auf das Grab, das Schreiben eines Briefs an den Verstorbenen oder das Lesen eines Psalms in einfacher Sprache. Die Verbindung zur Tradition kann auch jungen Menschen helfen, eine Brücke zwischen persönlichem Schmerz und kollektiver Erinnerung zu schlagen.

Und schließlich: Jüdische Trauer braucht Zeit. Der Trauerprozess ist nicht nach der Beerdigung abgeschlossen - im Gegenteil: Oft beginnt er da erst richtig. Das Gedenken an die Verstorbenen hat im Judentum einen festen Platz im Jahreslauf, etwa am Todestag (Jahrzeit) oder bei speziellen Gebeten in der Synagoge. Trauerbegleiter:innen können diese Momente begleiten oder ermutigen, sie aktiv zu gestalten. Sie helfen damit, dass Trauer nicht stumm bleibt, sondern in Erinnerung übergeht - würdig, lebendig, und immer wieder neu verankert im Diesseits.

Besonderheiten bei Verlust durch Suizid

Ein Verlust durch Suizid stellt Angehörige, Freund:innen und das soziale Umfeld vor ganz besondere Herausforderungen. Der Tod eines geliebten Menschen reißt ohnehin eine schmerzliche Lücke ins Leben, doch wenn dieser Tod selbst gewählt wurde, gerät vieles ins Wanken. Die Endgültigkeit des Abschieds mischt sich mit einer Vielzahl an Fragen, Gefühlen und inneren Konflikten, die den Trauerprozess erheblich erschweren können. Es ist nicht nur der Schmerz über den Verlust, der hier im Vordergrund steht, sondern auch das Ringen um Verständnis, Sinn und Umgang mit einem Geschehen, das sich oft jeder Logik entzieht.

Ein Suizid ist nicht nur ein persönliches Ereignis - er berührt auch das soziale Gefüge. Wenn jemand seinem Leben selbst ein Ende setzt, bedeutet das zugleich einen bewussten Austritt aus der Gemeinschaft. Zurück bleiben nicht nur Trauer und Leere, sondern häufig auch ein Gefühl der Verunsicherung im Umfeld. Unweigerlich stellt sich die Frage nach der Schuld. War es möglich, diesen Schritt zu verhindern? Haben wir etwas übersehen? Hätte ein Gespräch, eine Geste, eine frühere Reaktion das Geschehen abwenden können? Diese Gedanken drängen sich auf, oft unabhängig davon, wie unbegründet oder irrational sie im Nachhinein erscheinen mögen.

Die Suche nach Schuldigen bleibt selten aus - nach außen wie nach innen. Bei jungen Verstorbenen richtet sich der gesellschaftliche Blick häufig auf die Eltern, bei Erwachsenen auf die Partner:in oder enge Bezugspersonen. Gleichzeitig neigen die Hinterbliebenen selbst dazu, Verantwortung zu übernehmen, wo keine Verantwortung zu tragen ist. Die Fragen, die sie sich stellen, sind meist von quälender Natur: „Warum haben wir es nicht bemerkt?", „Warum haben wir nicht stärker nachgefragt, nicht früher reagiert?" oder „Wie konnten wir so blind sein?" Solche Selbstvorwürfe können sich tief in die Psyche eingraben und den Trauerprozess massiv blockieren.

Hinzu kommen Gefühle, über die kaum jemand zu sprechen wagt: Kränkung, Enttäuschung, manchmal sogar Wut. Der Mensch, der sich das Leben genommen hat, hat sich auch den Menschen entzogen, die ihn liebten. Für viele Zurückgebliebene fühlt es sich an, als seien sie absichtlich verlassen worden. Daraus entstehen häufig Scham und Sprachlosigkeit - nicht nur gegenüber sich selbst, sondern auch im Kontakt mit anderen. Wie spricht man über einen Tod, der so viele offene Fragen zurücklässt? Wie erzählt man von einem Verlust, der gesellschaftlich noch immer stark tabuisiert ist?

Die Folge ist oft Rückzug. Viele Hinterbliebene erleben, dass sie nicht wissen, wie sie sich gegenüber anderen verhalten sollen - und dass andere ebenso ratlos sind im Umgang mit ihnen. Gespräche werden vermieden, Nachfragen bleiben aus, Begegnungen werden seltener. So entsteht ein Zustand sozialer Isolation, gerade in einer Zeit, in der Unterstützung besonders notwendig wäre. Freundschaften zerbrechen, familiäre Bande lockern sich, Kolleg:innen und Nachbar:innen ziehen sich zurück. Was bleibt, ist ein schmerzhaftes Gefühl des Alleinseins inmitten einer komplexen Gefühlslandschaft aus Trauer, Schuld, Wut und Sehnsucht.

In manchen Fällen, etwa wenn ein Suizid am Ende einer langen, schweren Krankheit steht, wird dieser Schritt weniger streng bewertet. Dann erscheint er aus Sicht des Umfelds nicht als destruktiver Akt, sondern als Ausdruck von Selbstbestimmung - als eine Erlösung von Leiden. Doch auch in solchen Situationen bleibt der emotionale Konflikt bestehen: Die Frage nach dem „Warum" lässt sich selten eindeutig beantworten. Und auch wenn Verständnis vorhanden ist, bleibt oft eine innere Leerstelle zurück.

Trauernde, die mit einem Suizid leben müssen, stehen vor einer doppelten Herausforderung. Neben den klassischen Aufgaben des Trauerns - das Begreifen des Verlusts, das Akzeptieren der veränderten Wirklichkeit, die Neuorientierung im Alltag - kommt die Aufgabe hinzu, mit offenen Fragen leben zu lernen. Es wird nicht auf alles eine Antwort geben. Manche Gründe bleiben im Dunkeln, manche Abschiede unverständlich.

Wer trauert, muss lernen, das Nicht-Wissen auszuhalten - ein Prozess, der oft lange dauert und große innere Reife erfordert.

Darüber hinaus ist es eine tiefe seelische Aufgabe, die Freiheit des verstorbenen Menschen anzuerkennen - auch in der Entscheidung, das eigene Leben zu beenden. Das bedeutet nicht, diesen Schritt gutzuheißen oder ihn zu idealisieren. Es heißt vielmehr, die Verantwortung wieder dorthin zu geben, wo sie hingehört - zum Menschen, der diesen Weg gewählt hat. Für viele Hinterbliebene ist das ein schmerzhafter, aber letztlich befreiender Schritt: zu erkennen, dass Liebe allein nicht ausreicht, um einen anderen Menschen vor sich selbst zu retten.

Suizid ist kein Thema, das sich einfach einordnen lässt. Jeder Mensch, der sich das Leben nimmt, hat dafür seine eigenen Gründe, seine eigene Geschichte, sein eigenes inneres Ringen. Trauernde stehen oft am Rand dieser Geschichte, ohne den Zugang zu ihren letzten Kapiteln zu haben. Deshalb brauchen sie nicht nur Mitgefühl, sondern vor allem Verständnis und Begleitung - ohne Urteil, ohne schnelle Antworten, aber mit der Bereitschaft, gemeinsam mit ihnen durch dieses dunkle Tal zu gehen.

Für Trauerbegleiter:innen stellt die Arbeit mit Hinterbliebenen nach einem Suizid eine besonders anspruchsvolle Aufgabe dar. Sie bewegt sich in einem Spannungsfeld zwischen tiefer Betroffenheit, komplexen Emotionen und oftmals sprachloser Umgebung. Menschen, die durch Suizid einen nahestehenden Menschen verloren haben, brauchen eine besondere Form von Begleitung - eine, die Sicherheit gibt, ohne zu werten, die Raum lässt, ohne ins Leere zu führen, und die aushält, was nicht aufzulösen ist.

Ein zentraler Punkt in der Begleitung ist die Haltung des Nicht-Wissens. Hinterbliebene sind oft von der Frage „Warum?" wie gelähmt. Sie kreisen um letzte Gespräche, letzte Nachrichten, letzte Blicke. Es ist wichtig, ihnen zu signalisieren: Es ist in Ordnung, keine Antworten zu haben. Nicht alles ist verstehbar - und nicht alles muss verstanden werden, um weiterleben zu können. Die Erlaubnis, in der Unsicherheit zu bleiben, kann heilsamer sein als jeder Erklärungsversuch. Trauerbegleiter:innen sollten auch die sprachlosen Gefühle benennen dürfen: Scham, Wut, Enttäuschung, Schuld. Oft schwingen diese Emotionen mit, werden aber nicht offen ausgesprochen - aus Angst, den Verstorbenen zu verraten oder sich selbst zu entblößen. Wenn ein sicherer Raum geschaffen wird, in dem auch ambivalente Gefühle Platz haben dürfen, kann das eine große Erleichterung für die Betroffenen sein. Die einfache Frage „Darf ich fragen, ob auch Wut da ist?" kann hier Türen öffnen, ohne zu verletzen.

Ein weiterer zentraler Aspekt ist der Umgang mit Schuldgefühlen. Hier hilft kein vorschnelles „Sie tragen keine Schuld!", sondern eine behutsame, gemeinsame Annäherung an das komplexe Geflecht von Verantwortung, Ohnmacht und Selbstschutz. Schuldgefühle sind ein Ausdruck der tiefen Bindung, die zum Verstorbenen bestand - und manchmal auch Ausdruck des Wunsches, rückwirkend doch noch Einfluss gehabt zu haben. Dies zu würdigen, ohne es zu verstärken, ist eine der feinsten Aufgaben in der Begleitung.

Wichtig ist auch die soziale Dimension: Viele Hinterbliebene ziehen sich zurück, erleben Ausgrenzung oder Unsicherheit im Umfeld. Hier können Trauerbegleiter:innen Mut machen, neue Brücken zu bauen - sei es durch gemeinsame Erinnerungsrituale, durch angeleitete Trauergruppen mit ähnlich Betroffenen oder durch kleine Schritte der Rückkehr in den Alltag. Auch das Einüben von Worten kann hilfreich sein: „Was kann ich sagen, wenn mich jemand fragt, wie er oder sie gestorben ist?" Solche konkreten Unterstützungen geben Halt in Situationen, die sonst überfordern.

Wenn Kinder oder Jugendliche betroffen sind - sei es als Hinterbliebene oder als Teil der Familie -, ist besondere Achtsamkeit gefragt. Altersgerechte Sprache, ritualisierte Formen der Erinnerung, das Ermöglichen von Fragen ohne Tabu sind hier besonders wichtig. Kinder dürfen traurig, wütend, verwirrt oder erleichtert sein - alles ist erlaubt. Ihre Trauer zeigt sich oft anders als bei Erwachsenen und braucht eigene Ausdrucksformen.

Nicht zuletzt gilt: Begleitung nach Suizid braucht Zeit. Der Trauerprozess ist oft lang, wellenförmig und voller Rückschritte. Begleiter:innen sollten nicht auf Abschlüsse drängen, sondern geduldig dabei bleiben - auch dann, wenn sich lange scheinbar nichts verändert. Das bloße Dasein, das mitfühlende Zuhören, das Verlässlichsein - all das hat in der Begleitung oft mehr Wirkung als jedes kluge Wort. Trauer nach Suizid ist anders - nicht besser, nicht schlechter, aber anders. Sie fordert uns heraus, zu bleiben, wo andere schweigen. Sie verlangt von uns, Ohnmacht auszuhalten, ohne in Hilflosigkeit zu verfallen. Und sie erinnert uns daran, dass Mitgefühl nicht darin besteht, alles erklären zu wollen - sondern darin, einen Menschen durch seine dunkelsten Stunden hindurch zu begleiten, mit offenem Herzen und wachem Geist.

Besonderheiten bei Verlust eines Kindes

Der Verlust eines Kindes gehört zu den erschütterndsten Erfahrungen, die ein Mensch durchleben kann. Es ist ein Schmerz, der an die Grundfesten des Lebens rührt - ein Riss im Gewebe der Zeit, der die natürliche Ordnung umkehrt. Wenn ein Kind stirbt, stirbt auch ein Teil der Zukunft. Die Hoffnung, die Sehnsucht, die Vorstellungen von einem gemeinsamen Weg - all das zerbricht in einem Moment, der so oft sprachlos macht. Die Welt steht still, und viele Eltern fühlen sich, als hätte ihnen das Leben seinen Sinn entzogen.

Die Bindung zwischen Mutter und Kind beginnt nicht erst mit der Geburt. Sie wächst bereits während der Schwangerschaft, oft schon mit dem ersten positiven Test, mit dem ersten Herzschlag, dem ersten Tritt im Bauch. Wenn es dann zu einem frühen Verlust kommt - sei es durch eine Fehlgeburt, eine Totgeburt oder den Tod eines Neugeborenen -, ist der Schmerz oft unsichtbar für das Umfeld. Denn das Kind war noch „nicht richtig da", „noch nicht Teil der Welt", „kaum gelebt". Solche Sätze hören trauernde Eltern viel zu häufig - und sie wirken wie Schläge. Denn das, was fehlt, ist real. Es war bereits geliebt, ersehnt, erwartet. Der Tod eines Kindes, das kaum gelebt hat, löscht nicht die Liebe, die ihm galt.

Besonders schwierig ist die Trauer nach einem Schwangerschaftsabbruch - unabhängig davon, ob er medizinisch notwendig war oder auf Entscheidung der Eltern zurückgeht. Viele Frauen, die einen solchen Eingriff hinter sich haben, erleben im Nachhinein eine tiefe, oft versteckte Trauer. Doch statt Mitgefühl erfahren sie Schweigen, Unverständnis oder gar Verurteilung. Schuldgefühle, Scham und innere Zerrissenheit erschweren die Verarbeitung. Nicht selten gestehen sie sich die Trauer selbst nicht zu - und verhindern damit auch, dass andere, etwa der Partner oder die Familie, offen trauern dürfen. So wird aus dem Verlust ein stilles Leid, das in der Tiefe weiterwirkt, aber keinen Platz im öffentlichen oder familiären Raum bekommt.

Wenn über Gefühle nicht gesprochen wird, können sie sich nicht wandeln. Sie bleiben starr, eingefroren im Moment des Schocks, der Entscheidung, des Verlusts. Viele Frauen berichten, dass sie sich über Jahre hinweg innerlich nicht lösen können von dem Kind, das nicht geboren wurde oder früh gestorben ist. Diese gebundene Trauer kann sich in Schuld, Selbstzweifeln, Angst oder Beziehungskonflikten ausdrücken - und sie verlangt nach einem Raum, in dem sie behutsam wahrgenommen und begleitet werden darf.

Auch die Väter werden in der Trauer oft übersehen. Ihre Gefühle sind seltener Thema, ihr Schmerz bleibt vielfach im Schatten. Während die Mutter im Zentrum der Aufmerksamkeit steht - medizinisch wie emotional -, wird der Vater schnell zum „Begleiter". Wenn er weint, schweigt er oft - weil er funktionieren will, weil er glaubt, stark sein zu müssen, weil es keinen Raum für seine Tränen gibt. Die Umwelt begegnet ihm nicht selten mit gut gemeinten, aber hilflosen Sätzen wie: „Ihr könnt ja noch ein Kind bekommen" oder „Ihr seid ja noch jung". Solche Worte trösten nicht - sie verkleinern den Schmerz. Und sie lassen den Vater allein mit dem Gefühl, dass seine Trauer nicht zählt.

Verwaiste Eltern - unabhängig davon, ob das Kind noch sehr jung war oder schon erwachsen - geraten oft in eine tiefe existenzielle Krise. Das Fundament des Lebens scheint erschüttert. Der Alltag wirkt fremd, sinnlos, leer. Viele berichten, dass sie das Gefühl haben, nicht mehr atmen zu können, dass sie in einem Nebel leben, abgetrennt von der Welt. Die Sorge um weitere Kinder, die Verantwortung für Geschwisterkinder, die Belastung der Partnerschaft - all das kommt zur Trauer hinzu. Schuld- und Versagensgefühle sind häufig: „Hätte ich etwas anders machen können?", „Habe ich mein Kind genug geschützt?", „Bin ich eine schlechte Mutter, ein schlechter Vater?"

Nicht selten zerbrechen Beziehungen an dieser Belastung. Unterschiedliche Trauerverläufe, unterschiedliche Bedürfnisse, Sprachlosigkeit oder das Gefühl, einander nicht mehr zu erreichen - all das kann zur Entfremdung führen. Was zuvor verbunden hat, scheint nun zu trennen. Auch das sexuelle oder körperliche Zusammensein kann belastet sein - zu groß ist die Angst, erneut zu verlieren, zu tief das Gefühl, versagt zu haben.

Der Umgang mit verwaisten Eltern verlangt daher besondere Achtsamkeit. Es braucht keine großen Worte, keine fertigen Antworten, sondern Präsenz. Da sein. Aushalten. Zuhören. Und, wenn gewünscht, ganz praktische Unterstützung im Alltag anbieten: Hilfe bei Behördengängen, Kinderbetreuung, Mitkochen, Begleitung zu Terminen. Oft sind es die kleinen Gesten, die den größten Unterschied machen - ein offenes Ohr, ein Spaziergang, ein ehrlicher Blick, der nicht ausweicht.

Trauer nach dem Verlust eines Kindes kennt keine Frist. Sie verläuft nicht linear, lässt sich nicht abkürzen. Sie kommt in Wellen, manchmal jahrelang, manchmal ein Leben lang. Aber sie kann sich wandeln, wenn sie Raum bekommt. Wenn sie nicht versteckt, verdrängt oder bewertet wird. Wenn das Kind, das gegangen ist, einen Platz behalten darf - in der Erinnerung, im Herzen, im Leben der Familie.

Der Name eines verstorbenen Kindes darf ausgesprochen werden. Die Geschichte, die nicht zu Ende erzählt werden konnte, darf gewürdigt werden. Und die Liebe, die geblieben ist, darf weiter Ausdruck finden. Denn kein Kind ist je „zu klein, um betrauert zu werden". Jeder Verlust ist echt. Jeder Schmerz verdient Mitgefühl. Und jede Familie, die ein Kind verloren hat, verdient es, mit größter Zartheit begleitet zu werden.

Die Begleitung von Eltern, die ein Kind verloren haben, gehört zu den sensibelsten Aufgaben in der Trauerarbeit. Sie verlangt tiefes Mitgefühl, fachliche Kompetenz und die Fähigkeit, Widersprüche und Sprachlosigkeit auszuhalten. Denn oft stehen verwaiste Eltern in einem Spannungsfeld zwischen dem Wunsch nach Rückzug und dem Bedürfnis nach Nähe, zwischen Sprachlosigkeit und dem Drang, das Geschehene zu erzählen - immer wieder, immer neu, immer schmerzlich. Wer begleitet, muss sich auf diesen Prozess einlassen können, ohne zu werten, ohne zu drängen, ohne vorschnelle Trostversuche.

Ein erster und entscheidender Schritt ist das bewusste Anerkennen des Verlustes - unabhängig davon, wie alt das verstorbene Kind war oder in welchem Stadium der Schwangerschaft es starb. Für die Eltern ist dieses Kind real. Es hatte einen Namen, einen Platz in ihrer Vorstellung, in ihrem Herzen, in ihrer Zukunft. Es verdient es, beim Namen genannt zu werden. Oft hilft die einfache Frage: „Darf ich fragen, wie Ihr Kind hieß?" - ein Satz, der so viel Raum öffnet für Würde, Erinnerung und Nähe.

Trauerbegleiter:innen sollten auch bewusst auf Väter eingehen, die häufig übersehen werden. Ein Gesprächsangebot nur an die Mutter kann ungewollt signalisieren, dass der Schmerz des Vaters weniger zählt. Dabei leiden viele Männer ebenso tief - sie zeigen es nur oft auf andere Weise. Gruppenangebote oder Einzelgespräche speziell für trauernde Väter können einen wertvollen Rahmen bieten, in dem auch ihre Gefühle Platz haben. Es ist wichtig, Rollenbilder und Erwartungen zu hinterfragen und Raum für unterschiedliche Trauerwege zu schaffen.

In der Begleitung von Eltern ist es hilfreich, keine Bewertungen vorzunehmen: Manche möchten viel über ihr verstorbenes Kind sprechen, andere brauchen lange, bis sie Worte finden. Manche suchen Halt in Ritualen, andere im Austausch mit Gleichbetroffenen, wieder andere ziehen sich zurück. Jede Reaktion ist Ausdruck eines individuellen Trauerprozesses. Ziel der Begleitung ist es nicht, diesen Prozess zu steuern, sondern ihn achtsam zu begleiten - mit Offenheit, Geduld und einer verlässlichen Präsenz.

Besonders wertvoll ist die Verbindung zu Trauergruppen oder Netzwerken für verwaiste Eltern. Hier können Betroffene erleben, dass sie nicht allein sind. Sie begegnen anderen, die ähnliche Erfahrungen gemacht haben - und oft entsteht daraus ein Raum des gegenseitigen Verstehens, der durch Worte allein nicht geschaffen werden kann. Die Erkenntnis, dass andere Eltern über Jahre hinweg ähnliche Gefühle, Gedanken oder körperliche Symptome erlebt haben, wirkt oft entlastend und stärkend zugleich.

Rituale können helfen, dem Unsagbaren Ausdruck zu verleihen. Das Anzünden einer Kerze, das Schreiben eines Briefs an das verstorbene Kind, das Gestalten eines Erinnerungsbuchs oder das Pflanzen eines Baumes - all das kann dazu beitragen, dass das Kind seinen Platz behält, auch wenn es nicht mehr da ist. Es ist auch hilfreich, Eltern zu ermutigen, eigene, ganz persönliche Abschiedsrituale zu entwickeln, die ihrer Situation und ihrem inneren Erleben entsprechen.

Trauer ist auch körperlich. Viele verwaiste Mütter berichten von einem „leeren Körpergefühl", von Milchfluss ohne Kind, von körperlichen Schmerzen. Trauerbegleiter:innen sollten auf diese Dimensionen achten und gegebenenfalls weiterführende Hilfe vermitteln - etwa in der psychosomatischen Begleitung, der Körpertherapie oder im Rahmen einer stillen Geburt durch Hebammen oder Doula-Begleitung. Auch hier gilt: Jedes Gespräch, jede Berührung, jede Geste sollte achtsam und respektvoll geschehen.

Nicht zuletzt: Der Weg mit verwaisten Eltern ist oft ein langer. Es gibt kein „nach vorne schauen" auf Knopfdruck. Das Leben nach dem Tod eines Kindes wird nie mehr wie zuvor - aber es kann sich wieder weiten, entfalten, wandeln. In diesem sensiblen Prozess kann Begleitung wie ein tragendes Netz wirken. Nicht, weil sie Lösungen bietet, sondern weil sie Halt gibt - leise, stark und mit offenem Herzen.

Suizidalität und Suizid

Suizidalität gehört zu den schwierigsten und sensibelsten Themen in der psychosozialen Krisenintervention. Der Gedanke an den eigenen Tod, das Empfinden, nicht mehr leben zu wollen, oder konkrete Suizidpläne sind keine Randerscheinungen psychischer Erkrankungen, sondern können in jeder Lebensphase und in unterschiedlichsten Lebenslagen auftreten. Der Begriff Suizid entstammt dem Lateinischen - *sui* bedeutet „seiner" und *caedere* "töten". Es geht also wörtlich um das Töten seiner selbst. Dieser sprachliche Ursprung macht deutlich, dass Suizid mehr ist als nur ein Akt des Sterbens - es ist ein Akt des Eingreifens in das eigene Leben mit der Absicht, es zu beenden. Diese bewusste Handlung unterscheidet Suizid klar von einem natürlichen Tod oder einem Unfall.

Die Motive hinter suizidalen Gedanken oder Handlungen sind vielschichtig und individuell. Dennoch lassen sich bestimmte Muster und Risikogruppen erkennen. Besonders auffällig ist die Verteilung über das Lebensalter hinweg. Während Kindersuizide in Österreich bisher statistisch kaum erfasst sind - wohl auch, weil sie von den zuständigen Stellen häufig als Unfälle eingeordnet werden -, zeigt sich ab dem Jugendalter ein deutlich anderes Bild. In der Altersgruppe der 15- bis 29-Jährigen ist Suizid bereits die zweithäufigste Todesursache. Das ist ein alarmierendes Signal für Gesellschaft, Schule, Elternhaus und das gesamte psychosoziale Hilfesystem. Junge Menschen, die eigentlich am Beginn ihres Lebens stehen, sehen für sich keinen anderen Ausweg mehr. Diese Tatsache verpflichtet uns, hinzusehen, zuzuhören und nicht zu bagatellisieren.

Im weiteren Lebensverlauf nimmt die Suizidrate kontinuierlich zu. Ihren traurigen Höhepunkt erreicht sie in der Altersgruppe der 45- bis 59-Jährigen. Fast ein Drittel aller Suizide in Österreich fällt auf diese Altersgruppe. Hier bündeln sich häufig Belastungen durch berufliche Krisen, familiäre Konflikte, chronische Erkrankungen oder die Erfahrung von Einsamkeit und Sinnverlust. Gerade in dieser Phase des Lebens werden Menschen oft mit der Kluft zwischen eigenen Erwartungen und der Realität konfrontiert - sei es im Beruf, in der Partnerschaft oder im Blick auf die eigene Gesundheit. Wenn dann noch psychische Erkrankungen hinzukommen, entsteht schnell eine gefährliche Gemengelage.

Auffällig ist auch das deutliche Geschlechtergefälle. Männer begehen deutlich häufiger Suizid als Frauen - je nach Erhebung liegt das Verhältnis bei etwa zwei- bis dreimal so vielen männlichen Todesfällen. Diese Diskrepanz ist nicht allein biologisch erklärbar, sondern spiegelt auch gesellschaftliche und kulturelle Faktoren wider. Männer sprechen seltener über ihre seelische Not, suchen sich seltener professionelle Hilfe und greifen in suizidalen Krisen häufiger zu tödlicheren Methoden. Besonders dramatisch ist der Anstieg der Suizidraten bei Männern über 80 Jahre. Hier kumulieren Einsamkeit, körperliche Gebrechen, das Erleben von Verlusten und das Gefühl, „nicht mehr gebraucht zu werden". Gerade in dieser Altersgruppe besteht die Gefahr, dass suizidale Signale übersehen oder als „natürliches Lebensende" fehlinterpretiert werden.

Doch Suizidalität beginnt nicht erst mit dem konkreten Suizidversuch. Vielmehr handelt es sich meist um einen Prozess, der über Wochen, Monate oder sogar Jahre verlaufen kann. Erste Anzeichen wie Rückzug, Hoffnungslosigkeit, Schlafstörungen, diffuse Todeswünsche oder das Äußern von Sinnlosigkeit sollten ernst genommen werden. Suizidale Krisen sind oft Ausdruck einer tiefen inneren Erschöpfung, eines Leidensdrucks, der als unerträglich erlebt wird. Dabei geht es nicht zwangsläufig um den Wunsch zu sterben, sondern oft vielmehr um das Bedürfnis, dem seelischen Schmerz zu entkommen. In vielen Fällen ist Suizid der letzte Versuch, Kontrolle über eine als unkontrollierbar empfundene Situation zu gewinnen.

Ein zentraler Aspekt in der psychosozialen Krisenbegleitung ist es daher, diesen Prozess zu erkennen, zu unterbrechen und Menschen wieder Perspektiven zu eröffnen. Es braucht eine hohe Sensibilität, fundiertes Wissen und die Bereitschaft, sich auch auf belastende Gespräche einzulassen. Suizidales Erleben ist nicht gleichbedeutend mit einer psychischen Krankheit, aber es ist fast immer ein Ausdruck tiefer innerer Not. In der Praxis stellt sich die Aufgabe, diese Not sichtbar zu machen, ohne zu pathologisieren, und gemeinsam nach Wegen zu suchen, wie es weitergehen kann. Dabei ist es nicht die Aufgabe von psychosozialen Berater:innen, suizidale Menschen zu retten - aber es ist ihre Aufgabe, einen Raum zu schaffen, in dem sich diese Menschen gesehen, verstanden und begleitet fühlen.

Die Auseinandersetzung mit Suizidalität verlangt viel - fachlich wie menschlich. Sie konfrontiert uns mit unserer eigenen Hilflosigkeit, mit existenziellen Fragen nach Sinn und Endlichkeit, mit gesellschaftlichen Tabus und mit den Grenzen unserer Einflussmöglichkeiten. Und dennoch ist sie unerlässlich. Denn jeder Suizid ist einer zu viel. Jeder Mensch, der in seiner Verzweiflung nicht gehört wird, ist ein stiller Appell an uns alle, genauer hinzuschauen, achtsamer zu sein und Wege aus der Isolation zu finden. Das beginnt bei der Prävention, führt über eine sensible Krisenintervention bis hin zur Nachsorge für Angehörige - und es endet nicht mit Statistiken, sondern mit der Haltung, dass jedes Leben zählt.

Mythen und Fakten zur Suizidalität

Die Entlarvung gängiger Mythen rund um Suizidalität ist ein wesentlicher Bestandteil jeder ernstzunehmenden suizidpräventiven Arbeit. Sie trägt nicht nur dazu bei, gefährliche Missverständnisse aufzulösen, sondern eröffnet auch Räume für einen offenen, respektvollen und empathischen Umgang mit Menschen, die sich in suizidalen Krisen befinden. Der Glaube, dass Menschen, die über Suizid sprechen, diesen nicht wirklich begehen, hält sich nach wie vor hartnäckig - trotz gegenteiliger wissenschaftlicher Erkenntnisse. Dabei ist bekannt, dass ein Großteil der Menschen, die letztlich einen Suizidversuch unternehmen oder ihr Leben tatsächlich beenden, ihre Absicht zuvor mehr oder weniger deutlich kommuniziert haben. Es handelt sich dabei keineswegs um dramatische Inszenierungen oder manipulative Spielchen, wie es Vorurteile nahelegen, sondern um einen verzweifelten Ruf nach Hilfe - ein „cry for help", das in der psychosozialen Arbeit unbedingt ernst genommen werden muss.

Wenn ein Mensch in einer solchen Situation den Mut aufbringt, sich mitzuteilen - sei es in Worten, in Andeutungen, in Gesten oder im Verhalten -, dann öffnet sich ein Zeitfenster für Intervention. In dieser Phase geht es nicht darum, Lösungen zu präsentieren oder sofortige Besserung zu erwarten. Es geht vielmehr darum, einen sicheren Raum anzubieten, der es der betroffenen Person erlaubt, das Unsagbare auszusprechen, ohne Angst vor Verurteilung, Zurückweisung oder Pathologisierung. Gerade das offene Gespräch kann in suizidalen Situationen lebensrettend wirken. Es entlastet, verbindet und durchbricht die innere Isolation, die so oft den Nährboden für Suizidgedanken bildet.

Eine weitere weitverbreitete Annahme besteht darin, Suizidversuche als Form der Erpressung zu interpretieren. Auch hier greift eine falsche Bewertung tief in die Wahrnehmung und den Umgang mit suizidalen Menschen ein. Ein Suizidversuch ist Ausdruck tiefster Verzweiflung, ein Handlungsimpuls in einer Situation, die subjektiv als ausweglos erlebt wird. Selbst wenn in solchen Momenten eine Erwartung an die Reaktion der Umwelt mitschwingt - etwa der Wunsch, gesehen, gehalten oder verstanden zu werden -, ist es fatal, diesen Ausdruck von Not mit einer rein manipulativen Absicht gleichzusetzen. Vielmehr verdeutlicht ein solcher Akt, wie dringlich das innere Anliegen ist, wie stark das Bedürfnis, gehört zu werden. Wer dies ignoriert oder abwertet, verschließt sich der Möglichkeit, die Ursachen der Krise zu verstehen und eine helfende Beziehung aufzubauen.

Auch die Vorstellung, dass Menschen nach einem Suizidversuch ein Leben lang gefährdet seien, wird durch wissenschaftliche Studien relativiert. Zwar ist das Risiko für einen weiteren Versuch besonders im ersten halben Jahr nach einem Suizidversuch erhöht - deshalb ist gerade in dieser Zeit intensive Begleitung und Nachsorge entscheidend. Doch langfristig gesehen handelt es sich in den meisten Fällen um ein einmaliges Ereignis. Viele Menschen, die eine suizidale Krise überstehen, erleben eine Neuorientierung, entdecken neue Lebensperspektiven oder entwickeln stärkere psychische Ressourcen. Sie sind nicht „für immer suizidgefährdet", sondern haben eine tiefe Grenzerfahrung gemacht, aus der auch

Entwicklung erwachsen kann - vorausgesetzt, es gelingt, diese Erfahrung behutsam zu integrieren und unterstützend zu begleiten.

Dass Suizide häufig im Rahmen akuter Krisen stattfinden, ist ebenso belegt wie die Tatsache, dass diese Krisen durch fachkundige Intervention in vielen Fällen abgewendet werden können. Das bedeutet nicht, dass jede Krise entschärft werden kann oder jede suizidale Absicht auflösbar ist. Aber es bedeutet, dass es Spielräume gibt - und diese zu nutzen, ist Aufgabe professioneller Helfer:innen. Krisen sind gekennzeichnet durch eine Einengung der Wahrnehmung, eine Reduktion von Denkoptionen und eine emotionale Überwältigung. In diesem Zustand erscheinen selbst triviale Herausforderungen unüberwindbar, und der Tod erscheint mitunter als letzter Ausweg. In solchen Momenten braucht es Menschen, die Orientierung geben, Halt vermitteln und das Vertrauen in eine mögliche Veränderung stärken.

Eine der folgenreichsten Fehlannahmen ist die Angst, durch das Ansprechen von Suizidgedanken die betreffende Person überhaupt erst auf die Idee zu bringen. Diese Angst ist tief verwurzelt - sowohl bei Angehörigen als auch bei Fachpersonen. Doch Studien und die Praxis zeigen eindeutig: Wer suizidale Menschen auf ihre Gedanken anspricht - ruhig, offen, ohne Druck -, löst damit keine suizidale Dynamik aus, sondern öffnet einen Kanal der Verständigung. Betroffene berichten oft, dass sie sich zum ersten Mal ernst genommen fühlten, wenn jemand den Mut aufbrachte, die Frage direkt zu stellen. Die Konfrontation mit suizidalen Gedanken ist kein Tabubruch, sondern ein Zeichen von Verbundenheit, Respekt und professioneller Fürsorge.

Dass Suizidgedanken zum menschlichen Erleben dazugehören können, wird in der gesellschaftlichen Debatte noch immer zu wenig berücksichtigt. Viele Menschen machen im Laufe ihres Lebens Phasen durch, in denen sie über die Endlichkeit des Lebens, über Sinnverlust oder über mögliche Auswege aus schmerzhaften Situationen nachdenken - auch über den Tod. Diese Gedanken sind nicht per se krankhaft, sondern Ausdruck existenzieller Auseinandersetzung. Der Unterschied liegt in der

Intensität, der Dauer, der inneren Dringlichkeit und vor allem in der erlebten Ausweglosigkeit. Wer sich mit Suizid beschäftigt, tut das nicht, weil er schwach ist, sondern weil er leidet. Dieses Leid zu erkennen und anzuerkennen, ist ein erster Schritt zur Hilfe.

Die irrige Annahme, dass Feiertage wie Weihnachten Hochzeiten für Suizide seien, hält sich ebenfalls hartnäckig. Statistische Auswertungen zeigen ein anderes Bild: Die höchsten Suizidraten werden nicht an den Feiertagen selbst verzeichnet, sondern im Frühjahr - vor allem im März und April - sowie im Spätherbst. Der Anstieg im Frühjahr könnte mit einem paradoxen psychologischen Mechanismus zusammenhängen: Während die Umgebung aufblüht, steigt bei depressiv gestimmten Menschen das Gefühl der Fremdheit und der Isolation. Auch das Licht, das eigentlich Hoffnung bringen könnte, legt schmerzliche innere Widersprüche offen. Hinzu kommt: Nach Feiertagen, wenn soziale Erwartungen hoch waren und das Erleben von Einsamkeit besonders schmerzhaft sein kann, häufen sich emotionale Zusammenbrüche und akute Krisen. Diese Zeitfenster gilt es besonders im Auge zu behalten.

In der psychosozialen Krisenintervention bedeutet dies, aufmerksam für subtile Signale zu sein. Nicht alle Menschen sprechen offen über ihren Wunsch zu sterben. Manche tun es in Andeutungen, im Rückzug, in resignierten Aussagen, im plötzlichen Verlust an Interesse, in plötzlicher Erleichterung nach langem Leiden - all das können Hinweise auf eine suizidale Dynamik sein. Die Fähigkeit, diese Signale zu erkennen, sie zu benennen und behutsam in einen Dialog zu bringen, gehört zu den wichtigsten Kompetenzen im Krisenmanagement. Hierbei ist weniger entscheidend, wie perfekt eine Formulierung ist - viel entscheidender ist die innere Haltung: Empathie, Präsenz, Echtheit, Offenheit. Wer so einem Menschen begegnet, kann eine Brücke schlagen - zurück zum Leben.

Suizide in Österreich in Zahlen

Die aktuellen Zahlen zur Suizidalität in Österreich geben Anlass zur Sorge - und sie machen deutlich, wie wichtig kontinuierliche Präventionsarbeit und ein enttabuisierender Umgang mit diesem sensiblen Thema sind. Im Jahr 2023 nahmen sich insgesamt 1.212 Menschen in Österreich das Leben. Dabei zeigt sich ein deutliches Geschlechtergefälle: 973 der Suizidtoten waren Männer, 239 Frauen. Das entspricht einem Verhältnis von etwa 4:1 und verdeutlicht einmal mehr, dass Männer - insbesondere in späteren Lebensphasen - eine besonders vulnerable Gruppe darstellen.
Ein Blick auf die Altersverteilung bestätigt diese Beobachtung. Zwar zieht sich Suizidalität durch alle Lebensphasen, doch das Risiko steigt mit zunehmendem Alter erheblich an. Besonders betroffen sind ältere Männer: In der Altersgruppe der 75- bis 79-Jährigen ist das Suizidrisiko beinahe zweieinhalbmal so hoch wie im Bevölkerungsdurchschnitt. Ab dem 85. Lebensjahr vervielfacht sich diese Rate sogar auf mehr als das Fünfeinhalbfache. Diese Zahlen machen deutlich, dass Suizid keineswegs nur ein Thema der Jugend oder des mittleren Lebensalters ist, sondern auch eine stille Tragödie im hohen Alter darstellt - oft begleitet von Einsamkeit, Krankheit, dem Verlust von Lebenssinn oder Autonomie.

Auch regional lassen sich Unterschiede feststellen: Die höchsten Suizidraten wurden in den Bundesländern Kärnten und Steiermark verzeichnet. Vergleichsweise niedrige Zahlen zeigen sich hingegen im Burgenland und in Wien. Die Ursachen für diese regionalen Unterschiede sind vielfältig und reichen von sozioökonomischen Faktoren über Unterschiede in der psychiatrischen und psychosozialen Versorgung bis hin zu kulturellen Unterschieden im Umgang mit psychischer Gesundheit.

Ein langfristiger Vergleich zeigt jedoch auch eine positive Entwicklung: Seit den 1980er-Jahren ist ein kontinuierlicher Rückgang der Suizidraten in Österreich zu beobachten. Der traurige Höchststand wurde im Jahr 1986 mit 2.139 Suiziden erreicht. Im Vergleich dazu haben sich die Zahlen bis 2023 um rund 58 Prozent reduziert. Diese Entwicklung ist unter anderem auf den Ausbau psychosozialer Versorgungsstrukturen, auf verstärkte Aufklärungsarbeit und nicht zuletzt auf eine verbesserte öffentliche Wahrnehmung psychischer Gesundheit zurückzuführen. Dennoch bleibt die Zahl von über 1.200 Suiziden pro Jahr erschütternd - und sie mahnt zur Wachsamkeit und zur weiteren Stärkung suizidpräventiver Maßnahmen.

Ein relativ neuer Aspekt in der statistischen Erfassung ist der assistierte Suizid. Seit einer gesetzlichen Neuregelung im Jahr 2022 ist es in Österreich möglich, unter klar definierten Bedingungen einen assistierten Suizid durchzuführen. Diese Form des selbstbestimmten Sterbens wird seither gesondert in der Todesursachenstatistik erfasst. Im Jahr 2023 wurden 54 solcher Fälle registriert. Diese Entwicklung wirft neue ethische, gesellschaftliche und professionelle Fragestellungen auf, etwa in Bezug auf die Abgrenzung zwischen freier Entscheidung und suizidaler Verzweiflung, auf die Rolle von beratenden Stellen und auf die Schutzmechanismen für vulnerable Gruppen.

Insgesamt zeigen die aktuellen Daten, wie komplex und vielschichtig das Thema Suizid ist. Es betrifft nicht nur individuelle Lebensschicksale, sondern spiegelt auch gesellschaftliche Entwicklungen wider. Insbesondere die hohe Betroffenheit älterer Männer unterstreicht die Notwendigkeit gezielter Maßnahmen, die über klassische Präventionsarbeit hinausgehen. Es braucht nicht nur professionelle Angebote, sondern auch eine Kultur der Offenheit, des Hinschauens und der gegenseitigen Unterstützung - damit aus stummer Verzweiflung wieder hörbare Hoffnung werden kann.

Statistik der Suizid- und Verkehrstodesfälle in Österreich bis zum Jahr 2023:[1]

Jahr	Suizidtote	Verkehrstote
1970	1789	2507
1971	1694	2782
1972	1745	2948
1973	1651	2765
1974	1784	2499
1975	1813	2467
1976	1704	2131
1977	1827	2091
1978	1862	2112
1979	1882	2129
1980	1932	1951
1981	2032	1898
1982	2027	1883
1983	2041	1967
1984	2028	1814
1985	2091	1524
1986	2139	1495
1987	2069	1467
1988	1851	1620

[1] Quellen: Suizidstatistik: BM für Soziales und Gesundheit, Verkehrstotenstatistik: Statistik Austria

1989	1898	1570
1990	1825	1558
1991	1769	1551
1992	1759	1403
1993	1704	1283
1994	1776	1338
1995	1788	1210
1996	1779	1027
1997	1592	1105
1998	1559	963
1999	1555	1079
2000	1588	976
2001	1489	958
2002	1553	956
2003	1456	931
2004	1422	878
2005	1399	768
2006	1297	730
2007	1285	691
2008	1267	679
2009	1278	633
2010	1264	552
2011	1288	523
2012	1276	531

2013	1291	455
2014	1314	430
2015	1251	475
2016	1204	427
2017	1224	413
2018	1209	400
2019	1268	416
2020	1072	344
2021	1128	362
2022	1310	370
2023	1212	402

Diese Daten verdeutlichen den langfristigen Rückgang sowohl der Suizid- als auch der Verkehrstodesfälle in Österreich. Während in den 1970er-Jahren die Zahl der Verkehrstoten deutlich höher war als die der Suizidtoten, hat sich dieses Verhältnis im Laufe der Jahrzehnte umgekehrt. Insbesondere die kontinuierliche Abnahme der Verkehrstoten ist ein Indikator für erfolgreiche Maßnahmen im Bereich der Verkehrssicherheit.

Dennoch bleibt die Prävention von Suiziden eine zentrale gesundheitspolitische Herausforderung, die weiterhin intensive Aufmerksamkeit und gezielte Maßnahmen erfordert.

Kategorisierung von Suiziden

Suizid ist niemals eindimensional. Hinter der Entscheidung, das eigene Leben zu beenden, stehen oft komplexe Prozesse, vielfältige Motive und unterschiedliche persönliche Hintergründe. In der professionellen Auseinandersetzung mit Suizidalität hat sich deshalb eine funktionale Einteilung verschiedener Suizidtypen etabliert, die helfen kann, das Erleben der Betroffenen besser zu verstehen und angemessene Interventionsmöglichkeiten abzuleiten. Diese Einteilung ersetzt keine individuelle Diagnostik, aber sie bietet Orientierung in der Vielfalt suizidaler Beweggründe.

Ein häufig genannter Typ ist der sogenannte **Bilanzsuizid**. Hier steht eine scheinbar rationale Entscheidung im Vordergrund. Menschen, die zu dieser Form des Suizids tendieren, bewerten ihre Lebenssituation als dauerhaft aussichtslos. Sie sehen keinen Sinn mehr in ihrem Dasein - nicht aus einem impulsiven Affekt heraus, sondern nach langer, oft nüchterner Abwägung. Besonders häufig tritt diese Form bei älteren Menschen auf, die mit dem Verlust körperlicher Autonomie, mit chronischen Erkrankungen oder mit dem Gefühl sozialer Entwurzelung konfrontiert sind. Der Bilanzsuizid geschieht oft leise, geplant und ohne vorherige Ankündigung. Gerade diese Unauffälligkeit macht ihn für das Umfeld schwer erkennbar - und für Helfer:innen eine besondere Herausforderung. Die betroffene Person wirkt oft ruhig, gefasst, ja beinahe versöhnt mit ihrer Entscheidung - was im professionellen Kontext nicht mit Stabilisierung verwechselt werden darf.

Daneben gibt es den **Suizid als Folge psychischer Erkrankungen**, insbesondere im Zusammenhang mit schweren depressiven Episoden, bipolaren Störungen, Psychosen oder Persönlichkeitsstörungen. Hier ist der Suizid nicht Ausdruck einer klaren Entscheidung, sondern das Ergebnis einer Krankheitssymptomatik. In depressiven Zuständen ist der Blick der Betroffenen eingeengt, die Wahrnehmung verzerrt, die Hoffnung wie ausgelöscht. Gefühle von Schuld, Wertlosigkeit und innerer Leere überlagern alles andere. Der Gedanke an den Tod erscheint nicht selten als einzige

Möglichkeit, diesem inneren Leid zu entkommen. Die suizidale Handlung ist in diesem Fall Ausdruck tiefster seelischer Erschöpfung - und nicht selten begleitet von dem Glauben, für andere Menschen eine Belastung zu sein. Professionelle Hilfe ist hier besonders wichtig, da Betroffene in diesem Zustand oft nicht aus eigener Kraft heraus Veränderungen herbeiführen können.

Ein drittes Motiv zeigt sich im **sozialkonfliktären Suizid**. Hier stehen zwischenmenschliche Spannungen, Kränkungen oder Verluste im Vordergrund. Der Suizid hat oft Appellcharakter: Er richtet sich - bewusst oder unbewusst - an das soziale Umfeld. Es geht nicht allein um das Ende des Lebens, sondern auch um das Bedürfnis, gesehen zu werden, eine Reaktion zu erzeugen, vielleicht sogar Reue zu provozieren. Beispiele hierfür sind Suizide im Zusammenhang mit Trennungen, familiären Konflikten, Mobbing oder sozialer Ausgrenzung. Gerade junge Menschen sind hierfür anfällig, da ihr Selbstbild oft noch stark vom sozialen Echo abhängt. Der sozialkonfliktäre Suizid ist nicht zu verwechseln mit einem „Erpressungsversuch", wie es manche stigmatisierende Zuschreibung suggerieren mag. Vielmehr handelt es sich um eine existentielle Form des Ausdrucks - ein letzter Versuch, durch eine dramatische Handlung Beziehung zu gestalten, zu beeinflussen oder zu beenden.

Eine weitere Kategorie ist der **salvatorische Suizidversuch**. Hier geht es weniger um das Ende des Lebens als um eine Flucht aus der akuten Belastungssituation. Die betroffene Person sucht eine Pause, eine Unterbrechung des Schmerzes, eine Möglichkeit zur Beruhigung. Der Wunsch nach Ruhe steht im Vordergrund, nicht der Tod selbst. Häufig werden in solchen Fällen Medikamente wie Schlafmittel eingenommen - nicht selten in der Hoffnung, „einfach nicht mehr aufzuwachen". Diese Form der Suizidalität ist oft ambivalent und lässt sich bei entsprechender Intervention gut erreichen. Sie bietet Raum für Therapie, für Entlastung, für neue Perspektiven - wenn das Angebot rechtzeitig und verständnisvoll erfolgt.

Schließlich ist der **öffentliche Suizid** eine besonders dramatische Form, bei der der Appellcharakter deutlich im Vordergrund steht. Menschen, die sich an öffentlichen Orten das Leben nehmen oder dies androhen, bringen damit nicht nur ihre Verzweiflung zum Ausdruck, sondern auch ein starkes Bedürfnis nach Wahrnehmung und Einfluss. Diese Form ist häufig mit innerer Überforderung, starken Emotionen und einem Gefühl der Ohnmacht verbunden. Der öffentliche Rahmen - etwa ein Sprung von einer Brücke oder eine Aktion auf einem belebten Platz - richtet sich nicht allein an das direkte Umfeld, sondern an die Gesellschaft insgesamt. Sie fordert Aufmerksamkeit ein - für das Leid, das Ungehörte, das Unerträgliche. Solche Suizide erfordern ein hohes Maß an Krisenkompetenz, denn sie bergen neben der akuten Eigengefährdung oft auch Risiken für andere.

Diese verschiedenen Suizidtypen machen deutlich, wie differenziert die Hintergründe und Motivlagen suizidaler Menschen sein können. Kein Suizid ist gleich, keine Geschichte identisch. Deshalb ist es so wichtig, nicht in vorschnellen Urteilen zu denken, sondern in offenen, verstehenden Perspektiven. Für Fachkräfte bedeutet das: achtsam zuhören, differenziert wahrnehmen, sich nicht vom ersten Anschein täuschen lassen - und immer mit der Haltung zu arbeiten, dass hinter jeder suizidalen Handlung ein zutiefst menschliches Bedürfnis steht: das Bedürfnis nach Entlastung, nach Sinn, nach Verbundenheit oder schlicht nach einem Ende des Leids. Wer das versteht, kann helfen - und manchmal retten.

Suizidale Entwicklung nach Pöldinger

Wenn Menschen über einen längeren Zeitraum hinweg mit innerem Leid, existenziellen Konflikten oder psychischen Erkrankungen ringen, kann sich langsam ein Gedanke in den Vordergrund drängen, der das gesamte Erleben verändert: der Gedanke, nicht mehr leben zu wollen. Suizidale Prozesse entstehen nicht plötzlich. Sie sind in der Regel das Ergebnis einer schleichenden, oft über lange Zeit innerlich geführten Auseinandersetzung. Das macht sie so schwer greifbar - für Außenstehende wie für die Betroffenen selbst. Der Schweizer Psychiater Erwin Pöldinger hat mit seinem Modell der suizidalen Entwicklung ein bis heute hochrelevantes Konzept geschaffen, das hilft, diesen inneren Prozess besser zu verstehen und rechtzeitig Interventionen zu setzen.

Pöldinger beschreibt die suizidale Entwicklung in drei Phasen: Erwägung, Abwägung und Entschluss. Diese Phasen stellen keine starren Stadien dar, sondern eher dynamische Zustände, die sich überlagern, wiederholen oder auch abrupt überspringen können. Dennoch bieten sie eine wertvolle Orientierung, um die Entwicklung suizidaler Gedanken nachzuvollziehen - nicht im Sinne einer Diagnose, sondern als Annäherung an ein oft unaussprechliches inneres Erleben.

Die Erwägungsphase - wenn der Gedanke sich erstmals zeigt

Am Beginn steht oft eine Phase der inneren Erschöpfung. Die betroffene Person erlebt sich zunehmend als überfordert, sinnentleert, isoliert oder in einer als ausweglos empfundenen Situation. Es können schwere Verlusterfahrungen vorausgehen - etwa der Tod eines geliebten Menschen, eine Trennung, eine Kündigung oder der Verlust der eigenen Gesundheit. Doch es ist nicht allein das Ereignis, das zur suizidalen Entwicklung führt, sondern die subjektive Bedeutung, die damit verknüpft ist. Viele Menschen berichten in dieser Phase von einem Gefühl, „am Ende" zu sein - nicht mehr weiterzuwissen, keinen Sinn mehr zu sehen, nur noch zu funktionieren.

In dieser frühen Phase tauchen erstmals Gedanken auf, wie es wäre, einfach nicht mehr da zu sein. Diese Gedanken sind oft noch flüchtig, irritierend, beängstigend. Nicht selten schämen sich Betroffene für diese Gedanken, verdrängen oder bagatellisieren sie. Sie haben Angst, sich anderen anzuvertrauen - aus Sorge, nicht verstanden zu werden, als „verrückt" zu gelten oder belastend zu sein. Gerade deshalb ist diese Phase oft von großer Einsamkeit geprägt. Außenstehende bemerken eventuell erste Veränderungen: Rückzug, Antriebslosigkeit, nachdenkliches Verhalten, eine leise Traurigkeit. Doch ohne offene Kommunikation bleibt vieles unbemerkt - und der Gedanke an den Suizid verfestigt sich im Inneren weiter.

Ein bedeutsamer Aspekt in dieser Phase ist die zunehmende Blockade von aggressiven Impulsen. Nach psychoanalytischen und tiefenpsychologischen Konzepten richtet sich die menschliche Aggression ursprünglich nach außen - sie ist eine gesunde Kraft, die der Abgrenzung, dem Selbstausdruck und dem Schutz der eigenen Integrität dient. In der suizidalen Entwicklung jedoch wird diese natürliche Form der Aggression gehemmt oder unterdrückt. Wut, Ärger, Enttäuschung oder das Gefühl, ungerecht behandelt worden zu sein, dürfen nicht mehr nach außen treten - sei es aus Angst, andere zu verletzen, aus Scham, aus internalisierten moralischen Vorstellungen oder weil entsprechende Ausdrucksformen nie gelernt wurden.

Diese gehemmte Aggression kehrt sich nach innen und beginnt, sich gegen die eigene Person zu richten. In Form von Selbstabwertung, Schuldgefühlen, Selbsthass oder einem immer stärkeren Wunsch, sich selbst zu „bestrafen", kann dieser Prozess subtil oder schleichend verlaufen. Die Suizidgedanken erscheinen in diesem Kontext nicht nur als Ausdruck von Verzweiflung, sondern auch als eine Art Endpunkt einer nicht mehr gelebten oder nicht mehr erlaubten Wut. Der Todeswunsch enthält dann oft eine unbewusste Botschaft: „Ich darf mich nicht durchsetzen - aber ich darf auch nicht mehr sein."

Die innere Spannung steigt, weil keine Entlastung mehr über gesunde aggressive Handlungen möglich ist. Der Mensch verliert so nicht nur die Verbindung zu anderen, sondern zunehmend auch die Verbindung zu sich selbst. Das Ich wird schwächer, das Gefühl, handlungsfähig zu sein, schwindet. Genau hier ist achtsames und empathisches Gegenüber wichtig: Menschen, die bereit sind, auch unausgesprochene Signale zu sehen, die nicht werten, sondern verstehen wollen, und die dabei helfen können, verschüttete emotionale Energien - inklusive Wut und Trauer - wieder in konstruktive Bahnen zu lenken.

Die Abwägungsphase - der Kampf zwischen Leben und Tod

Mit der Zeit nehmen die suizidalen Gedanken konkretere Formen an. Die betroffene Person beginnt, Möglichkeiten, Mittel und Zeitpunkte durchzudenken. Gleichzeitig ist sie oft zerrissen: Ein Teil von ihr möchte leben - aus Hoffnung, aus Verantwortung gegenüber anderen, aus Angst vor dem Tod oder weil es noch Dinge gibt, die Bedeutung haben. Ein anderer Teil jedoch sieht im Suizid die einzige verbleibende Option, um dem Leiden zu entkommen. Das Denken häufig kreisend und von innerem Grübeln geprägt. Betroffene wälzen Gedanken, stellen sich vor, wie es wäre zu sterben - doch gleichzeitig blitzen Bilder auf, was sie zurücklassen würden, wem sie fehlen könnten, wie es wäre, wenn jemand sie doch noch sieht, versteht oder rettet. Diese Ambivalenz ist häufig mit intensiven Gefühlen von Schuld, Scham und Verzweiflung verbunden. Manche Menschen entwickeln in dieser Phase konkrete Vorstellungen oder beginnen, Möglichkeiten zur Durchführung eines Suizids zu prüfen. Andere erleben sich blockiert - handlungsunfähig, innerlich hin- und hergerissen. Diese Ambivalenz ist typisch für suizidale Prozesse - und sie ist gleichzeitig das entscheidende Fenster für Hilfe.

In dieser Phase sind die inneren Spannungen besonders hoch. Der Zustand gleicht einem psychischen Tauziehen: Hoffnung gegen Verzweiflung, Bindung gegen Isolation, Leben gegen Tod. Die Betroffenen wirken nach außen hin oft inkonsequent oder sprunghaft - was nicht Ausdruck von Unentschlossenheit ist, sondern ein Spiegel des inneren Konflikts.

Gerade in dieser Phase sind Menschen am besten erreichbar. Ein ernst gemeintes Gespräch, ein zugewandter Blick, eine professionelle Begleitung können den Ausschlag geben - nicht weil sie sofort alles „lösen", sondern weil sie die Tür zum Leben wieder ein Stück öffnen.

Professionell Tätige müssen in dieser Phase deshalb besonders aufmerksam zuhören. Aussagen wie „Ich weiß nicht mehr, wozu ich überhaupt noch da bin" oder „Es wäre besser, wenn ich nicht mehr da wäre" dürfen nicht als beiläufige Äußerungen abgetan werden. Sie sind oft verzweifelte Versuche, das Unsagbare vorsichtig zu formulieren - in der Hoffnung, dass jemand es hört. Wichtig ist dabei, nicht zu argumentieren oder die suizidalen Gedanken ausreden zu wollen. Der Versuch, mit rationalen Gegenargumenten zu überzeugen, läuft oft ins Leere oder wird als Abwertung des Erlebens empfunden. Viel wirksamer ist es, den inneren Anteil zu stärken, der noch leben möchte - ihn ernst zu nehmen, zu nähren und ihm Raum zu geben. In der Abwägungsphase entscheidet sich, ob die Entwicklung in Richtung Stabilisierung oder in Richtung akuter Gefährdung verläuft. Wer hier Halt bietet, kann mit relativ wenig sehr viel bewirken.

Die Entschlussphase - die trügerische Ruhe vor dem Suizid

Wenn es zu keiner hilfreichen Unterbrechung des inneren Prozesses kommt, wenn die Betroffenen keine tragfähige Verbindung zu sich selbst oder zu anderen wiederherstellen können, dann kann die Ambivalenz kippen. Der Gedanke an den Tod wird zur festen Entscheidung. Viele Menschen berichten in dieser Phase von einer paradoxen inneren Ruhe, einer Art „Versöhnung mit dem Tod". Die Entscheidung ist getroffen, und mit ihr verschwinden - vorübergehend - Angst, Zerrissenheit und Schmerz. Diese Ruhe ist trügerisch. Für das Umfeld wirkt die Person plötzlich stabiler, gefasster, optimistischer. Angehörige atmen auf - nicht ahnend, dass diese Veränderung auf einer finalen Entscheidung basiert. In der Entschlussphase beginnt oft die Planung des Suizids: Beschaffung von Mitteln, Wahl des Ortes, eventuell sogar das Schreiben von Abschiedsbriefen. Manche Menschen ordnen ihre Angelegenheiten, schenken persönliche Gegenstände weg oder nehmen intensiveren Kontakt zu nahestehenden Personen auf - oft als letzter stiller Abschied. Der Suizid wird in dieser Phase nicht mehr als Katastrophe, sondern als Erlösung erlebt. Umso wichtiger ist es, diese Phase zu erkennen - auch wenn sie schwer zu fassen ist. Fachkräfte sprechen hier von der „Ruhe vor dem Sturm". Wer in dieser Phase interveniert, braucht nicht nur psychologische Kompetenz, sondern auch den Mut, die Ruhe kritisch zu hinterfragen.

Das Modell von Pöldinger ist keine Schablone, aber es hilft, suizidale Prozesse nicht als plötzliche, unvorhersehbare Tragödien zu sehen, sondern als das, was sie oft sind: Entwicklungen, die früh beginnen, sich schrittweise verdichten und bei rechtzeitigem Hinsehen unterbrochen werden können. Für psychosoziale Fachkräfte bedeutet das: genaues Zuhören, konsequentes Ernstnehmen und eine Haltung, die nicht schockiert, sondern präsent ist. Die Fähigkeit, auch das scheinbar Unsagbare zur Sprache zu bringen, ist ein zentrales Werkzeug in der Krisenbegleitung.

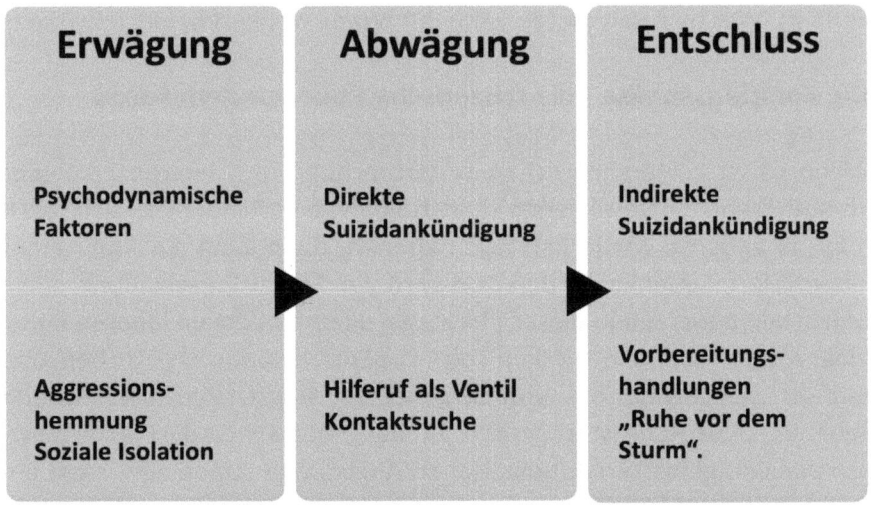

Die suizidale Entwicklung nach Pöldinger erinnert uns daran, dass sich hinter jeder noch so gefasst wirkenden Fassade ein Mensch mit innerem Leid befinden kann. Und sie gibt uns das Wissen an die Hand, dieses Leid frühzeitig zu erkennen, Worte dafür zu finden und gemeinsam nach Auswegen zu suchen - bevor die letzte Entscheidung gefallen ist.

Zusammenfassung:

Erwin Pöldinger beschreibt die suizidale Entwicklung als einen psychischen Prozess, der typischerweise in drei Phasen verläuft: **Erwägung, Abwägung** und **Entschluss**. Diese Phasen bauen nicht zwingend linear aufeinander auf, sie können sich überschneiden, wiederholen oder rasch durchlaufen werden. Dennoch bieten sie eine hilfreiche Struktur, um suizidale Krisen besser zu verstehen und adäquat zu begleiten.

In der **Erwägungsphase** treten erste Suizidgedanken auf. Die betroffene Person ist oft stark erschöpft, zieht sich zurück und empfindet Scham über ihre Gedanken. Der Wunsch, nicht mehr zu leben, wird zunächst meist nur vage formuliert - oft indirekt oder andeutungsweise.

Die **Abwägungsphase** ist durch ein inneres Ringen gekennzeichnet. Die betroffene Person schwankt zwischen dem Wunsch zu leben und dem Wunsch zu sterben. Die Gedanken werden konkreter, doch zugleich besteht oft ein starker Wunsch nach Hilfe, Verbindung oder Veränderung. Diese Phase bietet ein besonders hohes Interventionspotenzial.

In der **Entschlussphase** tritt eine trügerische Ruhe ein. Der Entschluss zum Suizid ist gefasst, die Ambivalenz weicht scheinbarer Klarheit. Es werden konkrete Vorbereitungen getroffen - von der Mittelbeschaffung bis zum Abschiednehmen. Das Verhalten der Person kann dabei stabil oder sogar gelöst wirken, was das Umfeld oft fehlinterpretiert.

Was Helfende tun können - konkrete Angebote in jeder Phase

In der Erwägungsphase:
Wahrnehmen, Ernstnehmen, in Kontakt treten

- Achte auf Veränderungen im Verhalten: Rückzug, Schlaflosigkeit, Pessimismus, Antriebslosigkeit.
- Reagiere auf Andeutungen („Ich sehe keinen Sinn mehr") nicht mit Beschwichtigung, sondern mit Offenheit: *"Magst du mir erzählen, was dich gerade so belastet?"*
- Signalisiere Gesprächsbereitschaft ohne Druck. Schon kleine, echte Kontaktangebote („Ich bin für dich da, wenn du reden willst") können Halt geben.
- Ermutige zur professionellen Hilfe, z. B. in der psychosozialen Beratung, bei Ärzt:innen oder Krisentelefonen.

In der Abwegungsphase:
Zuhören, strukturieren, Ressourcen aktivieren

- Sprich Suizidgedanken offen an: *"Hast du schon darüber nachgedacht, dir etwas anzutun?"* Diese Frage schadet nicht - sie entlastet.
- Bleibe präsent und urteilsfrei. Menschen in dieser Phase brauchen keine Lösungen, sondern das Gefühl, verstanden zu werden.
- Unterstütze bei der Suche nach konkreten Perspektiven: Wer oder was gibt noch Halt? Welche kleinen Schritte wären möglich?
- Stelle wenn nötig den Kontakt zu spezialisierten Hilfseinrichtungen her, begleiten Sie zu Terminen oder bieten Sie praktische Unterstützung im Alltag an.

In der Entschlussphase:
Handeln, absichern, professionelle Hilfe einbinden

- Wenn Du konkrete Hinweise auf einen geplanten Suizid wahrnimmst, zöger nicht, Hilfe zu holen - auch gegen den Willen der Person, wenn nötig.
- Bleibe nicht allein: Ziehe Fachkräfte (Ärzt:innen, Psychotherapeut:innen, Notrufdienste) hinzu.
- Sorge für Sicherheit: Entferne potenziell gefährliche Mittel (Medikamente, Waffen), wenn dies möglich ist.
- Sei ehrlich: *"Ich mache mir große Sorgen um dich - ich kann das nicht alleine tragen, wir brauchen jetzt Unterstützung."*

Wichtige Grundhaltungen für Helfende:

Offenheit und Ehrlichkeit: Suizidgedanken auszusprechen kann entlasten. Seien ehrlich über Deine Sorgen.

Ruhe bewahren: Auch wenn es innerlich beunruhigend ist - zeige Ruhe und Stabilität.

Keine Bewertung: Vermeide moralische Urteile oder Aussagen wie „Denk doch mal an deine Familie". Sie verstärken Scham und Druck.

Verlässlichkeit: Halte Versprechen ein, sei erreichbar, zeig, dass Hilfe kein leeres Wort ist.

Selbstfürsorge: Helfende dürfen sich überfordert fühlen. Hole dir selbst Unterstützung - durch Supervision, Kolleg:innen oder Beratung.

Zwischen den Zeilen hören - Direkte und indirekte Suizidankündigungen

Menschen, die mit dem Gedanken spielen, sich das Leben zu nehmen, sprechen selten in klaren Worten darüber. Suizidankündigungen sind häufig verkleidet, vorsichtig formuliert oder emotional stark aufgeladen - und genau das macht sie für das Umfeld schwer erkennbar. Die Angst, falsch zu reagieren oder überzureagieren, führt nicht selten dazu, dass Warnsignale übersehen oder falsch interpretiert werden. Dabei zeigen Studien, dass rund 80 Prozent der Suizide im Vorfeld durch verbale oder nonverbale Hinweise angekündigt wurden. Es liegt also weniger an einem Mangel an Signalen, sondern an deren Deutung. Umso wichtiger ist es, zwischen **direkten** und **indirekten Suizidankündigungen** unterscheiden zu können - und beide mit gleicher Ernsthaftigkeit zu betrachten.

Direkte Suizidankündigungen sind sprachlich relativ eindeutig. Die betroffene Person äußert offen ihren Wunsch, nicht mehr leben zu wollen oder kündigt konkret an, sich etwas anzutun. Aussagen wie

- „Ich bringe mich um"
- „Ich kann nicht mehr und will auch nicht mehr"
- „Ich habe beschlossen, aus dem Leben zu gehen"
- „Heute ist mein letzter Tag"

sind klare Alarmzeichen. Sie zeigen eine hohe Dringlichkeit an - insbesondere, wenn sie mit konkreten Planungen verbunden sind oder in einem ruhigen, resignierten Ton geäußert werden. Solche Aussagen dürfen niemals als bloße Provokation oder als Versuch der Aufmerksamkeit interpretiert werden. Selbst wenn der Suizid nicht unmittelbar bevorsteht, handelt es sich um einen existenziellen Hilferuf, der sofortige Aufmerksamkeit und professionelle Begleitung erfordert.

Indirekte Suizidankündigungen hingegen sind weniger offensichtlich, aber nicht weniger bedeutsam. Sie äußern sich häufig in Form von

Andeutungen, metaphorischer Sprache oder durch bestimmte Verhaltensänderungen. Zu typischen indirekten Aussagen zählen:

- „Es hat ja sowieso alles keinen Sinn mehr."
- „Bald habt ihr es geschafft."
- „Ich bin nur eine Last für euch."
- „Ich wünsche mir nur noch Ruhe."

Solche Sätze wirken auf den ersten Blick wie Ausdruck von Überforderung oder Müdigkeit - tatsächlich können sie aber Hinweise auf suizidale Gedanken sein. Auch Verhaltensweisen wie das Verschenken von persönlichen Dingen, das plötzliche Aufräumen der Wohnung, ein ruhiger Abschied von Freund:innen oder das Verfassen eines Testaments können Ausdruck einer inneren Abschiednahme sein.

Die Schwierigkeit bei indirekten Ankündigungen liegt darin, dass sie leicht übersehen oder fehlinterpretiert werden - besonders, wenn sie in einem ohnehin schwierigen Lebenskontext geäußert werden. Doch gerade weil sich suizidale Menschen häufig nicht trauen, ihre Gedanken direkt auszusprechen, sind diese indirekten Hinweise oft die einzige Form der Kommunikation, die ihnen noch zur Verfügung steht. Sie testen damit nicht selten auch, ob jemand ihre Not erkennt - ob jemand bereit ist, genauer hinzusehen.

Für Helfende - ob im professionellen oder privaten Umfeld - gilt deshalb: **Auch undeutliche oder vage Aussagen verdienen ernsthafte Beachtung.** Es ist besser, einmal zu viel nachzufragen als einmal zu wenig. Die direkte Ansprache, behutsam und ohne Druck, kann den entscheidenden Unterschied machen. Etwa mit Worten wie: *„Als du gesagt hast, es hätte alles keinen Sinn mehr - meinst du damit, dass du manchmal darüber nachdenkst, nicht mehr leben zu wollen?"*

Die Reaktion auf solche Aussagen sollte nicht beschwichtigend oder ausweichend sein, sondern zugewandt, offen und interessiert. Es geht darum, einen Raum zu schaffen, in dem über das Unsagbare gesprochen werden darf - ohne Scham, ohne Bewertung, ohne Angst.

Den Mut zur Frage haben -
Warum konkretes Nachfragen Leben retten kann

Wenn es um das Thema Suizid geht, ist Schweigen oft gefährlicher als jedes gesprochene Wort. Noch immer hält sich die Vorstellung, dass die direkte Frage nach Suizidgedanken diese erst hervorrufen oder verstärken könnte. In der Realität jedoch ist das Gegenteil der Fall. Wer sich traut, die richtigen Fragen zu stellen, zeigt nicht nur Zivilcourage, sondern setzt ein deutliches Signal: *Du bist nicht allein mit deinen Gedanken. Ich sehe deine Not und ich nehme dich ernst.*

Menschen, die suizidale Gedanken mit sich tragen, erleben diese meist nicht als statisch oder eindeutig. Vielmehr sind sie geprägt von innerer Ambivalenz, von Schwanken und Unsicherheit. Sie befinden sich in einem psychischen Ausnahmezustand, in dem das Sprechen über die eigenen Gedanken häufig mit Scham, Angst oder Schuldgefühlen verbunden ist. Viele Betroffene berichten, dass sie zwar den Wunsch hatten, sich jemandem anzuvertrauen, aber keine passende Gelegenheit fanden - oder befürchteten, nicht verstanden zu werden. Wer in dieser Situation konkret fragt, übernimmt Verantwortung für einen Raum, der es erlaubt, das Unsagbare in Worte zu fassen.

Die Frage *"Hast du manchmal Gedanken, dir das Leben zu nehmen?"* ist keine Grenzüberschreitung - sie ist ein Angebot. Und sie zeigt der betroffenen Person, dass jemand den Mut hat, sich auf ihr inneres Erleben einzulassen. In vielen Fällen erleben Betroffene solche Fragen sogar als Erleichterung. Endlich spricht jemand das aus, was sie selbst kaum zu formulieren wagen. Endlich müssen sie nicht mehr um den heißen Brei reden oder in Andeutungen verharren. Endlich fühlt sich jemand nicht abgeschreckt, sondern bleibt präsent - auch in der Dunkelheit.

Natürlich ist es normal, dass Helfende vor dieser Frage zurückschrecken. Es braucht Mut, sich einem Thema zu nähern, das mit Tod, Leid und existenziellen Ängsten verbunden ist. Doch dieser Mut ist nicht heroisch - er ist menschlich. Und er ist professionell. Denn genau das unterscheidet eine gute Krisenbegleitung von einem vorschnellen Trost oder der Flucht ins Positive. Die Frage nach Suizidgedanken sollte so selbstverständlich werden wie die nach Schmerzen in der medizinischen Diagnostik. Sie gehört zur Grundhaltung in der Begleitung von Menschen in seelischer Not. Auch die Art der Frage ist entscheidend. Zu vermeiden sind suggestive oder wertende Formulierungen wie *"Du denkst doch nicht daran, dir etwas anzutun, oder?"* - denn solche Sätze schließen die Möglichkeit zur ehrlichen Antwort oft schon im Vorfeld aus. Sie signalisieren: *Ich halte das nicht aus. Sag mir bitte, dass alles gut ist.* Stattdessen braucht es offene, klare und wertfreie Fragen wie:

- *"Hast du manchmal Gedanken, nicht mehr leben zu wollen?"*
- *"Denkst du konkret an Suizid?"*
- *"Hast du dir schon überlegt, wie du das machen würdest?"*

Diese Fragen sind keine Zumutung. Sie sind ein Akt des Vertrauens. Sie geben der betroffenen Person die Möglichkeit, ihr inneres Chaos zu ordnen, sich zu entlasten und nicht mehr alleine mit ihren Gedanken zu sein. Gleichzeitig erlauben sie dem Gegenüber, das Risiko realistisch einzuschätzen und passende Schritte einzuleiten - sei es ein Krisengespräch, eine Sicherheitsvereinbarung oder die Einbindung weiterer Unterstützungssysteme.

Besonders in professionellen Kontexten - etwa in der psychosozialen Beratung, in der Pflege, im schulischen Umfeld oder in der medizinischen Versorgung - sollte das konkrete Nachfragen zu einer selbstverständlichen Kompetenz werden. Schulung, Reflexion und Supervision helfen dabei, die eigene Angst vor dem Thema zu überwinden und eine sichere Gesprächsführung zu entwickeln. Doch auch im privaten Umfeld - als Freund:in, Partner:in, Kolleg:in oder Elternteil - kann die Frage nach Suizidgedanken lebenswichtig sein. Sie erfordert keine perfekten Worte,

sondern ein aufrichtiges Interesse und die Bereitschaft, sich nicht abzuwenden.

Wichtig ist dabei: Wer fragt, muss nicht sofort Antworten oder Lösungen
parat haben. Es genügt oft, einfach da zu bleiben. Die wichtigste Botschaft lautet nicht: *"Ich weiß, wie du da rauskommst."* Sondern: *"Ich
gehe mit dir ein Stück durch diese Dunkelheit."*

Wie du über Suizidgedanken sprechen kannst

Ein Leitfaden für Angehörige, Freund:innen und Fachpersonen

Suizidgedanken sind für viele Menschen schwer anzusprechen - sowohl für Betroffene als auch für ihr Umfeld. Doch wer fragt, kann Leben retten. Die folgenden Hinweise helfen dabei, Gespräche über suizidale Krisen achtsam und offen zu führen.

1. Hab den Mut zur Frage

Viele Menschen mit Suizidgedanken sehnen sich danach, dass jemand merkt, wie es ihnen geht - und trotzdem scheuen sie davor zurück, es offen auszusprechen. Es ist kein Fehler, sondern eine Form der Fürsorge, wenn du konkret fragst:

- „Denkst du manchmal daran, dir das Leben zu nehmen?"
- „Hast du dir schon überlegt, wie du es machen würdest?"
- „Fühlt sich das Leben für dich gerade so schwer an, dass du am liebsten aufgeben würdest?"

Diese Fragen machen nichts schlimmer. Im Gegenteil: Sie zeigen, dass du die Not ernst nimmst und bereit bist, hinzuhören - ohne zu bewerten oder zu bagatellisieren.

2. Höre zu - mit Herz und ohne Eile

Wenn jemand über seine Suizidgedanken spricht, tu das Wichtigste: Bleib ruhig und hör zu. Du musst nicht sofort Lösungen anbieten.

Vermeide Aussagen wie:

- „Du hast doch gar keinen Grund, so zu denken."
- „Das wird schon wieder."
- „Denk doch mal an deine Kinder."

Sag stattdessen:

- „Ich bin froh, dass du mit mir sprichst."
- „Das klingt sehr schwer - ich bin da."
- „Magst du mir mehr erzählen, was dich gerade so belastet?"

3. Werte nicht - sondern halte aus

Suizidgedanken entstehen aus tiefer innerer Not. Beurteilungen, Schuldzuweisungen oder Appelle helfen nicht. Was hilft, ist Präsenz: *Ich halte mit dir gemeinsam aus, was du gerade kaum tragen kannst.*

4. Stärk den Teil, der leben will

In suizidalen Krisen gibt es fast immer eine innere Ambivalenz - einen Teil, der sterben will, und einen, der noch Hoffnung hat. Richte deine Aufmerksamkeit auf diesen lebendigen Teil:

- „Gab es in letzter Zeit auch Momente, die dir ein bisschen gutgetan haben?"
- „Was hält dich im Moment noch hier?"
- „Was brauchst du, damit es ein wenig erträglicher wird?"

Diese Fragen stärken die inneren Ressourcen und helfen, wieder Kontakt zum Leben zu bekommen.

5. Hol dir Unterstützung - du musst es nicht allein tragen

Wenn du den Eindruck hast, dass die Person akut gefährdet ist, bleib nicht allein. Ermutige zur Inanspruchnahme professioneller Hilfe oder begleite die betroffene Person dorthin. In akuten Situationen: kontaktiere Ärzt:innen, den psychosozialen Krisendienst oder den psychiatrischen Notdienst.

Deine Haltung macht den Unterschied!

Du musst nicht perfekt sein. Es reicht, wenn du da bist. Wenn du ehrlich bist. Wenn du Fragen stellst, wo andere schweigen. Und wenn du zeigst: *Du bist mir nicht egal.*

Das präsuizidale Syndrom nach Erwin Ringel

Erwin Ringel, österreichischer Psychiater und Pionier der Suizidprävention, entwickelte in den 1950er-Jahren das Modell des *präsuizidalen Syndroms*, das bis heute zu den zentralen Konzepten in der Suizidologie gehört. Es beschreibt typische psychodynamische Prozesse, die vielen suizidalen Entwicklungen vorausgehen - unabhängig vom konkreten Auslöser oder der biografischen Geschichte einer Person.

Ringel beobachtete in seiner klinischen Arbeit wiederkehrende Muster bei Menschen, die einen Suizidversuch überlebt hatten. Auf dieser Grundlage identifizierte er drei Kernmerkmale, die sich in ihrer Dynamik gegenseitig verstärken und auf einen sich zuspitzenden inneren Zustand hindeuten: **Einengung**, **Aggressionshemmung** und **Suizidfantasien**.

Diese Konstellation bezeichnete er als *präsuizidales Syndrom*. Es stellt ein Frühwarnsystem dar - eine Art psychologisches Alarmsignal, das deutlich macht: Hier braucht es rasche, einfühlsame und fachlich fundierte Unterstützung.

Dabei ist besonders hervorzuheben, dass das präsuizidale Syndrom nicht gleichbedeutend mit einem unmittelbar bevorstehenden Suizid ist. Es beschreibt vielmehr eine psychische Entwicklung, die - unbeachtet und ungebremst - in suizidales Handeln münden kann. Das Modell hilft Fachpersonen wie auch nahestehenden Menschen, typische Warnzeichen zu erkennen, angemessen zu reagieren und unterstützend zu intervenieren.

Einengung - der Verlust innerer und äußerer Handlungsspielräume

Im Zentrum des präsuizidalen Syndroms steht die Einengung - ein allmähliches oder auch plötzliches Zusammenbrechen der psychischen Flexibilität, der sozialen Bezüge und der inneren Beweglichkeit. Diese Einengung kann sich auf verschiedenen Ebenen zeigen:

Situative Einengung bezeichnet das Erleben, dass Handlungsmöglichkeiten durch äußere Umstände massiv reduziert sind - etwa durch Schicksalsschläge, Erkrankungen, Verluste oder Versagensgefühle. Auch selbst verursachte Lebensveränderungen, die mit Schuld und Reue verbunden sind, können zu diesem Zustand führen. Die betroffene Person erlebt sich zunehmend als gefangen in einer ausweglosen Situation. Es entsteht ein Gefühl existenzieller Enge - verbunden mit dem subjektiven Eindruck, keinen Ausweg mehr zu haben.

Dynamische Einengung betrifft die Art und Weise, wie Gedanken, Stimmungen und innere Bilder sich entwickeln. Es findet eine Verengung auf ein einziges Thema statt - oft auf den Gedanken, dass nur der Tod noch eine Lösung sein könnte. Assoziationen, Erinnerungen und Zukunftsbilder kreisen zunehmend um Hoffnungslosigkeit, Scheitern und Auslöschung. Andere Perspektiven oder Lösungsmöglichkeiten geraten aus dem Blick.

Affektive Einengung beschreibt eine zunehmende emotionale Erstarrung. Gefühle werden weniger intensiv wahrgenommen, wirken abgeflacht oder leer. Ein ehemals emotional lebendiger Mensch wirkt auf einmal stumpf, gleichgültig, apathisch. Es fehlt an affektiver Resonanz - das innere „Mitschwingen" mit der Welt, mit anderen Menschen, mit der eigenen Lebensgeschichte wird weniger oder bricht ganz weg. Paradoxerweise zeigt sich manchmal ein Zustand auffälliger Ruhe - als vermeintlicher Höhepunkt dieser Einengung. Diese Ruhe kann trügen: Sie ist oft Ausdruck tiefster innerer Resignation.

Einengung der Wertewelt bedeutet, dass persönliche Interessen, Ziele und Sinnbezüge verloren gehen. Was früher als wichtig, bedeutend oder motivierend erlebt wurde, erscheint nun leer und bedeutungslos. Es entsteht eine zunehmende Werteerosion, die oft begleitet wird von einem weiteren Rückgang des Selbstwertgefühls - besonders dann, wenn frühere Überzeugungen nicht mehr gelebt oder aufrechterhalten werden können.

Einengung der sozialen Beziehungen stellt den Rückzug auf der zwischenmenschlichen Ebene dar. Die betroffene Person fühlt sich isoliert, unverstanden, innerlich verlassen. Kontakte werden reduziert, Gespräche oberflächlich oder ganz vermieden. In der Wahrnehmung der Betroffenen entsteht das Bild völliger Einsamkeit - selbst wenn objektiv Menschen da wären, die helfen wollen. Der Rückzug wird häufig fehlinterpretiert oder übersehen - ein gefährlicher blinder Fleck im sozialen Umfeld.

Aggressionshemmung - wenn Energie sich gegen das eigene Leben richtet

Der zweite Baustein des präsuizidalen Syndroms ist die Hemmung aggressiver Impulse. Ringel betonte, dass jeder Suizidakt ein aggressiver Akt sei - nicht primär gegen andere, sondern gegen sich selbst. Diese destruktive Energie ist jedoch häufig nicht bewusst und wird auch nicht direkt als Wut oder Zorn erlebt. Stattdessen ist sie Ergebnis einer langanhaltenden Hemmung von gesunden aggressiven Impulsen - etwa dem Wunsch, sich abzugrenzen, Ungerechtigkeiten zu benennen, sich zu behaupten oder Verletzungen zu rächen.

Wenn diese Impulse dauerhaft unterdrückt werden - aus Angst, Scham, mangelnder Konfliktfähigkeit oder internalisierten Moralvorstellungen - staut sich Aggression im Inneren an. Sie findet keinen konstruktiven Ausdruck mehr und richtet sich zunehmend gegen das Selbst. Die Folge sind Selbstverachtung, Schuldgefühle, destruktives Grübeln, Selbstbestrafungsgedanken - bis hin zur Vorstellung, dass nur der eigene Tod eine „angemessene" Konsequenz sei.

Diese Aggressionshemmung ist häufig nicht auf den ersten Blick sichtbar. Sie zeigt sich in leisen Tönen: in selbstabwertenden Aussagen, in der Tendenz, immer sich selbst die Schuld zu geben, in mangelnder Fähigkeit, sich zu wehren oder Nein zu sagen. Therapeutisch kann es eine zentrale Aufgabe sein, diesen unterdrückten Impulsen Raum zu geben - in sicherem Rahmen, mit Empathie und ohne Angst vor Eskalation. Denn hinter der Aggression liegt oft tiefe Verletzung - und das Bedürfnis nach Anerkennung, Würde und Gerechtigkeit.

Suizidfantasien - vom Wunsch nach Ruhe zur konkreten Handlung

Der dritte Bestandteil des präsuizidalen Syndroms sind die **Suizidfantasien**. Sie markieren eine weitere Eskalationsstufe der inneren Entwicklung. Anfangs können sie vage und diffus sein - etwa in Form der Vorstellung, einfach nicht mehr aufzuwachen, „von selbst" zu verschwinden, „nicht mehr da sein zu müssen". Diese frühen Fantasien werden oft als entlastend erlebt - ein inneres Ventil in einer überfordernden Situation. Doch mit fortschreitender Einengung und zunehmender Aggressionshemmung können sich diese Fantasien konkretisieren: Die Vorstellung, wie es wäre zu sterben, kann mit einer Art „Lustgewinn" verbunden sein - nicht im sexuellen Sinn, sondern als Gefühl von Erleichterung, Kontrolle, Ausstieg. Besonders bei Kindern und Jugendlichen kann auch die Vorstellung, „endlich gesehen zu werden", durch den eigenen Tod eine tragische Faszination entwickeln.

Kritisch wird es, wenn sich die Suizidfantasien nicht mehr passiv aufdrängen, sondern aktiv intendiert werden - etwa durch konkrete Überlegungen zur Methode, zum Zeitpunkt oder zum Ort der Handlung. Spätestens hier besteht höchste Gefährdung. Der Schritt vom Gedanken zur Tat kann dann sehr klein sein - insbesondere wenn sich eine plötzliche Beruhigung oder Zielgerichtetheit zeigt.

Fallbeispiel: Anna, 42 Jahre - „Ich funktioniere nur noch"

Anna, 42 Jahre, ist seit vielen Jahren als Pflegefachkraft in einer geriatrischen Einrichtung tätig. Die Arbeit ist belastend, der Personalschlüssel knapp, emotionale Rückmeldungen selten. Privat hat sie sich nach der Trennung von ihrem Partner weitgehend zurückgezogen. Ihre beiden Kinder leben bei ihm. Seit mehreren Monaten fühlt sie sich erschöpft, schläft schlecht und erlebt kaum noch Freude an Aktivitäten, die ihr früher wichtig waren. In Gesprächen mit Kolleg:innen wirkt sie ruhig, beinahe teilnahmslos, reagiert oft mit Floskeln oder einem müden Lächeln.

Als eine Kollegin sie auf ihre Veränderung anspricht, sagt Anna nur: „Ach, das ist nicht so wichtig. Ich muss einfach durchhalten. Es ist eh egal." In der Supervision äußert sie später: „Ich hab manchmal das Gefühl, ich bin nur noch eine Maschine. Wenn ich nicht mehr da wäre, würde das kaum jemand merken." Erst auf gezieltes Nachfragen gibt sie zu, dass sie sich manchmal vorstellt, einfach nicht mehr aufzuwachen. Konkrete Pläne habe sie nicht - „aber ich frage mich schon, wie lange ich das noch durchhalte."

Bei genauerer Betrachtung zeigt Anna mehrere Merkmale des präsuizidalen Syndroms: Sie erlebt eine deutliche **Einengung** ihrer Lebenswelt - emotional, sozial und gedanklich. Ihre Wertewelt ist erschüttert, die Beziehung zu ihren Kindern wirkt belastet, Zukunftsbilder fehlen. **Aggressive Impulse** richtet sie nicht nach außen, sondern gegen sich selbst - etwa durch ständiges Funktionieren, Verzicht auf Selbstfürsorge, Selbstabwertung. Ihre **Suizidfantasien** sind noch vage, dienen aber offenbar als inneres Ventil. Die scheinbare Ruhe, mit der sie über diese Gedanken spricht, wirkt besorgniserregend - denn sie könnte ein Hinweis auf fortgeschrittene Resignation sein.

Reflexionsfragen für Fachpersonen

Welche Signale nehme ich bei meinem Gegenüber wahr - und was könnte sich hinter scheinbarer Ruhe oder Rückzug tatsächlich verbergen? → In der Praxis werden Symptome wie Erschöpfung, Gleichgültigkeit oder vermeintliche Sachlichkeit oft übersehen oder fehlinterpretiert. Es lohnt sich, gezielt nach emotionalen Nuancen zu fragen und auch stille Botschaften ernst zu nehmen.

Wie gehe ich mit Andeutungen über „nicht mehr da sein wollen" um? Habe ich genug Vertrauen in meine Intuition, um heikle Themen offen anzusprechen? → Suizidgedanken offen anzusprechen ist keine Gefährdung, sondern ein möglicher Ausweg aus dem Schweigen. Fachpersonen dürfen sich trauen, klar, behutsam und direkt zu fragen - etwa: „Haben Sie manchmal Gedanken daran, nicht mehr leben zu wollen?"

Erkenne ich Hinweise auf Aggressionshemmung? Wie kann ich emotionale Spannungen wahrnehmen, die nicht direkt geäußert werden? → Beobachte, ob Wut oder Ärger tabuisiert werden - und ob stattdessen Schuld, Rückzug oder Selbstentwertung auftreten. Gibt es eine Geschichte der Konfliktvermeidung oder starke moralische Über-Ich-Strukturen?

Bin ich mir bewusst, wie stark meine eigene Haltung die Gesprächsatmosphäre beeinflusst? Strahle ich Präsenz, Offenheit und Wertschätzung aus - auch bei belastenden Themen? → Menschen in suizidalen Krisen brauchen keine schnellen Lösungen, sondern jemanden, der *da bleibt*, *aushält* und bereit ist, zuzuhören, ohne zu urteilen.

Welche inneren Grenzen spüre ich in der Begleitung suizidgefährdeter Menschen - und wie kann ich für mich selbst sorgen, ohne mich aus der Verantwortung zu ziehen? → Selbstfürsorge, Austausch im Team und Supervision sind keine Luxusfragen, sondern essenziell. Wer anderen Halt geben will, braucht selbst ein tragendes Fundament.

Mögliche Hinweise auf eine Suizidgefährdung

Suizidgefährdung entwickelt sich selten aus heiterem Himmel. Vielmehr gibt es oft im Vorfeld erkennbare Anzeichen, die - wenn sie wahrgenommen und ernst genommen werden - ein wichtiges Frühwarnsystem darstellen können. Diese Hinweise sind nicht immer eindeutig, doch in ihrer Gesamtschau ergibt sich oft ein klares Bild zunehmender innerer Not.

Einige Menschen beginnen in suizidalen Krisen, verstärkt Alkohol oder Drogen zu konsumieren - entweder zur Betäubung ihres Schmerzes oder als Teil eines selbstschädigenden Verhaltensmusters. Auch riskantes, scheinbar unkontrolliertes Verhalten kann ein Ausdruck innerer Verzweiflung sein - etwa schnelles Fahren, gefährliche Unternehmungen oder fahrlässiger Umgang mit dem eigenen Körper. Werden gezielt Suizidmittel beschafft - etwa durch das Sammeln großer Mengen an Medikamenten - ist höchste Aufmerksamkeit geboten.

Ebenfalls alarmierend sind plötzliche Veränderungen im sozialen Verhalten: Wenn persönliche Dinge verschenkt werden, sich jemand ungewöhnlich verabschiedet oder Beziehungen abrupt beendet, können dies stille Vorboten eines inneren Abschieds sein. Auch direkte oder indirekte Ankündigungen - ob in Gesprächen, in schriftlicher Form, über Zeichnungen oder sogar durch veränderte Kleidung - sollten niemals als bloße Dramatik abgetan werden. Oft steckt dahinter ein verzweifelter Ruf nach Hilfe.

Ein weiterer Hinweis ist der Verlust zentraler Werte: Was früher Sinn gegeben hat, scheint bedeutungslos geworden zu sein. Die Person wirkt gleichgültig, distanziert, innerlich leer. Diese Entwicklung geht oft einher mit sozialem Rückzug, tiefer Hoffnungslosigkeit und dem Gefühl, keine Perspektive mehr zu haben. Wer in dieser Situation allein bleibt, verliert nicht nur den Halt im Leben - sondern oft auch das Gefühl, überhaupt noch gesehen zu werden.

Zudem können sich Suizidgedanken auf unterschiedliche Weise zeigen. Manche Betroffene sprechen offen über ihre Gedanken, nicht mehr leben zu wollen. Andere äußern sich vage oder indirekt, zum Beispiel mit Sätzen wie: „Es wäre besser, wenn ich nicht da wäre." Besonders kritisch ist es, wenn sich Suizidgedanken aufdrängen - also nicht mehr kontrollierbar erscheinen - oder wenn bereits konkrete Pläne gemacht werden. Je konkreter diese Pläne sind, desto höher ist die akute Gefährdung.

Ein spezieller Blick sollte auch auf das Verhalten von Männern mit depressiven Symptomen gerichtet werden. Während Frauen häufiger über Traurigkeit und Hoffnungslosigkeit sprechen, zeigen Männer in depressiven Phasen oft eine erhöhte Reizbarkeit, Aggressivität oder Feindseligkeit. Auch das kann Ausdruck einer suizidalen Entwicklung sein - verborgen hinter einem Schutzpanzer aus Wut und Abwehr.

Wichtig ist: Kein einzelnes dieser Zeichen bedeutet automatisch, dass ein Suizid unmittelbar bevorsteht. Aber jedes dieser Signale verdient Beachtung. Es ist besser, ein Gespräch zu viel zu führen, als ein Warnzeichen zu übersehen. Denn in der frühen Wahrnehmung liegt die größte Chance zur Rettung.

Einschätzung des Suizidgefahr

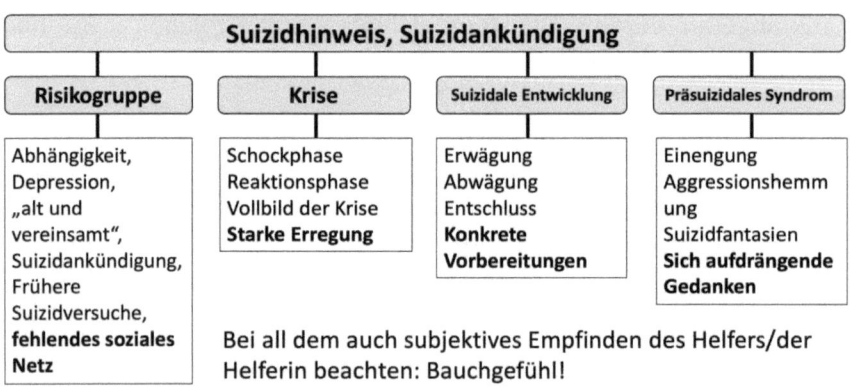

Suizidhinweis, Suizidankündigung			
Risikogruppe	**Krise**	**Suizidale Entwicklung**	**Präsuizidales Syndrom**
Abhängigkeit, Depression, „alt und vereinsamt", Suizidankündigung, Frühere Suizidversuche, **fehlendes soziales Netz**	Schockphase Reaktionsphase Vollbild der Krise **Starke Erregung**	Erwägung Abwägung Entschluss **Konkrete Vorbereitungen**	Einengung Aggressionshemmung Suizidfantasien **Sich aufdrängende Gedanken**

Bei all dem auch subjektives Empfinden des Helfers/der Helferin beachten: Bauchgefühl!

Fehler im Umgang mit suizidalen Personen

Der Kontakt mit suizidalen Menschen konfrontiert uns oft mit der eigenen Ohnmacht. Die Vorstellung, dass ein Mensch ernsthaft in Erwägung zieht, seinem Leben ein Ende zu setzen, kann zutiefst verunsichern, erschrecken und emotional überfordern. Häufig entsteht daraus der reflexhafte Wunsch, „etwas tun" zu müssen - schnell, wirksam, lösungsorientiert. Doch gerade dieser Impuls birgt Risiken. Denn nicht alles, was gut gemeint ist, ist auch hilfreich.

Vorschnelle Tröstungsversuche gehören zu den häufigsten Reaktionen im Umgang mit suizidalen Personen. Aussagen wie „Du wirst sehen, es wird bald besser", „Das geht vorbei" oder „Denk an die schönen Dinge im Leben" sollen Hoffnung spenden - verfehlen aber häufig ihr Ziel. Sie übergehen das tatsächliche Erleben der betroffenen Person, drücken eine gewisse Ungeduld im Umgang mit der Krise aus und verstärken oft das Gefühl von Isolation. Die betroffene Person erlebt sich dadurch nicht ernst genommen, sondern in ihrem Schmerz abgewertet. In suizidalen Zuständen geht es selten um das rationale Wissen, dass sich Situationen verändern können - sondern um das existenzielle Gefühl, den gegenwärtigen Zustand nicht mehr ertragen zu können.

Beschwichtigungen und Verharmlosungen - etwa: „Das ist doch nicht so schlimm" oder „So etwas kommt in jeder Familie mal vor" - können tief verletzend wirken. Sie vermitteln unterschwellig: „Du übertreibst" oder „Deine Gefühle sind nicht angemessen". Menschen in suizidalen Krisen erleben sich jedoch oft ohnehin schon als überfordert, empfindlich oder zu „emotional". Werden ihre Empfindungen dann noch relativiert, führt das meist zu einer weiteren inneren Abwertung und verstärkt das Gefühl, unverstanden und allein zu sein.

Verallgemeinerungen - wie „Jeder hat mal so eine Phase" oder „Das Leben ist eben nicht immer leicht" - schaffen keine Verbindung, sondern lösen Distanz aus. Sie suggerieren, dass die erlebte Not nichts Besonderes sei - und lassen kaum Raum für die individuelle Tiefe der Krise. Die

Folge kann sein, dass sich Betroffene zurückziehen und das Gespräch abbrechen, weil sie sich nicht wirklich gesehen fühlen.

Die zu schnelle Suche nach Lösungen ist besonders unter Fachpersonen ein verbreitetes Muster. Oft aus einem professionellen Verantwortungsgefühl heraus entsteht der Drang, möglichst rasch etwas „ins Positive zu drehen", Ressourcen zu aktivieren, Pläne zu machen. Doch dieser Zugriff auf die Situation kann zu früh kommen. Bevor es überhaupt möglich ist, über Lösungen nachzudenken, braucht es oft erst einmal das Erleben, dass die eigene Verzweiflung überhaupt ausgesprochen werden darf - ohne sofort reguliert, korrigiert oder in neue Bahnen gelenkt zu werden. Die Fähigkeit, in der Dunkelheit mit auszuhalten, ohne sofort Licht machen zu wollen, ist hier essenziell.

Moralisierungen, Ratschläge und Ermahnungen wirken oft wie eine moralische Überlegenheit - auch wenn sie gut gemeint sind. Aussagen wie „Du darfst deinen Kindern das nicht antun", „Du musst an die denken, die dich lieben" oder „Du hast eine Verantwortung" appellieren an Schuld- und Pflichtgefühle - aber nicht an das, was im Moment fehlt: innerer Halt, tragfähige Verbindung, ein Gefühl von Würde und Verstandenwerden. In suizidalen Krisen geht es nicht um moralisches Versagen, sondern um eine existenzielle Erschöpfung, die meist über viele Monate oder Jahre gewachsen ist. Moralisierende Appelle übersehen dies - und können dazu führen, dass sich Betroffene noch schuldig fühlen, überhaupt Hilfe gesucht zu haben.

Auch gut gemeinte Ratschläge wie „Mach doch mal Urlaub", „Geh mehr unter Leute" oder „Lenk dich ein bisschen ab" können problematisch sein. Sie implizieren, dass der Weg aus der Krise einfach wäre - wenn man nur „das Richtige" täte. Doch gerade diese Hilflosigkeit, nicht mehr handlungsfähig zu sein, gehört zum Wesen suizidaler Zustände. Menschen fühlen sich oft wie gelähmt, antriebslos, fremdgesteuert. In dieser Situation helfen keine Rezepte - sondern ein Gegenüber, das bereit ist, im Ungewissen mit dabei zu bleiben.

Ein besonders kritischer Fehler liegt darin, Handlungsmöglichkeiten zu nehmen, etwa durch Druck, Drohungen oder autoritäres Handeln. Wenn zum Beispiel jemand gegen seinen Willen zu einer psychiatrischen Aufnahme gezwungen wird - ohne begleitende Kommunikation, ohne Erklärung, ohne Beziehung -, kann dies das Gefühl der Entmündigung verstärken. In bestimmten Situationen mag Fremdschutz notwendig sein. Aber auch dann sollte die Haltung der Begleitung so gestaltet werden, dass die betroffene Person so viel Autonomie wie möglich behalten kann. Nichts ist gefährlicher, als jemandem in einer existenziellen Krise das letzte verbliebene Stück Selbstbestimmung zu nehmen.

Die zentrale Herausforderung liegt darin, im Kontakt zu bleiben - ohne zu überfordern, zu beschwichtigen oder zu kontrollieren. Suizidale Menschen brauchen nicht perfekte Antworten, sondern eine authentische Begegnung: einen Menschen, der zuhört, mitfühlt, aushält - und auch dann noch da ist, wenn das Gegenüber selbst kaum noch Hoffnung hat.

Hoffnung und Zuversicht vermitteln

Trösten ist eine der tiefsten menschlichen Fähigkeiten - und zugleich eine der sensibelsten. Es gibt keinen allgemein gültigen Trost, keine universelle Formel, die bei allen Menschen und in jeder Situation gleichermaßen funktioniert. Doch es gibt Prinzipien, die uns helfen können, tröstend und mitfühlend präsent zu sein, ohne zu verletzen oder zu überfordern. Richtiges Trösten ist ein Prozess, der sich in vier essenziellen Schritten vollzieht: Sehen, Verstehen, Akzeptieren und Handeln. Diese Schritte lassen sich nicht mechanisch anwenden, sie erfordern vielmehr eine innere Haltung, die von Respekt, Achtsamkeit und Einfühlung getragen ist. Im Zentrum steht dabei stets der Mensch, der Trost sucht oder braucht - mit seinem individuellen Schmerz, seiner Geschichte und seiner momentanen Verfassung. Trösten ist keine Technik, sondern Beziehung in ihrer verletzlichsten Form.

Diese vier Schritte - Sehen, Verstehen, Akzeptieren, Handeln - bilden den Kern eines einfühlsamen und wirksamen Trostprozesses. Sie sind keine starren Etappen, sondern fließende Elemente, die sich immer wieder neu aneinanderfügen. Dennoch kann ihre Abfolge eine wertvolle Orientierung bieten.

Der erste Schritt, das **Sehen**, meint ein bewusstes, aufrichtiges Wahrnehmen. Es geht darum, einen Menschen in seiner Not wirklich zu erkennen - nicht nur mit den Augen, sondern mit offenem Herzen. Das Sehen umfasst das Hinwenden, das Dableiben, das stille Begleiten ohne Bewertung. Es bedeutet auch, sich nicht abzuwenden, wenn Schmerz sichtbar wird, sondern ihn als Teil des Menschseins zu würdigen. Oft spüren Menschen sehr genau, ob sie wirklich gesehen werden - oder ob jemand nur oberflächlich anwesend ist.

Gerade in akuten Krisensituationen ist das Sehen ein entscheidender Akt der Anerkennung. Ein Mensch, der in tiefer Trauer ist oder unter schwerer Belastung leidet, fühlt sich häufig isoliert. Die Umgebung schweigt, meidet, lenkt ab oder bagatellisiert das Leid. Hier kann das bewusste Sehen bereits trösten - noch bevor ein einziges Wort gesprochen wird.

Daraus entsteht der zweite Schritt: **Verstehen**. Dieser erfordert mehr als bloßes intellektuelles Erfassen. Verstehen im Kontext des Tröstens heißt, sich auf die emotionale Wirklichkeit des anderen einzulassen. Es geht darum, die Gefühlslage nicht nur zu akzeptieren, sondern sie in ihrer Tiefe zu erspüren - empathisch, mit innerer Resonanz. Dieser Schritt bedeutet auch, sich selbst zurückzunehmen, auf eigene Interpretationen und Bewertungen zu verzichten und den Schmerz des anderen in seiner eigenen Logik zu begreifen.

Verstehen bedeutet nicht, alles nachvollziehen zu können. Es geht nicht um Gleichheit der Erfahrung, sondern um emotionale Anteilnahme. Ein Mensch, der trauert, braucht niemanden, der Ähnliches erlebt hat - sondern jemanden, der bereit ist, sich berühren zu lassen. Der nicht urteilt, sondern fragt: *Wie ist es für dich?* Und der dann bereit ist, wirklich zuzuhören.

Der dritte Schritt, **Akzeptieren**, ist von besonderer Bedeutung. Hier entscheidet sich, ob Trost tatsächlich ankommen kann. Akzeptieren heißt, nicht verändern zu wollen, was gerade ist. Es ist ein Aushalten ohne Zweck, ein Mitsein ohne Agenda. Wer tröstet, akzeptiert, dass er nichts „richten" muss - und dass Trost nicht bedeutet, Leid zu beseitigen. Diese Haltung lässt Raum für den Schmerz und anerkennt seine Existenz als real, legitim und menschlich.

Akzeptieren heißt auch, den eigenen Impuls zur Lösung zu zügeln. In einer Welt, in der „Machbarkeit" oft überhöht wird, scheint das Nicht-Handeln kontraintuitiv. Doch genau in diesem Raum des Daseins ohne Veränderungsdruck entsteht oft das tiefste Gefühl von Gehaltensein. Der Schmerz darf da sein - und damit auch der Mensch, der ihn fühlt.

Im vierten Schritt, dem **Handeln**, wird die tröstende Haltung konkret. Es geht um kleine, stimmige Gesten, die aus dem inneren Mitgehen erwachsen. Handeln meint nicht Aktionismus, sondern liebevolle Präsenz. Es kann sich zeigen im Angebot, einen Tee zu kochen, gemeinsam spazieren zu gehen oder einfach nur da zu sein. Wichtig ist: Das Handeln folgt auf das Sehen, Verstehen und Akzeptieren. Es steht nicht am Anfang. Erst wenn all diese Schritte gegangen wurden, kann das Handeln wirklich hilfreich und stimmig sein.

Das Handeln im Trostprozess ist oft unspektakulär - aber bedeutsam. Ein mitgebrachtes Brot, eine Nachricht zur rechten Zeit, ein stummes Beisitzen - all das sind Ausdrucksformen der Zuwendung. Wer tröstet, weiß, dass es nicht die großen Gesten sind, die heilen. Es sind die kleinen Zeichen, dass jemand mitgeht.

Sprache als heilende Kraft

Ein oft übersehener Aspekt beim Trösten ist der Einfluss der Sprache selbst. Worte können heilen - oder verletzen. Die Sprache des Trostes ist eine besondere Sprache. Sie braucht keine großen Reden, sondern Echtheit. Es ist die Tonlage, der Blick, das Timing, die entscheidend sind. Sätze wie „Ich bin da", „Du darfst traurig sein", „Es gibt gerade nichts zu sagen - aber ich bin bei dir" wirken oft mehr als analytische Erklärungen.
Die tröstende Sprache lebt vom Mut zur Stille. Vom Mut, auszuhalten, dass Worte fehlen dürfen. Und manchmal braucht es nur ein einziges Wort - wenn es im rechten Moment gesprochen wird, mit innerer Klarheit und Zuwendung. *„Ich sehe dich." „Du bist nicht allein." „Es tut mir leid."* Das sind keine Phrasen, wenn sie wahrhaftig gemeint sind.
Besonders in einer Gesellschaft, die auf Leistung und Funktionalität ausgerichtet ist, kann Sprache zu einem Akt der Entschleunigung werden. Ein leises, ehrlich gemeintes Wort kann eine Brücke sein, ein Halteseil im Sturm. Es öffnet einen Raum, in dem Schmerz und Menschsein gleichermaßen willkommen sind.

Die Rolle des Körpers und der Umgebung

Auch das eigene Körperempfinden spielt beim Trösten eine Rolle. Menschen in emotionaler Not spüren oft intuitiv, ob jemand bei ihnen ist oder nur anwesend wirkt. Körperspannung, Atmung, die eigene Haltung - all das kommuniziert. Tröstende sollten sich dessen bewusst sein: Was in mir vorgeht, überträgt sich auf den anderen. Eine ruhige Ausstrahlung, eine offene Körperhaltung, langsame Bewegungen - all das kann das Gefühl von Sicherheit und Geborgenheit vermitteln.

Auch Berührung, wenn sie behutsam angeboten und vom Gegenüber angenommen wird, kann Trost spenden. Eine Hand auf der Schulter, ein Händedruck, eine Umarmung - diese Zeichen der Zuwendung sprechen manchmal stärker als jede Erklärung. Wichtig ist dabei, auf die individuellen Grenzen und die kulturellen Kontexte zu achten. Was für den einen wohltuend ist, kann für die andere unangenehm oder sogar übergriffig wirken.

Der Raum, in dem Trost stattfindet, ist ebenfalls nicht zu unterschätzen. Eine Umgebung, die Ruhe ausstrahlt, kann helfen, Emotionen zuzulassen. Das kann ein stilles Zimmer sein, ein Platz in der Natur, ein geschützter Raum, der signalisiert: Hier darfst du sein, wie du bist. Rituale - sei es das gemeinsame Anzünden einer Kerze, ein stilles Sitzen, das Hören bestimmter Musik - können diesen Raum zusätzlich stärken. Sie geben Struktur, wenn alles andere ins Wanken geraten ist. Rituale helfen, Emotionen zu verankern und den Übergang von einem Zustand in den nächsten zu begleiten.

Zuhören als therapeutische Haltung

Nicht zu vergessen ist die Rolle des Zuhörens als therapeutischer Akt. Zuhören ist nicht passiv. Es ist eine Kunst. Gutes Zuhören bedeutet, mit der ganzen Aufmerksamkeit beim anderen zu sein, ohne sich innerlich vorzubereiten, was man selbst gleich sagen möchte. Es bedeutet, Stille aushalten zu können, Pausen nicht füllen zu müssen, das Erzählte nicht sofort in die eigene Lebenswirklichkeit zu übersetzen. Wer wirklich zuhört, stellt sich dem Moment, ohne ihn zu bewerten. Das allein kann trösten.

Zuhören heißt auch, nicht sofort zu trösten im Sinne von „aufmuntern". Echtes Zuhören würdigt das, was ist. Es lässt den Schmerz Raum - und schenkt ihm zugleich eine Form. Es ist eine Geste des Respekts, des Vertrauens, des Mitgefühls.

Professionelle Nähe - Trost in helfenden Berufen

In der professionellen Begleitung von Menschen - etwa in der psychosozialen Beratung, in der Pflege, in der Seelsorge oder in der Pädagogik - ist Trost eine zentrale, aber oft wenig benannte Dimension. Hier stellt sich die Herausforderung, Nähe zuzulassen und dennoch professionell präsent zu bleiben. Es braucht die Fähigkeit, sich berühren zu lassen, ohne überflutet zu werden. Fachkräfte benötigen einen inneren Anker, der ihnen erlaubt, empathisch zu sein, ohne selbst in den Strudel der Emotionen gezogen zu werden.

Dieses Gleichgewicht zu halten ist nicht immer leicht. Es verlangt Selbstreflexion, regelmäßige Supervision, kollegialen Austausch - und die bewusste Pflege der eigenen seelischen Widerstandskraft. Denn wer professionell tröstet, begegnet oft wiederholt schwerem Leid, existenziellen Krisen, Verlust und Hilflosigkeit. Ohne ein stabiles inneres Fundament kann das überfordern.

Gerade deshalb ist Selbstfürsorge in diesem Zusammenhang essenziell. Wer regelmäßig tröstet - beruflich oder privat - braucht Räume, in denen auch das eigene Erleben Platz hat. Trost zu geben ist berührend, aber auch fordernd. Es braucht Zeiten der Erholung, der Kontemplation, des Auftankens. Nur wer gut für sich selbst sorgt, kann langfristig für andere da sein. Selbstfürsorge ist kein Egoismus, sondern ein Ausdruck von Verantwortung - gegenüber sich selbst und gegenüber jenen, die unsere Zuwendung brauchen.

Trost in der Kindheit - das Fundament späterer Stärke

In der Kinderbegleitung nimmt Trost eine ganz eigene Form an. Kinder erleben Emotionen oft unmittelbar und ungefiltert. Sie brauchen Erwachsene, die ihre Gefühle ernst nehmen, benennen helfen, strukturieren. Trösten bei Kindern bedeutet, Halt zu geben - körperlich, sprachlich, emotional. Es heißt, da zu sein, auch wenn das Kind selbst seine Gefühle noch nicht versteht. Es heißt, mit dem Kind zu sein, statt es abzulenken. „Ich sehe, dass du traurig bist" kann für ein Kind bedeutsamer sein als viele Erklärungen.

Tröstende Erwachsene geben dem Kind Sicherheit in einer Welt, die plötzlich nicht mehr verstehbar erscheint. Eine schmerzhafte Erfahrung - ein Sturz, ein Streit, der Verlust eines Haustiers - kann für ein Kind überwältigend wirken. Wenn Erwachsene hier mit ruhiger Präsenz und liebevoller Sprache reagieren, entsteht ein erster Baustein für Resilienz. Es ist die Erfahrung: *Ich bin nicht allein. Ich darf fühlen. Und ich werde gehalten.*

Gleichzeitig brauchen Kinder Rituale, die helfen, wieder ins Gleichgewicht zu kommen: ein vertrautes Lied, eine Geschichte, ein Kuscheltier. Trösten bei Kindern ist immer auch Bindungsarbeit. Die Art, wie ein Kind getröstet wird, beeinflusst nachhaltig, wie es später mit Krisen, Verlusten und Gefühlen umgeht.

Trost in Partnerschaften - Nähe in der Verletzlichkeit

Auch in Paarbeziehungen zeigt sich die Qualität einer Verbindung oft im Umgang mit Schmerz. Trösten in Partnerschaften erfordert ein feines Gespür für Nähe und Distanz. Es geht darum, Raum zu geben für Gefühle, ohne zu interpretieren oder zu korrigieren. Viele Missverständnisse entstehen, weil Trost mit Lösung verwechselt wird. Doch wer trösten will, muss nicht recht haben. Es genügt, an der Seite des anderen zu bleiben. In einer partnerschaftlichen Beziehung kann Trost zu einem Akt der Intimität werden - einer Intimität, die nicht körperlich, sondern emotional getragen ist. Es bedeutet, sich dem anderen zuzuwenden, auch wenn man sich selbst hilflos fühlt. Es bedeutet, dazubleiben, wenn Sprachlosigkeit eintritt, und sich gegenseitig im Menschsein zu erkennen - auch im Scheitern, in der Überforderung, in der Trauer.

Gerade in schwierigen Lebensphasen - Krankheit, Verlust, psychische Belastung - kann Trost in der Beziehung entscheidend sein. Nicht in Form von Lösungen, sondern in Form von Dasein. *„Ich sehe, wie schwer es dir fällt."* *„Ich bin da, auch wenn ich es nicht verstehe."* Solche Sätze öffnen einen Raum, in dem Verbindung spürbar wird - und darin liegt Trost.

Trauer und Trost - eine behutsame Begleitung

Wenn Menschen trauern, ist der Wunsch nach Trost besonders stark - und zugleich oft schwer zu erfüllen. Trauer kennt keine Regeln, keine festgelegte Dauer, keinen festgelegten Ablauf. Der Versuch, Trauer zu beschleunigen oder zu strukturieren, wird ihr selten gerecht. Trost in der Trauer bedeutet, mitzugehen, auch wenn der Weg unklar ist. Es heißt, anzuerkennen, dass die Lücke bleibt - aber dass man sie nicht allein tragen muss.

Trost kann helfen, der Erinnerung einen Platz zu geben, der nicht nur schmerzt, sondern auch wärmt. Es ist die Kunst, das Leben mit dem Verlust neu zu weben, Fäden zu verknüpfen, ohne das Alte zu überdecken. Erinnerungen können trösten - wenn sie geteilt werden dürfen, wenn ihnen Raum gegeben wird. Und auch das Schweigen kann trösten - wenn es nicht leer, sondern liebevoll gefüllt ist.

In der Trauerbegleitung ist das Aushalten des Nichtwissens eine besondere Herausforderung. Was braucht der Mensch gerade? Was nicht? Trost in der Trauer heißt oft: fragen, anbieten, nicht drängen. Es heißt, da zu sein, auch wenn der andere nicht weiß, was er braucht. Und es heißt auch, zu akzeptieren, dass manche Wunden nicht schließen - aber dass sie getragen werden können.

Kulturelle Perspektiven - Trost ist nie neutral

Trösten ist auch kulturell geprägt. In unterschiedlichen Kulturen gelten unterschiedliche Ausdrucksformen von Trost als angemessen. In manchen Gesellschaften ist das Weinen in der Öffentlichkeit Ausdruck von Verbundenheit, in anderen ein Zeichen von Schwäche. In manchen Kulturen ist körperlicher Trost - etwa durch Umarmung - selbstverständlich, in anderen tabuisiert.

Wer in interkulturellen Kontexten tröstet, braucht deshalb ein hohes Maß an Sensibilität. Es ist hilfreich, sich zu informieren, zu beobachten, zu fragen: *Was ist in dieser Kultur ein Zeichen von Respekt? Was könnte als Übergriff empfunden werden?* Interkultureller Trost bedeutet nicht, sich selbst zu verleugnen - aber sehr wohl, sich anpassungsfähig und empathisch zu zeigen. Gleichzeitig kann Trost eine Brücke zwischen Kulturen sein. Wenn ein Mensch spürt, dass sein Schmerz gesehen, sein Ausdruck respektiert und seine Art zu trauern gewürdigt wird, entsteht Verbindung - jenseits von Sprache und Herkunft. Trost ist dann ein Akt der Menschlichkeit, der kulturelle Differenzen überwindet.

Das Wesen des Tröstens

Letztlich ist Trost ein Geschenk. Er kann nicht erzwungen werden, nicht geplant, nicht verordnet. Er geschieht - in Begegnung, in Stille, in einem Satz, einem Blick, einer Geste. Manchmal kommt er unerwartet, leise, wie ein Windhauch, der für einen Moment die Schwere hebt. In solchen Augenblicken geschieht etwas Heilsames. Nicht, weil der Schmerz verschwindet, sondern weil er geteilt wird. Und vielleicht ist das der tiefste Sinn des Tröstens: das Teilen des Unteilbaren. Die Geste, die sagt: Ich kann dir deinen Schmerz nicht nehmen - aber ich halte ihn mit dir aus.

Trösten ist ein zutiefst menschlicher Akt, der über Worte hinausgeht. Er lebt von Präsenz, von Echtheit, von Zugewandtheit. In einer Welt, die oft laut und schnell ist, bleibt das Trösten leise - aber kraftvoll. Es erinnert uns daran, was Menschsein im Kern bedeutet: verbunden zu sein. Und genau das ist es, was uns heilt.

Fallbeispiel: „Ich wollte nur, dass jemand bleibt."

Maria, 46 Jahre alt, verliert überraschend ihren jüngeren Bruder durch einen Herzinfarkt. Die Geschwister hatten eine enge Bindung, sie waren „wie Zwillinge", sagt sie. Die Nachricht erreicht sie an einem Dienstagmorgen, und sofort bricht alles in ihr zusammen. In den ersten Stunden nach dem Anruf ist sie wie betäubt. Tränen fließen, aber sie dringen nicht zu ihr durch. Ihr Mann, Markus, ist bei ihr - doch er wirkt hilflos. Er spricht viel, versucht sie abzulenken, macht Vorschläge, ruft ihre Eltern an, organisiert. Und Maria fühlt sich - allein.

Am Abend kommt ihre Freundin Lena vorbei. Ohne große Worte setzt sie sich zu ihr auf das Sofa. Maria lehnt sich nicht an, spricht kaum. Lena schweigt. Ab und zu berührt sie Marias Hand. Als Maria plötzlich in Tränen ausbricht, sagt Lena nur: „Ich bin da." Kein Ratschlag, kein Trostspruch, kein Versuch, den Schmerz zu lindern. Sie bleibt einfach da. Über Stunden. Kocht später einen Tee. Fragt vorsichtig, ob sie eine Kerze für den Bruder anzünden möchte. Maria nickt.

Am nächsten Tag sagt Maria: „Ich weiß kaum noch, was war. Aber dass du da warst - das war Trost. Du bist geblieben. Du hast nicht versucht, es zu lösen. Du hast es ausgehalten."

Lenas Verhalten folgt intuitiv den vier Schritten des Tröstens: Sie **sieht** Maria - nicht nur äußerlich, sondern in ihrer inneren Erstarrung. Sie **versteht** ohne zu interpretieren. Sie **akzeptiert**, dass es keinen „richtigen" Umgang mit dieser Trauer gibt. Und sie **handelt** - vorsichtig, achtsam, aus der Situation heraus.

Markus dagegen meint es gut - aber sein Bedürfnis nach Handlung überlagert Marias Bedürfnis nach Raum. Seine Worte und Aktivitäten sind nicht falsch - aber sie treffen Marias inneren Zustand nicht. Seine Form des Tröstens orientiert sich an Aktion, Lenas an Beziehung. Beide haben ihre Berechtigung, doch in diesem Moment ist es die stille, mitfühlende Präsenz, die für Maria heilsam wird.

Dieses Beispiel zeigt, wie entscheidend Haltung, Timing und Achtsamkeit sind. Trost ist nicht das, was wir tun - sondern das, was zwischen uns geschieht, wenn wir wirklich anwesend sind.

Abschließend ein paar weitere Beispiele, wie Trost konkret funktionieren kann - entlang der vier Schritte Sehen, Verstehen, Akzeptieren und Handeln:

Beispiel 1 - Eine Kollegin hat einen plötzlichen Todesfall in der Familie:

Sehen: Du nimmst ihre veränderte Körpersprache und Stimmung wahr - sie wirkt abwesend, in sich gekehrt. Du gehst nicht einfach zur Tagesordnung über, sondern hältst kurz inne.
Verstehen: Ohne neugierig zu sein, drückst du aus: „Ich habe bemerkt, dass du sehr ruhig bist heute. Wenn du reden magst, ich bin da."
Akzeptieren: Du hörst zu, ohne sofort Ratschläge zu geben. Du vermeidest Floskeln wie „Das wird schon wieder". Stattdessen sagst du: „Das muss sehr schwer für dich sein."
Handeln: Du bietest an, eine Aufgabe für sie zu übernehmen. Vielleicht fragst du: „Möchtest du, dass ich dich heute Mittag ein Stück begleite?"

Beispiel 2 - Ein Kind hat sich in der Schule ausgeschlossen gefühlt:

Sehen: Du bemerkst, dass es sich beim Abholen abwendet und nicht wie sonst fröhlich erzählt.
Verstehen: Du fragst sanft: „War heute etwas schwierig für dich?" - und gibst Raum für seine Geschichte.
Akzeptieren: Wenn es weint oder wütend ist, sagst du nicht „So schlimm ist das doch nicht", sondern: „Das darf dich traurig machen. Es tut weh, wenn man sich ausgeschlossen fühlt."
Handeln: Du schlägst vor, gemeinsam etwas Schönes zu machen, das ihm Sicherheit gibt - z. B. ein vertrautes Spiel oder gemeinsames Kochen.

Beispiel 3 - Ein Freund kämpft mit einer Trennung:

Sehen: Du spürst seine Rückzüge, sein stilles Leiden.
Verstehen: Du sprichst ihn an: „Ich hab das Gefühl, du trägst gerade viel mit dir herum. Ich will dich nicht drängen, aber ich bin hier."
Akzeptieren: Wenn er beginnt zu erzählen, unterbrichst du nicht, kommentierst nicht, sondern hörst einfach zu - mit deinem ganzen Mitgefühl.
Handeln: Du schlägst vor, euch regelmäßig zu treffen, um einfach Zeit miteinander zu verbringen - ohne Erwartungen, einfach da zu sein.

Diese Beispiele zeigen, dass Trösten kein Patentrezept braucht, sondern vor allem die Bereitschaft, sich wirklich auf den anderen einzulassen. Wer den Weg über Sehen, Verstehen, Akzeptieren und Handeln geht, schafft Trost, der bleibt - nicht durch große Gesten, sondern durch ehrliche Verbundenheit. Trösten ist ein zutiefst menschlicher Akt, der über Worte hinausgeht. Er lebt von Präsenz, von Echtheit, von Zugewandtheit. In einer Welt, die oft laut und schnell ist, bleibt das Trösten leise - aber kraftvoll. Es erinnert uns daran, was Menschsein im Kern bedeutet: verbunden zu sein. Und genau das ist es, was uns heilt.

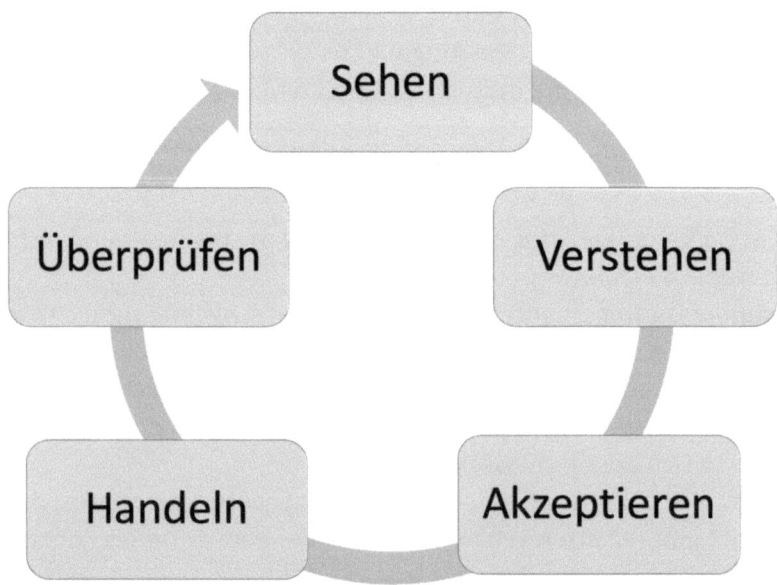

Krisen bei Kindern und Jugendlichen

Kinder und Jugendliche erleben Krisen auf ihre ganz eigene Weise. In einem Lebensabschnitt, der ohnehin durch körperliche, emotionale und soziale Veränderungen geprägt ist, können bestimmte Ereignisse besonders tiefgreifende Erschütterungen hervorrufen. Während Erwachsene oftmals über gereiftere Bewältigungsstrategien verfügen, sind junge Menschen in Krisen häufig auf ihre Bezugspersonen und ihr Umfeld angewiesen. Krisenhafte Entwicklungen entstehen dabei nicht selten aus einem Zusammenspiel mehrerer Faktoren.

Zu den häufigsten Auslösern zählen Trennung und Scheidung der Eltern. Auch wenn sich viele Kinder im Laufe der Zeit mit veränderten Familienkonstellationen arrangieren können, bedeutet die Auflösung der elterlichen Beziehung zunächst fast immer einen tiefgreifenden Einschnitt. Der gewohnte Halt gerät ins Wanken, Unsicherheiten über die eigene Zugehörigkeit und Zukunft entstehen. Häufig kommt es zu Loyalitätskonflikten, Schuldgefühlen oder Ängsten, verlassen zu werden. Je nach Alter und Entwicklungsstand können solche Erlebnisse sehr unterschiedliche emotionale und verhaltensbezogene Reaktionen auslösen.

Der Verlust einer wichtigen Bezugsperson - sei es durch Tod, Wegzug oder emotionale Abwesenheit - kann für Kinder und Jugendliche eine massive Krise darstellen. Gerade in frühen Entwicklungsphasen sind stabile Bindungen ein wesentlicher Schutzfaktor. Wird dieser Schutz entzogen, kann dies nicht nur Trauer, sondern auch tiefe Verunsicherung und regressives Verhalten auslösen. Jugendliche erleben solche Verluste häufig auch im Kontext ihrer Identitätsentwicklung als besonders herausfordernd, da die ohnehin fragile Selbstfindung erschüttert wird.

Bestimmte Lebensphasen, insbesondere die Pubertät, sind durch innere Konflikte und tiefgreifende Wandlungsprozesse gekennzeichnet. In dieser Zeit geraten Jugendliche oft in eine Krise, ohne dass ein äußerer Anlass vorliegt. Sie kämpfen mit der Suche nach Autonomie, mit sozialen Rollenkonflikten, Selbstwertfragen und der Herausbildung einer stabilen

Identität. Wenn diese Entwicklungsaufgaben nicht bewältigt werden können, kann es zu Rückzug, Verhaltensauffälligkeiten oder psychosomatischen Beschwerden kommen. Krisen in dieser Phase sind nicht ungewöhnlich - problematisch wird es jedoch, wenn keine ausreichende Begleitung und Unterstützung erfolgt.

Erfahrungen sexuellen Missbrauchs zählen zu den schwerwiegendsten Auslösern psychosozialer Krisen. Sie untergraben das Grundvertrauen, führen häufig zu massiven Schuld- und Schamgefühlen und wirken sich in der Regel langfristig auf die psychische und emotionale Entwicklung aus. Das Erleben von Machtlosigkeit und Grenzverletzung prägt das Selbstbild zutiefst und kann zu Traumafolgestörungen führen. Ähnliche Folgen können auch durch körperliche oder emotionale Vernachlässigung entstehen, insbesondere wenn Schutz und Fürsorge über längere Zeit ausbleiben. Das Gefühl, nicht gesehen, nicht gewollt oder nicht geschützt zu sein, kann bereits bei jüngeren Kindern zu tiefgreifenden Verunsicherungen führen und das Bild von Beziehungen nachhaltig verzerren.

Auch psychische Erkrankungen oder Störungen - sowohl bei den betroffenen Kindern und Jugendlichen selbst als auch bei Eltern oder Geschwistern - können zu krisenhaften Zuspitzungen führen. Die Konfrontation mit eigenen psychischen Problemen löst oft Ängste und Scham aus, führt zu Rückzug oder aggressivem Verhalten und kann das Gefühl der Andersartigkeit verstärken. Leben junge Menschen in einem familiären Umfeld, das durch psychische Instabilität, Sucht oder schwere Erkrankungen geprägt ist, übernehmen sie häufig überfordernde Rollen und verlieren dabei ihren kindlichen Freiraum. Nicht selten stellen sie ihre eigenen Bedürfnisse zurück oder entwickeln ein übersteigertes Verantwortungsgefühl, was langfristig zu Erschöpfung oder psychischen Folgeerkrankungen führen kann.

Unfälle oder plötzliche Todesfälle im sozialen Umfeld - etwa von Mitschüler:innen, Freund:innen oder Nachbar:innen - konfrontieren Kinder und Jugendliche mit der Endlichkeit des Lebens und rufen häufig existenzielle Ängste hervor. Je nach Nähe zur betroffenen Person, aber auch abhängig von der Reaktion des Umfeldes, kann ein solches Ereignis zur Belastung werden, die ohne Unterstützung kaum verarbeitet werden kann. Gerade in Schulen und anderen Gruppenverbänden ist es wichtig, Raum für das Erleben von Trauer zu schaffen und gleichzeitig Stabilität und Orientierung zu vermitteln.

All diese Beispiele verdeutlichen, dass Krisen bei Kindern und Jugendlichen sehr unterschiedliche Ursachen haben können. Entscheidend ist jedoch nicht nur das auslösende Ereignis, sondern vor allem die vorhandenen Ressourcen, die emotionale Stabilität und die Qualität des sozialen Netzes. Psychosoziale Fachkräfte, Pädagog:innen, Eltern und Bezugspersonen sind gefordert, aufmerksam hinzuschauen, frühe Warnsignale ernst zu nehmen und unterstützende Angebote bereitzustellen, die der jeweiligen Entwicklungsstufe und Lebenswelt der Betroffenen gerecht werden. Um das Erleben und die Verarbeitung von Krisen im Kindes- und Jugendalter besser zu verstehen, ist ein Blick auf die entwicklungspsychologischen Grundlagen hilfreich. Kinder und Jugendliche befinden sich in einem kontinuierlichen Prozess des Wachsens und Reifens - körperlich, emotional, sozial und kognitiv. Die Art, wie sie mit Krisen umgehen, hängt maßgeblich von ihrem Alter, ihrer individuellen Reife und ihren bisherigen Erfahrungen ab.

Bei jüngeren Kindern dominiert noch das konkret-anschauliche Denken. Sie können Zusammenhänge nur schwer abstrakt erfassen und neigen dazu, Ereignisse in Zusammenhang mit ihrem eigenen Verhalten zu bringen - im positiven wie im negativen Sinn. Stirbt etwa ein Elternteil, glauben manche Kinder, sie seien schuld daran, weil sie „böse" waren oder sich falsch verhalten hätten. Auch in Trennungs- oder Scheidungssituationen kommt es häufig zu Schuldzuschreibungen. Diese egozentrische Sichtweise ist entwicklungsbedingt und darf nicht vorschnell als irrational oder unreif abgetan werden. Vielmehr gilt es, sie in der Begleitung zu berücksichtigen und kindgerechte Formen der Erklärung und Verarbeitung zu finden.

Im Schulalter erweitert sich das kognitive Verständnis. Kinder beginnen, Ursache-Wirkungs-Zusammenhänge besser zu erkennen, sind aber nach wie vor stark auf äußere Strukturen, Rituale und verlässliche Bezugspersonen angewiesen. Krisen können in dieser Phase zu schulischen Problemen, sozialem Rückzug oder psychosomatischen Beschwerden führen. Besonders wichtig ist es, den Kindern Raum zu geben, ihre Gedanken und Gefühle auszudrücken - sei es über Sprache, Spiel, Zeichnungen oder kreative Medien. Viele Kinder haben (noch) keine Worte für ihre inneren Zustände, und ihre Belastung zeigt sich eher indirekt.

Jugendliche wiederum befinden sich in einer Übergangsphase, in der sie zwischen Abgrenzung und Zugehörigkeit schwanken. Sie wollen ernst genommen werden, streben nach Autonomie und erleben sich gleichzeitig als verletzlich und verunsichert. In Krisen zeigen sie daher häufig ambivalente Verhaltensweisen: Manche ziehen sich zurück, andere reagieren mit Trotz, Aggression oder riskantem Verhalten. Auch selbstverletzendes Verhalten, Essstörungen, Depressionen oder substanzbezogene Probleme können Ausdruck einer Überforderung mit krisenhaften Lebensumständen sein. Gleichzeitig verfügen viele Jugendliche bereits über erstaunliche Ressourcen und beginnen, eigene Bewältigungsstrategien zu entwickeln - vorausgesetzt, sie finden ein unterstützendes, vertrauensvolles Umfeld.

Ein weiterer bedeutsamer Aspekt in der psychosozialen Krisenbegleitung bei Kindern und Jugendlichen ist die Einbeziehung des familiären Systems. In der Regel sind Kinder nicht isoliert von ihrer Umwelt betroffen, sondern in komplexe familiäre, schulische und soziale Beziehungsgeflechte eingebunden. Krisenverläufe und Bewältigungsprozesse können daher nur ganzheitlich betrachtet werden. Ist etwa ein Elternteil psychisch schwer belastet, kann dies die gesamte Familie destabilisieren. Kinder übernehmen in solchen Situationen oft Verantwortung, die sie überfordert, oder entwickeln Symptome, die Ausdruck eines familiären Ungleichgewichts sind. Die Einbeziehung der Eltern oder anderer Sorgeberechtigter in die Intervention - unter Wahrung des Vertrauensverhältnisses zum Kind - ist in vielen Fällen unerlässlich.

Die Reaktionen auf Krisen sind dabei so unterschiedlich wie die Kinder selbst. Während manche Kinder bereits bei kleineren Veränderungen mit Rückzug oder Angst reagieren, zeigen andere eine scheinbar große Resilienz selbst gegenüber schwerwiegenden Erlebnissen. Resilienz, verstanden als psychische Widerstandskraft, ist jedoch kein angeborener Wesenszug, sondern das Ergebnis eines komplexen Zusammenspiels innerer und äußerer Schutzfaktoren. Dazu zählen etwa eine sichere emotionale Bindung an mindestens eine konstante Bezugsperson, das Erleben von Selbstwirksamkeit, das Vorhandensein von sozialen Ressourcen, aber auch individuelle Fähigkeiten wie Problemlösungskompetenz oder Emotionsregulation. Die gezielte Förderung dieser Schutzfaktoren kann einen wesentlichen Beitrag zur Krisenprävention leisten. Psychosoziale Fachkräfte können in der Arbeit mit Kindern und Jugendlichen dazu beitragen, Ressourcen zu aktivieren, Selbstvertrauen aufzubauen und tragfähige Beziehungsangebote zu machen. Dies geschieht nicht nur in therapeutischen Kontexten, sondern auch in Schulen, Horten, Jugendzentren oder Beratungsstellen. Insbesondere in schulischen Kontexten können präventive Maßnahmen wie Sozialkompetenztrainings, Klassenklimaförderung, Partizipationsprojekte oder Peer-Mediation eine wertvolle Unterstützung bieten.

In der konkreten Krisenintervention mit Kindern und Jugendlichen gelten einige Grundprinzipien, die sich von der Arbeit mit Erwachsenen unterscheiden. An erster Stelle steht der Aufbau einer vertrauensvollen Beziehung. Kinder und Jugendliche öffnen sich nicht automatisch, sondern müssen erleben, dass sie ernst genommen werden, dass ihre Gefühle und Gedanken Raum haben und dass ihnen mit Respekt und Echtheit begegnet wird. Eine wertschätzende, zugewandte Haltung ist dabei oft wichtiger als die Wahl der richtigen Worte.

Der Einsatz von altersgerechten Methoden spielt ebenfalls eine große Rolle. Während Gespräche bei älteren Jugendlichen häufig im Zentrum stehen, sind bei jüngeren Kindern spieltherapeutische Zugänge, kreative Medien wie Malen oder Tonarbeiten, symbolische Handlungen oder Geschichten besonders hilfreich. Über diese Formen können Kinder ihre inneren Bilder ausdrücken, ohne sprachlich überfordert zu werden. Auch körperorientierte Methoden, etwa zur Stressreduktion oder zur Förderung des Körpergefühls, können unterstützend wirken.

Ein häufiges Missverständnis besteht darin, Kinder „ablenken" oder „beschützen" zu wollen, indem man schwierige Themen vermeidet. Dabei brauchen Kinder - genauso wie Erwachsene - Informationen, Orientierung und Möglichkeiten zur emotionalen Verarbeitung. Natürlich müssen diese altersgerecht vermittelt werden. Aber ein offenes, ehrliches und empathisches Gespräch hilft mehr als beschönigende oder ausweichende Reaktionen. Kinder spüren sehr genau, wenn etwas nicht stimmt, und entwickeln ansonsten eigene - häufig beängstigende - Fantasien.

Ein weiterer wichtiger Aspekt ist die Arbeit mit belasteten Familien. Hier geht es nicht nur um die Begleitung des Kindes oder Jugendlichen selbst, sondern oft auch um die Entlastung der Bezugspersonen. Eltern, die sich in einer akuten Krise befinden oder selbst traumatisiert sind, können häufig nur eingeschränkt für ihre Kinder da sein. Gleichzeitig erleben sie Schuldgefühle, Versagensängste oder Überforderung. Eine respektvolle und unterstützende Begleitung kann helfen, diese Ambivalenzen aufzufangen und neue Handlungsräume zu eröffnen.

Besonders herausfordernd ist die Arbeit mit Kindern und Jugendlichen, die mehrfach belastet sind - etwa durch eine Kombination aus familiärer Gewalt, psychischer Erkrankung der Eltern, Armut, Migrationserfahrungen oder Fluchthintergründen. In solchen Fällen ist oft eine enge Vernetzung mit anderen Fachstellen notwendig, um umfassende Unterstützungsangebote zu ermöglichen. Interdisziplinäre Zusammenarbeit zwischen psychosozialer Beratung, Kinder- und Jugendhilfe, Schule, Medizin und Psychotherapie ist hier essenziell.

Auch die Rolle der Schule in der Krisenintervention darf nicht unterschätzt werden. Lehrer:innen, Schulsozialarbeiter:innen oder Beratungslehrer:innen sind oft die ersten, die Veränderungen im Verhalten oder der Stimmungslage von Kindern und Jugendlichen wahrnehmen. Sie haben die Möglichkeit, frühzeitig Unterstützung anzubieten, Kontakte zu vermitteln oder Entlastungsgespräche zu führen. Gleichzeitig sind sie selbst durch ihre Nähe zum Geschehen emotional betroffen und brauchen mitunter ebenfalls Begleitung und Supervision.

Nicht zuletzt spielt auch der gesellschaftliche Rahmen eine Rolle. Kinder und Jugendliche wachsen in einem sozialen Kontext auf, der ihre Wahrnehmung von Sicherheit, Gerechtigkeit und Zugehörigkeit wesentlich beeinflusst. Politische Krisen, soziale Ausgrenzung, Armut, Diskriminierung oder ein Mangel an Beteiligungsmöglichkeiten können das Sicherheitsgefühl von Heranwachsenden erschüttern. Eine resilienzfördernde Gesellschaft ist daher auch eine, die Kinderrechte ernst nimmt, Beteiligung ermöglicht und psychosoziale Versorgung als Teil öffentlicher Daseinsvorsorge versteht.

Zusammenfassend lässt sich sagen: Krisen im Kindes- und Jugendalter sind keine Randerscheinungen, sondern Teil menschlicher Entwicklung - mit dem Potenzial, Verletzungen, aber auch Reifung und inneres Wachstum hervorzurufen. Entscheidend ist, ob junge Menschen in ihrer Not gesehen, verstanden und begleitet werden. Das zentrale Ziel psychosozialer Krisenintervention ist daher nicht nur die kurzfristige Stabilisierung, sondern auch die langfristige Stärkung der psychischen Gesundheit, der inneren Widerstandskraft und der sozialen Einbindung.

Altersgerechte Methoden in der psychosozialen Krisenintervention

Der Einsatz altersgerechter Methoden ist ein zentrales Element in der psychosozialen Arbeit mit Kindern und Jugendlichen in Krisen. Die Wahl der Methode richtet sich dabei nicht nur nach dem biologischen Alter, sondern vor allem nach dem kognitiven, emotionalen und sozialen Entwicklungsstand des Kindes oder Jugendlichen. Eine entwicklungspsychologisch fundierte Herangehensweise hilft dabei, Überforderungen zu vermeiden und die Selbstwirksamkeit der jungen Klient:innen zu stärken.

Frühe Kindheit (ca. 0-6 Jahre)

In den ersten Lebensjahren sind Sprache und abstraktes Denken noch kaum entwickelt, emotionale Erlebnisse und Sinneseindrücke stehen im Vordergrund. Kinder in diesem Alter kommunizieren vor allem nonverbal - über Mimik, Gestik, Körperausdruck und Spiel. In der Krisenbegleitung dieser Altersgruppe steht daher die Schaffung von Sicherheit und Verlässlichkeit an erster Stelle. Körperliche Nähe, eine ruhige Stimme, gleichbleibende Rituale und ein strukturierter Rahmen wirken beruhigend und stabilisierend. Methodisch bieten sich hier insbesondere *spieltherapeutische Ansätze* an. Freies Spiel, symbolisches Spiel (z. B. mit Puppen, Figuren, Bauklötzen) und kreative Medien wie Malen mit Fingermalfarben, Kneten oder das Gestalten mit Naturmaterialien ermöglichen es dem Kind, innere Erlebnisse auszudrücken, ohne sprachlich überfordert zu werden. Oft offenbart sich im Spiel viel über das emotionale Erleben des Kindes - ohne dass es dies explizit benennen muss.

Auch *Geschichten und Bilderbücher* sind in diesem Alter ein bewährtes Medium. Sie können zur Identifikation einladen, tröstliche Narrative vermitteln und helfen, komplexe Themen wie Verlust, Tod oder Trennung in einer kindgerechten Form zu thematisieren. Wichtig ist dabei eine achtsame Begleitung: Fragen, Emotionen oder spontane Reaktionen des Kindes sollten ernst genommen und aufgegriffen werden.

Mittleres Kindesalter (ca. 6-10 Jahre)

In diesem Alter erweitern sich die sprachlichen und kognitiven Fähigkeiten deutlich. Kinder können nun besser über Gefühle sprechen, haben ein erstes Verständnis für Zusammenhänge und zeigen wachsende Neugier auf das „Warum" von Ereignissen. Gleichzeitig bleibt das Spiel eine zentrale Ausdrucksform. In der Krisenintervention mit dieser Altersgruppe sind sowohl *strukturierte Gespräche* als auch *spielerisch-kreative Methoden* sinnvoll.

Gefühlekarten, Emotionsbarometer oder Gefühlswürfel können helfen, über innere Zustände zu sprechen. Kinder lernen dabei, ihre Emotionen zu benennen und differenziert wahrzunehmen - eine wichtige Voraussetzung für Selbstregulation. Auch kreative Ausdrucksformen wie Malen, Collagen, Rollenspiele oder das Erstellen eines „Krisentagebuchs" bieten Möglichkeiten zur Reflexion und Verarbeitung.

Das *Therapeutische Geschichten-Erzählen* ist in dieser Altersgruppe besonders wirksam. In den Geschichten können Stellvertreterfiguren für das Kind sprechen und symbolisch schwierige Themen verarbeiten - z. B. ein kleiner Fuchs, der seine Familie verloren hat, oder ein mutiger Drache, der mit einer großen Veränderung umgehen muss. Kinder identifizieren sich mit den Figuren, entwickeln Mitgefühl und oft auch neue Perspektiven auf ihre eigene Situation.

Rituale - etwa das Anzünden einer Kerze, das Malen eines Krafttiers oder das Einrichten eines „inneren Schutzortes" - helfen, emotionalen Halt zu geben und symbolische Bewältigungsprozesse anzuregen. Auch körperorientierte Methoden wie einfache Entspannungsübungen, Atemspiele oder Fantasiereisen können in die Begleitung eingebaut werden.

Frühe Adoleszenz (ca. 11-14 Jahre)

Mit Beginn der Pubertät verändern sich Wahrnehmung, Ausdruck und Bedürfnisse deutlich. Jugendliche dieser Altersgruppe sind oft ambivalent - sie suchen Nähe und Autonomie zugleich, wollen ernst genommen werden, zeigen sich aber auch verletzlich oder verschlossen. In der Krisenintervention ist es wichtig, den Wunsch nach Eigenständigkeit zu respektieren, ohne die jungen Menschen sich selbst zu überlassen.

Gespräche treten in dieser Phase stärker in den Vordergrund, müssen jedoch authentisch, dialogisch und auf Augenhöhe geführt werden. Jugendliche spüren schnell, wenn ihnen jemand etwas „überstülpen" will, und reagieren mit Widerstand oder Rückzug. *Offene Fragen, validierende Gesprächsführung* und *niederschwellige Gesprächseinstiege* - etwa über Musik, Filme, Alltagserfahrungen - helfen, den Kontakt herzustellen.

Auch in dieser Altersgruppe können *kreative Methoden* sehr unterstützend sein: Das Gestalten eines *Krisen-Collagebuchs*, das Schreiben von *Briefen an sich selbst* (z. B. „Was ich meinem jüngeren Ich sagen würde") oder das Erstellen eines *symbolischen Notfallkoffers* mit „inneren Ressourcen" und „strategischen Helfern" bietet Raum für Reflexion und Selbststärkung. Einige Jugendliche finden auch in *poetischen oder musikalischen Ausdrucksformen* Zugang zu ihren Gefühlen - etwa durch Songtexte, Poetry Slam oder Rap.

Methoden zur *Emotionsregulation* gewinnen zunehmend an Bedeutung - z. B. das Erstellen eines „Emotionskompasses", Achtsamkeitsübungen, Journaling oder das Üben von Strategien zur Impulskontrolle. Auch *körperorientierte Verfahren* wie progressive Muskelentspannung, Yoga oder Atemtechniken können in die Begleitung integriert werden, sofern die Jugendlichen dafür offen sind.

Späte Adoleszenz (ca. 15-18 Jahre)

In dieser Lebensphase sind viele Jugendliche bereits in der Lage, reflektierte Gespräche zu führen und komplexe Themen zu erfassen. Gleichzeitig stehen sie unter enormem Druck: schulisch, sozial, in der Identitätsentwicklung und oft auch in der Ablösung vom Elternhaus. In der Begleitung dieser Altersgruppe ist eine Haltung der *radikalen Offenheit und Authentizität* besonders wichtig. Junge Erwachsene möchten keine „pädagogischen Programme", sondern ernsthafte Gespräche mit Menschen, die sie als Gegenüber wahrnehmen.

Inhaltlich geht es häufig um existenzielle Fragen: Wer bin ich? Wohin will ich? Wem kann ich vertrauen? Wie gehe ich mit Verlust, Versagen oder Unsicherheit um? *Narrative Methoden*, Biografiearbeit, Zukunftsplanung oder das Arbeiten mit Lebenslinien können helfen, Krisen in einen größeren Lebenszusammenhang einzuordnen. Auch das Thema *Selbstfürsorge* wird in dieser Phase wichtig: Jugendliche lernen, eigene Grenzen zu erkennen, Bedürfnisse zu formulieren und Verantwortung für sich selbst zu übernehmen.

Praktisch hilfreich sind Methoden wie das Erstellen eines Ressourcenprofils, das Arbeiten mit Stärkenkarten, das Visualisieren von Unterstützungsnetzwerken oder das Entwickeln eines persönlichen Notfallplans für belastende Situationen. Digitale Tools (Apps für Achtsamkeit, Tagebuchführung, Gefühlsprotokolle) können dabei ebenfalls einbezogen werden, wenn sie zur Lebenswelt der Jugendlichen passen.

Diese differenzierte Betrachtung der altersgerechten Methoden macht deutlich: Es gibt keine „Einheitslösung" in der Krisenbegleitung junger Menschen. Entscheidend ist, die individuellen Bedürfnisse, Ausdrucksformen und Ressourcen zu erkennen - und mit kreativen, beziehungsorientierten und entwicklungsadäquaten Mitteln darauf zu antworten. Fachkräfte brauchen dafür sowohl methodisches Repertoire als auch die Fähigkeit, in Resonanz zu gehen, flexibel zu reagieren und Vertrauen zu ermöglichen.

Beziehungsgestaltung mit Kindern und Jugendlichen in Krisen

Die Qualität der Beziehung zwischen Fachkraft und junger Klient:in ist einer der zentralen Wirkfaktoren in der psychosozialen Krisenbegleitung. Insbesondere in Zeiten emotionaler Erschütterung, Unsicherheit oder Desorientierung suchen Kinder und Jugendliche nicht in erster Linie nach Lösungen, sondern nach einem Menschen, der sie in ihrer Not wahrnimmt, ernst nimmt und verlässlich begleitet. Dabei geht es nicht um pädagogische Kontrolle oder therapeutische Allmacht, sondern um eine aufrichtige Begegnung auf Augenhöhe. Der deutsche Psychologe und Psychotherapeut C. M. Hockel beschreibt in diesem Zusammenhang fünf wesentliche Grundhaltungen, die die Beziehungsgestaltung im Krisenkontext prägen sollten - und grenzt sie bewusst von gängigen Fehlhaltungen oder oberflächlichen Interventionen ab.

Beziehungsgestaltung muss **selbstkritisch**, nicht besserwisserisch sein. Junge Menschen spüren sehr genau, ob ihnen jemand mit aufrichtiger Neugier begegnet oder ob bereits eine vorgefasste Meinung im Raum steht. Eine selbstkritische Haltung bedeutet, die eigene Rolle, Haltung und Wirkung immer wieder zu reflektieren. Es heißt auch, Unsicherheit zuzulassen, Fragen offen zu lassen und die Bereitschaft zu zeigen, gemeinsam mit dem Kind oder Jugendlichen auf die Suche nach Verstehen und Lösung zu gehen. Fachliche Kompetenz zeigt sich nicht im Rechthaben, sondern im Zuhören, Fragenstellen und Mitgehen.

Sie muss **einfühlsam**, nicht faktorenorientiert sein. Einfühlung bedeutet mehr als das Erkennen von Symptomen oder das Zuordnen zu Diagnoseschemata. Es geht darum, sich auf die subjektive Wirklichkeit des jungen Menschen einzulassen - auch wenn sie nicht logisch erscheint oder schwer auszuhalten ist. Ein Kind, das über den Verlust seines Hamsters trauert, braucht ebenso empathische Begleitung wie ein Jugendlicher, der in tiefer Sprachlosigkeit über den Suizid eines Elternteils verharrt. Einfühlsamkeit bedeutet, sich emotional berühren zu lassen, ohne sich zu verlieren - und genau das macht Beziehung heilend.

Die Haltung muss **annehmend**, nicht mit Pseudotrost wegwischend sein. In der Krisenbegleitung geht es nicht darum, Leid kleinzureden oder schnelle Beruhigung zu verschaffen. Aussagen wie „Das wird schon wieder" oder „Anderen geht's viel schlechter" mögen gut gemeint sein, hinterlassen aber oft das Gefühl, nicht verstanden zu werden. Annehmend zu sein bedeutet, Schmerz und Verzweiflung Raum zu geben - auch dann, wenn es schwer auszuhalten ist. Es heißt, beim Kind oder Jugendlichen zu bleiben, ohne etwas ändern zu müssen. Erst wenn das Erlebte angenommen wird, kann es auch verarbeitet werden.

Beziehung muss **authentisch**, nicht verkünstelt oder gewollt sein. Kinder und Jugendliche durchschauen schnell, wenn jemand eine Rolle spielt, sich verstellt oder sich hinter einem professionellen Schutzschild versteckt. Authentizität heißt nicht, die eigene Betroffenheit ungefiltert zu zeigen, aber sehr wohl, eine ehrliche, menschliche Haltung einzunehmen. Es darf spürbar sein, dass man wirklich da ist - nicht als Funktionsträger:in, sondern als Person. Echtheit schafft Vertrauen, gerade in Krisensituationen, in denen alles andere brüchig geworden ist.

Schließlich braucht gelingende Beziehung auch **förderlich-forderndern Ideenreichtum**. Krisenarbeit mit jungen Menschen lebt von Kreativität, Flexibilität und dem Mut, neue Wege zu gehen. Es geht nicht um pädagogische Beliebigkeit, sondern um die Fähigkeit, ressourcenorientierte Impulse zu setzen, die dem Kind oder Jugendlichen helfen, wieder handlungsfähig zu werden. Das kann ein unerwarteter Perspektivwechsel sein, eine symbolische Handlung, ein gemeinsamer Spaziergang, ein Brief an das eigene zukünftige Ich oder ein Bild, das Hoffnung malt. Förderlich-fordernd bedeutet, den jungen Menschen nicht nur zu stabilisieren, sondern ihn zu ermutigen, seine eigenen Kraftquellen zu entdecken und zu nutzen.

Diese fünf Haltungen bilden gemeinsam ein Fundament für vertrauensvolle, tragfähige Beziehungen in der Krisenbegleitung. Sie erinnern daran, dass es nicht die „richtige Methode" gibt, sondern dass die Qualität der zwischenmenschlichen Begegnung das entscheidende Medium ist - gerade bei jungen Menschen, die oft keine Worte für das haben, was sie erleben, aber sehr genau spüren, ob jemand mit dem Herzen bei ihnen ist.

Ethische Herausforderungen und Grenzen in der Krisenbegleitung mit Kindern und Jugendlichen

Die Frage nach der Verantwortung gegenüber jungen Klient:innen stellt sich in der Krisenintervention nicht nur auf individueller Ebene, sondern auch im institutionellen und gesellschaftlichen Kontext. Fachkräfte sind oft eingebettet in Systeme - Schule, Jugendhilfe, Gesundheitseinrichtungen oder Beratungseinrichtungen - die ihrerseits Regeln, Zuständigkeiten und Zielvorgaben haben. Daraus entstehen häufig Zielkonflikte: Die Bedürfnisse des Kindes oder Jugendlichen stehen nicht selten im Widerspruch zu institutionellen Vorgaben oder den Erwartungen Dritter, etwa von Eltern, Lehrer:innen oder Sachbearbeiter:innen.

Ein Beispiel: Eine Jugendliche offenbart in einem vertraulichen Gespräch selbstverletzendes Verhalten, bittet aber eindringlich darum, dass niemand informiert werde. Die Fachkraft steht nun vor einem ethischen Dilemma: Soll sie den Wunsch nach Vertraulichkeit respektieren - oder das Risiko für Leib und Leben höher gewichten? Solche Situationen verlangen nicht nur rechtliches Wissen, sondern auch ein hohes Maß an ethischer Entscheidungsfähigkeit, kollegialer Beratung und emotionaler Selbstklärung.

Ethische Entscheidungen sind selten eindeutig, und sie können belastend sein - besonders, wenn man das Gefühl hat, keine gute Lösung zu finden. Das Ziel ist nicht, perfekte Antworten zu liefern, sondern verantwortungsvoll mit der Unvollkommenheit realer Situationen umzugehen. Ein reflektierter Umgang mit den eigenen Grenzen, das Eingeständnis von Unsicherheit und die Bereitschaft, Entscheidungen zu hinterfragen, sind Zeichen professioneller Reife, nicht von Schwäche.

In vielen Fällen geht es auch um die Frage der Repräsentation und Stellvertretung: Wer spricht für das Kind oder den Jugendlichen? Wer bestimmt, was „gut" oder „richtig" ist? Gerade in multiprofessionellen Kontexten wird häufig über junge Menschen gesprochen, ohne sie einzubeziehen. Es besteht die Gefahr, dass Erwachsene stellvertretend über Bedürfnisse, Lösungen oder Interventionen entscheiden, ohne den tatsächlichen Willen oder das Erleben des Kindes zu kennen.

Eine ethisch fundierte Praxis strebt dagegen eine partizipative Haltung an: Das Kind oder der Jugendliche soll nicht Objekt, sondern Subjekt der Hilfe sein. Natürlich braucht es dazu ein alters- und entwicklungsgerechtes Vorgehen - ein fünfjähriges Kind kann nicht im gleichen Maß mitentscheiden wie eine Siebzehnjährige. Aber auch kleine Kinder können gefragt, beteiligt und ernst genommen werden. Bereits die Frage „Was hilft dir, dass es dir ein bisschen besser geht?" kann ein Türöffner sein - und eine Einladung zur Mitgestaltung.

Macht und Verantwortung sind ebenfalls zentrale ethische Themen in der Krisenbegleitung. Erwachsene haben Macht - über Sprache, Entscheidungen, Deutungsmacht, Zugang zu Ressourcen. Diese Macht muss reflektiert und verantwortungsvoll eingesetzt werden. Es ist ein Unterschied, ob man als Expert:in auftritt, der weiß, „was jetzt zu tun ist", oder ob man sich in eine dialogische Beziehung begibt, in der auch der junge Mensch als Experte oder Expertin des eigenen Erlebens gesehen wird. Machtmissbrauch - etwa durch Bevormundung, emotionale Überwältigung oder das Ignorieren von Grenzen - kann auch im Kontext professioneller Hilfe geschehen. Achtsamkeit, Selbstkontrolle und bewusste Beziehungsgestaltung sind daher essenziell.

Auch strukturelle Ungleichheiten und gesellschaftliche Ausschlüsse spielen in der ethischen Bewertung eine Rolle. Kinder und Jugendliche mit Armutserfahrungen, aus marginalisierten Communities, mit Behinderungen, mit Fluchthintergrund oder aus LGBTQIA+-Kontexten erleben häufig mehrfach diskriminierende Lebensbedingungen. Ihre psychischen

Belastungen resultieren nicht allein aus individuellen Krisen, sondern auch aus systemischer Benachteiligung und struktureller Gewalt.

Ethische Krisenintervention bedeutet daher auch, soziale Gerechtigkeit mitzudenken. Es reicht nicht, individuelle Resilienz zu stärken, wenn die gesellschaftlichen Rahmenbedingungen krank machen. Fachkräfte können nicht alle strukturellen Probleme lösen - aber sie können sichtbar machen, benennen, sensibilisieren und Netzwerke aktivieren. Manchmal bedeutet Hilfe auch: Verbündete sein. Für Rechte eintreten. Den Raum für Teilhabe schaffen.

Ein sensibler Bereich betrifft zudem die eigene Biografie der Helfenden. Gerade in der Arbeit mit Kindern und Jugendlichen in Krisen kann es passieren, dass eigene frühe Erfahrungen von Verletzung, Ohnmacht oder Vernachlässigung aktiviert werden. Wer sich als Fachkraft unbewusst in die Rolle des „Retters", der „Verlassenen" oder der „verkannten Heldin" begibt, agiert nicht mehr im Dienste des Gegenübers, sondern aus der eigenen Bedürftigkeit. Supervision, Selbstreflexion, therapeutische Selbsterfahrung und regelmäßige psychohygienische Praxis sind keine „Luxusoptionen", sondern ein ethisches Gebot der professionellen Arbeit.

Auch Abschiede und Übergänge müssen ethisch verantwortet werden. Wenn eine Begleitung zu Ende geht - sei es planmäßig oder abrupt - braucht es einen bewussten Abschluss. Kinder und Jugendliche erleben in ihrem Leben oft genug das plötzliche Verschwinden von wichtigen Bezugspersonen. Eine professionelle Beziehung darf sich nicht „einfach im Sand verlaufen". Abschiedsrituale, Feedbackgespräche, das Benennen von Entwicklungen und das gemeinsame Zurückblicken helfen, den Prozess zu würdigen und die Beziehung in guter Weise zu beenden.

Schließlich stellt sich in der ethischen Begleitung immer wieder die Frage: Was bedeutet „Hilfe" eigentlich - und wer bestimmt, was hilfreich ist? In Krisensituationen sind Kinder und Jugendliche besonders vulnerabel für gut gemeinte, aber übergriffige Interventionen. Ethische Haltung heißt, zuzuhören, zu prüfen, zu hinterfragen - und sich immer wieder zu fragen: Dient das, was ich tue, wirklich dem Kind oder Jugendlichen? Oder dient es meiner Vorstellung von „gelungener Arbeit"?

Ethische Krisenbegleitung ist kein abgeschlossenes Konzept, sondern ein lebendiger Prozess - eine innere Haltung, die durch jede Begegnung neu geprüft wird. Sie verlangt Achtsamkeit, Bescheidenheit, Mut und Mitgefühl. Sie schützt vor Bevormundung ebenso wie vor Gleichgültigkeit. Und sie erinnert uns daran, dass jede helfende Beziehung auch eine Einladung ist - zur Begegnung zwischen Menschen. Nicht als die Starken und die Schwachen, nicht als Wissende und Unwissende, sondern als Mitmenschen in einer geteilten Welt, in der Krise zum Leben gehört - und Beziehung zur Heilung.

Belastungsfaktoren bei Kindern und Jugendlichen

Das Erleben und Verarbeiten von Krisen ist bei Kindern und Jugendlichen von einer Vielzahl individueller und situativer Faktoren abhängig. Die Wirkung eines belastenden Ereignisses entfaltet sich nie im luftleeren Raum, sondern immer im Kontext physiologischer, psychologischer und sozialer Bedingungen. Dabei ist zu beachten, dass Kinder nicht einfach „kleine Erwachsene" sind - ihre körperlichen, kognitiven und emotionalen Reaktionen auf belastende Situationen unterscheiden sich zum Teil erheblich von denen Erwachsener und müssen entsprechend differenziert betrachtet werden.

Grundsätzlich lassen sich Belastungsfaktoren in zwei Hauptkategorien einteilen: **physiologische Faktoren**, die direkt über den Körper wirken, und **psychologische Faktoren**, die durch das individuelle Erleben, Denken und Fühlen des Kindes oder Jugendlichen bestimmt sind. Beide wirken eng zusammen und beeinflussen sich gegenseitig.

Physiologische Belastungsfaktoren sind äußere Reize oder Umweltbedingungen, die eine körperliche Reaktion hervorrufen - etwa eine erhöhte Ausschüttung von Stresshormonen, Herzrasen, Zittern, Übelkeit oder Erschöpfung. Kinder reagieren oft besonders sensibel auf solche äußeren Reize, da ihre physischen Regulationsmechanismen noch nicht vollständig ausgereift sind. Ein Notfallgeschehen oder eine akute Krise kann daher nicht nur emotional, sondern auch somatisch als tiefgreifend belastend erlebt werden.

Externe physiologische Belastungen umfassen eine Vielzahl von Eindrücken und Umständen, die sich direkt auf das kindliche Erleben auswirken: **Ursache und Ausmaß eines Notfalls:** Wie auch bei Erwachsenen gilt: Von Menschen verursachte Krisen - etwa Gewalt, Missbrauch oder vorsätzliche Zerstörung - werden im Allgemeinen als wesentlich belastender erlebt als Naturereignisse. Wenn ein Notfall chaotisch verläuft, viele Menschen betroffen sind oder ein hohes Maß an Zerstörung sichtbar ist, steigert dies die psychische Belastung zusätzlich. Besonders dramatisch wirken Szenarien, in denen Hilflosigkeit, Orientierungslosigkeit, Panik oder ein Mangel an verlässlichen Erwachsenen erlebbar werden.

Dauer des Ereignisses: Je länger ein belastendes Geschehen andauert, desto schwieriger ist es für Kinder und Jugendliche, es innerlich zu verarbeiten. Kurzzeitige Schocksituationen können unter Umständen gut bewältigt werden - lang andauernde, diffuse Bedrohungslagen (z. B. eine unklare familiäre Trennung oder anhaltende Gewalt) hinterlassen hingegen oft tiefergehende Spuren. Besonders kritisch ist es, wenn die Belastung keinen erkennbaren „Abschluss" findet.

Beziehung zu den Betroffenen: Die emotionale Nähe zu unmittelbar Betroffenen spielt eine zentrale Rolle für das Erleben eines Notfalls. Der Tod oder die schwere Verletzung eines Elternteils, Geschwisters oder engen Freundes wirkt ungleich belastender als die Beobachtung eines Fremdunfalls. Kinder orientieren sich stark an ihren Bezugspersonen - fällt diese aus, wird das gesamte emotionale Gleichgewicht erschüttert.

Visuelle Eindrücke: Der Anblick von Verletzten, Blut, Erbrochenem oder sogar Verstorbenen kann für Kinder zutiefst verstörend sein. Auch scheinbar „harmlose" Spuren eines Notfalls - etwa Bremsspuren, zerborstene Scheiben oder beschädigte Gegenstände - können in der kindlichen Vorstellungskraft verstärkt weiterwirken. Selbst wenn das Kind nicht direkt anwesend war, kann das Gesehene Fantasien auslösen, die mit starken Ängsten verbunden sind.

Olfaktorische Eindrücke (Gerüche): Gerüche haben eine besonders unmittelbare Wirkung auf unser emotionales Gedächtnis. Sie gelangen direkt in jene Hirnareale, die für emotionale Reaktionen zuständig sind, und wirken dort oft stärker als Bilder oder Worte. Jüngere Kinder verfügen über ein besonders ausgeprägtes Geruchsempfinden, was dazu führt, dass intensive, ungewohnte oder stechende Gerüche (z. B. Rauch, Blut, Chemikalien) schnell Angst, Übelkeit oder Unwohlsein auslösen können - auch dann, wenn sie nicht bewusst wahrgenommen werden.

Akustische Eindrücke (Geräusche): Auch Geräusche können für Kinder sehr belastend sein. Das Schreien verletzter Personen, Sirenen, lautes Weinen oder chaotisches Stimmengewirr erzeugen häufig eine Überflutung des kindlichen Nervensystems. Besonders irritierend kann auch eine plötzliche Stille sein, die als unheimlich oder bedrohlich empfunden wird. Kinder nehmen solche Geräuschkulissen oft unbewusst auf, verinnerlichen sie und reagieren später mit wiederkehrender Angst oder Schlafproblemen.

Extreme Temperaturen: Auch äußere klimatische Bedingungen - etwa Hitze durch Brände oder Feuer, Kälte durch Unterkühlung oder Nässe - können für Kinder schwerer kompensierbar sein als für Erwachsene. Besonders bei kleineren Kindern ist die körpereigene Regulation noch nicht voll ausgebildet. Das bedeutet, dass sie schneller erschöpfen, dehydrieren oder unterkühlen - was zusätzlich zur psychischen Belastung beitragen kann.

Anwesenheit von Zuschauenden oder Medien: Kinder empfinden es oft als besonders belastend, wenn viele fremde Menschen am Ort eines Geschehens sind, besonders dann, wenn sie emotional aufgewühlt oder panisch reagieren. Auch das Gefühl, beobachtet oder gar gefilmt zu werden, kann eine ohnehin verletzliche Situation weiter zuspitzen. Der Verlust von Privatsphäre und Rückzugsmöglichkeiten wirkt dabei verstärkend auf das Erleben von Ohnmacht und Kontrollverlust.

Neben diesen physiologischen Belastungen spielen **psychologische Faktoren** eine ebenso wichtige Rolle. Hier sind zwei Hauptdimensionen zu unterscheiden: **individualpsychologische** und **sozialpsychologische** Aspekte.

Individualpsychologische Belastungsfaktoren beziehen sich auf die innere Verfassung des Kindes oder Jugendlichen. Dazu zählen unter anderem seine Persönlichkeit, seine bisherigen Erfahrungen, sein Temperament, seine inneren Überzeugungen und seine Erwartungen. Ein Kind, das bereits früh verunsichernde Erlebnisse gemacht hat oder wenig

Selbstwertgefühl besitzt, wird auf eine Krise möglicherweise empfindlicher reagieren als ein anderes, das über stabile innere Ressourcen verfügt. Auch die Art und Weise, wie ein Kind über das Erlebte denkt - ob es sich etwa die Schuld gibt, sich hilflos fühlt oder das Gefühl hat, „alles falsch gemacht" zu haben - prägt den weiteren Verlauf der Verarbeitung maßgeblich.

Sozialpsychologische Belastungsfaktoren entstehen durch die Interaktion mit anderen. Wie reagiert das Umfeld? Wird das Kind ernst genommen? Wird es ausgegrenzt, stigmatisiert oder unter Druck gesetzt? Wird offen über das Erlebte gesprochen oder herrscht Schweigen? Kinder und Jugendliche orientieren sich stark an ihrer Umwelt - an den Reaktionen von Erwachsenen ebenso wie an Gleichaltrigen. Wird die Krise im sozialen Umfeld verharmlost, tabuisiert oder dramatisiert, hat das unmittelbare Auswirkungen auf das emotionale Erleben und die Entwicklung von Bewältigungsstrategien.

Interne physiologische und psychologische Belastungen

Neben den äußeren Reizen, die auf Kinder und Jugendliche in akuten Krisensituationen einwirken, spielen auch **interne Belastungsfaktoren** eine entscheidende Rolle. Diese betreffen die körperlich-somatische und psychische Innenwelt der Betroffenen. Während äußere Einflüsse häufig sichtbar und messbar sind, bleiben innere Belastungen oft im Verborgenen - insbesondere bei jungen Menschen, denen es an sprachlichen oder kognitiven Möglichkeiten fehlt, ihr inneres Erleben adäquat mitzuteilen. Das Verständnis dieser internen Faktoren ist für psychosoziale Fachkräfte zentral, um angemessen reagieren und gezielt unterstützen zu können.

Ein bedeutsamer Aspekt ist das **individuelle Schmerzempfinden**. Kinder erleben Schmerzen nicht nur auf physischer Ebene, sondern auch emotional - sie sind mit Angst, Verunsicherung und Hilflosigkeit verknüpft. Das Schmerzempfinden ist dabei höchst subjektiv und hängt von verschiedenen Faktoren ab: dem bisherigen Umgang mit Schmerzen, dem Vorwissen über den eigenen Körper, dem Verhalten der Bezugspersonen sowie von inneren Fantasien und Bedeutungszuschreibungen. Während bedrohliche Verletzungen von Kindern mitunter als harmlos eingeschätzt werden, können Bagatellverletzungen große Angst auslösen, wenn etwa Blut sichtbar ist oder eine schmerzbezogene Fantasie aktiviert wird. Das Fehlen eines anatomischen Grundverständnisses führt gerade bei kleineren Kindern dazu, dass sie die Bedeutung und Tragweite von körperlichen Symptomen kaum einschätzen können. Ihre Reaktion basiert nicht auf Fakten, sondern auf Bildern und Gefühlen - oft irrational, aber für das Kind real.

Auch **Bewegungseinschränkungen** wirken sich belastend aus - physisch wie psychisch. Kinder haben einen natürlichen Bewegungsdrang, der ihnen hilft, Anspannung abzubauen, das Erlebte zu regulieren und sich zu orientieren. Wird dieser Impuls durch Verletzungen, medizinische Maßnahmen oder externe Vorgaben (z. B. Fixierung, Festhalten, Sitzenbleiben) unterdrückt, kann dies als massive Einschränkung empfunden werden. Besonders in belastenden Situationen, in denen der innere Druck steigt, ist Bewegung eine wichtige Form der Selbstregulation. Ihr Ausbleiben erhöht das Gefühl von Kontrollverlust und kann zu Verzweiflung, Übererregung oder emotionalem Rückzug führen.

Ein oft unterschätzter interner Faktor ist **Durst**. Gerade bei hohen Temperaturen, körperlicher Anstrengung oder in langen Wartezeiten entsteht bei Kindern rasch ein Gefühl der Dehydrierung - zumal ihre Körperoberfläche im Verhältnis zum Gewicht deutlich größer ist als bei Erwachsenen. Schon ein moderater Flüssigkeitsverlust kann zu Kreislaufproblemen, Übelkeit, Kopfschmerzen oder erhöhter Reizbarkeit führen. In Krisensituationen, in denen das Grundbedürfnis nach Flüssigkeitszufuhr nicht zeitnah gestillt werden kann, entsteht nicht nur körperliches Unbehagen, sondern auch das Gefühl, ausgeliefert zu sein.

Sensorische Empfindungen, wie plötzliches Herzklopfen, Schwindel, Kribbeln oder ein flaues Gefühl im Magen, werden von Kindern oft als beängstigend erlebt. Diese körperlichen Stressreaktionen - ausgelöst durch die Ausschüttung von Adrenalin und anderen Stresshormonen -

sind physiologisch erklärbar, aber für das Kind oft unverständlich und bedrohlich. Die fehlende Erfahrung mit solchen Körperempfindungen führt dazu, dass sie als Zeichen von Krankheit, drohender Ohnmacht oder sogar Todesangst interpretiert werden. Ohne entsprechende Erklärung oder Beruhigung steigt die innere Verunsicherung - ein Teufelskreis aus Angst und Körpersymptomen kann entstehen.

Eine weitere zentrale Belastungsquelle ist das **fehlende Wissen über das Geschehen.** Kinder und Jugendliche erleben Krisensituationen oft als etwas völlig Neues, Unverständliches und nicht Einordenbares. Ihnen fehlt es an Vergleichserfahrungen, Orientierung und Wissen. Was sie nicht verstehen, versuchen sie sich durch *magisches Denken* oder fantasievolle Erklärungsmodelle zu erschließen. Jüngere Kinder interpretieren Ereignisse auf der Grundlage kindlicher Logik („Ich bin schuld, weil ich gestern böse war") oder übertragen eigene Ängste auf das, was sie sehen oder hören. Jugendliche hingegen neigen eher zu irrationalen Spekulationen oder dramatischen Vorstellungen („Alle werden sterben", „Es ist meine Strafe"), vor allem dann, wenn sie keine klaren Informationen erhalten oder mit widersprüchlichen Aussagen konfrontiert sind.

Das **Erleben von Kontrollverlust** ist ein weiteres zentrales Element interner Belastung. Die Wahrnehmung, keine Kontrolle über das Geschehen zu haben, nicht eingreifen, sich nicht schützen oder fliehen zu können, ist für Kinder und Jugendliche extrem belastend - noch weit mehr als für Erwachsene. Ihr Gefühl von Sicherheit und Selbstwirksamkeit ist ohnehin fragiler, ihre Weltverständnisse sind noch im Aufbau begriffen. Wird dieses Fundament erschüttert, wirkt das Erleben der eigenen Ohnmacht tief in das Selbstbild und kann langfristige Auswirkungen auf das psychische Wohlbefinden haben. Es entsteht das Gefühl, ausgeliefert zu sein, den Ereignissen passiv gegenüberzustehen, hilflos oder sogar wertlos zu sein. Daraus resultiert ein hoher Risikofaktor für die weitere Entwicklung - insbesondere, wenn keine Strategien zur Wiedergewinnung von Kontrolle aufgebaut werden können. Umso wichtiger ist es, gezielt kleine Handlungsräume zu eröffnen, die Selbstwirksamkeit wieder spürbar machen:

durch Mitbestimmung, Orientierung, symbolische Handlungen oder konkrete Aufgaben.

Nicht zuletzt spielt die **Sprachlosigkeit** vieler junger Menschen eine wichtige Rolle. Kinder und Jugendliche können belastende Eindrücke, Ängste oder Schmerzen häufig nicht benennen - sei es aufgrund ihres sprachlichen Entwicklungsstandes, ihrer Scham, ihrer Unsicherheit oder aus Angst, das Geschehen noch zu verschlimmern. Viele haben die Sorge, durch ihre Worte andere zu belasten oder zu verärgern. Manche schweigen auch, weil sie negative Konsequenzen befürchten - etwa medizinische Maßnahmen, Trennung von Bezugspersonen oder schulische Folgen. Andere können körperliche Beschwerden nicht einordnen oder benennen - etwa ein dumpfes Gefühl in der Brust, das sich wie „Traurigkeit" anfühlt, aber als „Bauchweh" beschrieben wird. Diese Sprachlosigkeit darf nicht als Widerstand oder Unwille missverstanden werden, sondern als Ausdruck einer tiefen inneren Überforderung.

Gerade in solchen Momenten braucht es Fachkräfte, die über die Fähigkeit verfügen, das Unsagbare spürbar zu machen - durch Präsenz, durch nonverbale Kommunikation, durch empathisches Zuhören und durch kreative Ausdrucksformen. Denn wo Worte fehlen, braucht es andere Zugänge: Bilder, Bewegungen, Geschichten, Symbole. Ziel ist nicht nur das Verstehen des Gesagten, sondern das Begreifen des Erlebten - auf einer Ebene, die dem Kind oder Jugendlichen gerecht wird.

Diese komplexen Belastungsfaktoren machen deutlich, dass die Einschätzung einer kindlichen oder jugendlichen Krisenreaktion niemals pauschal erfolgen darf. Jedes Kind bringt seine eigene Lebensgeschichte, seine eigene Wahrnehmung und seine eigenen Ressourcen mit. Professionelle Krisenbegleitung bedeutet daher, all diese Faktoren zu berücksichtigen - mit Einfühlungsvermögen, differenzierter Beobachtung und einer Haltung, die Raum für das subjektive Erleben lässt.

Weitere Einflussfaktoren auf die Belastungsverarbeitung bei Kindern und Jugendlichen

Nicht jedes Kind reagiert in gleicher Weise auf eine Krise oder ein belastendes Ereignis. Während manche scheinbar mühelos mit Herausforderungen umgehen, geraten andere schon bei vergleichsweise geringfügigen Störungen des Alltagsgefüges aus dem Gleichgewicht. Diese Unterschiede lassen sich nicht allein mit dem konkreten Geschehen erklären, sondern hängen von einer Vielzahl weiterer Faktoren ab, die das Erleben und die Verarbeitung maßgeblich beeinflussen. Für psychosoziale Fachkräfte ist es daher entscheidend, die individuellen und entwicklungsbezogenen Voraussetzungen der jungen Klient:innen zu verstehen, um gezielte Unterstützung bieten zu können. Dabei lohnt sich ein differenzierter Blick auf jene Variablen, die sich im Beratungsalltag immer wieder als bedeutsam erweisen.

Ein grundlegender Einflussfaktor ist das **Alter** des betroffenen Kindes oder Jugendlichen. Grundsätzlich gilt: Je jünger ein Kind ist, desto größer ist die Wahrscheinlichkeit, dass ein belastendes Ereignis tiefergehende Spuren hinterlässt. Das liegt nicht nur daran, dass jüngere Kinder weniger über kognitive Ressourcen verfügen, um das Geschehen einzuordnen, sondern vor allem daran, dass sie ihre Umwelt vorwiegend über die emotionale Resonanz mit ihren Bezugspersonen erfassen. Sie spüren sehr genau, ob „etwas nicht stimmt", auch wenn sie das Warum und Wie nicht benennen können. Ihr Sicherheitsempfinden hängt stark vom Verhalten der Erwachsenen ab - Mimik, Stimme, Körperhaltung werden zu Orientierungsmarken. Je kleiner ein Kind ist, desto direkter wirkt sich die emotionale Verfassung der Eltern oder anderen Vertrauenspersonen auf das eigene Erleben aus. Angst, Hilflosigkeit oder Verunsicherung können deshalb schnell übernommen werden, auch ohne bewusste Erklärung.

Auch das **Geschlecht** spielt eine Rolle in der Wahrnehmung und Verarbeitung von Krisen. Studien zeigen, dass Mädchen nach belastenden Ereignissen häufiger psychische Folgeerscheinungen entwickeln als Buben. Diese Unterschiede lassen sich jedoch nicht allein biologisch erklären, sondern sind auch Ausdruck unterschiedlicher Sozialisationsprozesse. Mädchen lernen tendenziell früher, Gefühle zu verbalisieren, neigen eher zur Internalisierung von Problemen (etwa in Form von Ängsten oder Rückzug), während Jungen häufiger externalisierende Verhaltensweisen zeigen (etwa Unruhe, Aggression oder Risikoverhalten). Diese geschlechtsspezifischen Ausdrucksformen müssen in der Beratung berücksichtigt werden, ohne jedoch stereotype Zuschreibungen zu verstärken. Ziel ist es, jedem Kind mit seiner individuellen Art zu begegnen und nicht aus dem Verhalten auf ein vermeintlich typisches Reaktionsmuster zu schließen.

Die **körperliche und mentale Konstitution** des Kindes ist ein weiterer bedeutsamer Faktor. Ein kräftiger, gesunder und körperlich aktiver junger Mensch kann eine Krisensituation zumindest auf physiologischer Ebene oft besser bewältigen als ein Kind mit chronischen Erkrankungen oder einer akuten gesundheitlichen Einschränkung. Doch auch hier gilt: Die äußere Konstitution sagt nichts über die innere Widerstandskraft. Ein schmächtiges Kind kann emotional sehr stabil sein - ebenso wie ein sportlicher Jugendlicher psychisch hoch vulnerabel sein kann. Wichtig ist daher, die Konstitution als ein Puzzleteil zu betrachten, nicht als Prognose.

Eine besonders große Bedeutung kommt den **Persönlichkeitsmerkmalen** zu. Kinder mit einer grundsätzlich optimistischen, fröhlichen Grundhaltung, mit emotionaler Stabilität und einem gesunden Maß an Selbstvertrauen verfügen über wichtige Schutzfaktoren, um mit Krisen umzugehen. Auch Intelligenz - verstanden nicht nur als kognitive Leistungsfähigkeit, sondern als Fähigkeit zum Reflektieren, zur Perspektivübernahme und zur Selbstregulation - kann unterstützend wirken. Demgegenüber erhöhen ängstliche Grundhaltungen, geringe Selbstsicherheit, hohe Reizbarkeit oder ausgeprägte Impulsivität das Risiko, dass eine Krise tiefer greift. Für psychosoziale Fachkräfte ist es daher bedeutsam, die Persönlichkeit des Kindes möglichst feinfühlig zu erfassen - nicht diagnostisch, sondern verstehend: Was macht dieses Kind stark? Wo liegt seine Verletzlichkeit? Wie geht es mit Belastung um?

Eng verknüpft damit sind die **Bewältigungsstrategien**, die einem Kind zur Verfügung stehen - auch als Copingstrategien bezeichnet. Kinder, die in belastenden Situationen gelernt haben, aktiv nach Lösungen zu suchen, über ihre Gefühle zu sprechen oder sich Hilfe zu holen, verfügen über wichtige Kompetenzen, um mit Krisen umzugehen. Diese Strategien werden meist im Laufe der frühen Kindheit und Jugend erworben - durch Vorbilder, durch Erfahrungen, durch Ermutigung. In der Beratungspraxis ist es hilfreich, mit Kindern über ihre bisherigen Bewältigungsversuche zu sprechen: Was hat dir früher geholfen? Was tust du, wenn es dir schlecht geht? Solche Gespräche können nicht nur entlastend wirken, sondern auch zu einem bewussteren Umgang mit eigenen Ressourcen führen. Umgekehrt gilt: Wenn ein Kind auf Vermeidung, Rückzug oder Resignation zurückgreift, braucht es Impulse, die ihm neue Wege aufzeigen - ohne Zwang, aber mit geduldiger Begleitung.

Ein weiterer zentraler Schutzfaktor ist das **Selbstwirksamkeitserleben** - also das Gefühl, durch eigenes Tun Einfluss auf das Geschehen und die eigene Lebenswelt nehmen zu können. Kinder, die dieses Gefühl in sich tragen, sind widerstandsfähiger gegenüber Stress, Schmerz und Kontrollverlust. Sie erleben sich nicht als Opfer der Umstände, sondern als handlungsfähig, auch in schwierigen Zeiten. Dieses Gefühl lässt sich gezielt stärken: durch kleine Erfolge, durch partizipative Gesprächsführung, durch das Ernstnehmen kindlicher Vorschläge und Ideen. Wenn Kinder erleben, dass sie gehört werden und dass ihr Tun eine Wirkung hat, wird Resilienz ganz konkret erfahrbar. Dem gegenüber steht eine Haltung der erlernten Hilflosigkeit - häufig das Resultat überbehütender oder kontrollierender Erziehungsmuster. Kinder, denen jede Entscheidung abgenommen wird, entwickeln keine Handlungskompetenz, sondern Abhängigkeit - und laufen Gefahr, in Krisensituationen rasch zu resignieren.

Einen ähnlich bedeutsamen Stellenwert hat das sogenannte **Kohärenzerleben**, ein Begriff aus der Salutogenese, der beschreibt, in welchem Maß ein Mensch Erlebnisse als verstehbar, bewältigbar und sinnhaft einordnen kann. Auch für Kinder und Jugendliche ist es essenziell, belastende Erfahrungen in ein stimmiges Weltbild integrieren zu können. Was ich verstehen kann, ängstigt mich weniger. Was ich einordnen kann, muss ich nicht bekämpfen. Psychosoziale Fachkräfte können diesen Prozess gezielt unterstützen, indem sie altersgerechte Informationen vermitteln, kindgerechte Erklärungen anbieten und gemeinsam mit dem Kind Deutungsangebote entwickeln. Es geht dabei nicht um Schönreden oder Verharmlosen, sondern um Orientierung: *Was ist passiert? Warum hat es mich getroffen? Was kann ich daraus mitnehmen?*

Das Zusammenspiel all dieser Faktoren - Persönlichkeit, Selbstwirksamkeit, Kohärenz, soziale Ressourcen - bildet das, was man in der psychosozialen Arbeit als **Resilienz** bezeichnet. Kinder, die über ein hohes Maß an Resilienz verfügen, zeigen deutlich seltener langfristige psychische Folgen nach Krisen und Notfällen. Resilienz ist dabei kein starrer Zustand, sondern ein Prozess, der aufgebaut, gepflegt, gestärkt und auch wieder verloren gehen kann. Sie kann gefördert werden - durch gute Beziehungen, durch ein unterstützendes Umfeld, durch achtsame Begleitung. Ihr Gegenpol ist die **Vulnerabilität** - eine erhöhte Anfälligkeit für Überforderung, Traumatisierung und seelische Verletzung. Besonders vulnerable Kinder sind jene, die bereits Vorerfahrungen mit belastenden Situationen gemacht haben, ohne dabei ausreichend Unterstützung zu erhalten. Sie bringen häufig eine Geschichte mit sich, in der Schutz gefehlt, Nähe verletzt oder Vertrauen enttäuscht wurde. In der Beratung ist es wichtig, diese Biografien zu erkennen und sie in die Begleitung einzubeziehen - ohne Pathologisierung, aber mit dem Bewusstsein, dass hier besondere Achtsamkeit und Stabilität gefragt sind.

Nicht zuletzt spielt die **Erziehung** eine maßgebliche Rolle im Umgang mit Krisen. Kinder, die in einem Umfeld aufwachsen, in dem Eigenständigkeit gefördert, Fehler zugelassen und Gefühle ernst genommen werden, entwickeln leichter tragfähige Bewältigungsstrategien. Sie lernen, dass sie etwas bewirken können, dass sie Grenzen setzen dürfen und dass sie auch in schwierigen Zeiten getragen werden. Umgekehrt zeigen Kinder, die übermäßig kontrolliert, überbehütet oder in ihrer Entwicklung gehemmt werden, häufiger Schwierigkeiten im Umgang mit belastenden Situationen. Besonders kritisch ist die sogenannte „erlernte Hilflosigkeit", die entsteht, wenn ein Kind immer wieder erlebt, dass es nichts bewirken kann. Diese Haltung setzt sich häufig tief fest - und wirkt über Kindheit und Jugend hinaus bis ins Erwachsenenleben.

Für psychosoziale Berater:innen und Begleitpersonen heißt das: Jede Krise ist einzigartig, weil jedes Kind einzigartig ist. Es gibt keine Patentrezepte, aber es gibt Haltungen, die tragen: zuhören, ernst nehmen, bestärken, begleiten. Die Kunst besteht darin, im Chaos der Krise die leisen Signale von Hoffnung zu erkennen - und sie zu stärken, bis das Kind sie selbst wieder spüren kann.

Akutreaktionen von Kindern und Jugendlichen in Krisensituationen

Kinder und Jugendliche reagieren - ebenso wie Erwachsene - höchst unterschiedlich auf krisenhafte Erlebnisse. Ihre Reaktionen sind geprägt von Alter, Entwicklung, Persönlichkeit, bisherigen Erfahrungen und dem sozialen Umfeld. Während Erwachsene ihren emotionalen Zustand meist sprachlich ausdrücken können, nutzen Kinder und Jugendliche dazu andere Kanäle: Spiel, Körper, Verhalten, Fantasie oder auch Rückzug. Die sichtbaren Symptome reichen von Übererregung über Vermeidung bis hin zu emotionaler Taubheit, Intrusionen oder dissoziativen Zuständen. Viele dieser Reaktionen können als Ausdruck eines akuten inneren Stresserlebens verstanden werden - eines Systems, das in Alarmbereitschaft ist und versucht, mit dem Erlebten umzugehen, so gut es kann.

Wichtig ist dabei: Die Symptome junger Menschen ähneln zwar jenen von Erwachsenen, sie **zeigen sich aber oft in anderer Form**. Vor allem bei kleineren Kindern treten Reinszenierungen des belastenden Erlebnisses häufig im Spiel auf. Sie spielen die Szene, das Ereignis oder zentrale Elemente davon wiederholt nach - nicht, weil das Spiel ihnen Freude bereitet, sondern weil sie versuchen, das Geschehene zu verstehen, zu ordnen oder zu kontrollieren. Auffällig ist dabei, dass diese Spielhandlungen oft kein befriedigendes Ende finden, sondern plötzlich abbrechen oder in Wiederholungsschleifen verfallen. Auch im bildnerischen Gestalten oder in Zeichnungen zeigen sich häufig symbolische Ausdrucksformen von Trauma und Verlust.

Bereits bei Säuglingen und Kleinkindern lassen sich Reaktionen auf Krisen und Notfälle beobachten. Auch wenn sie das Ereignis nicht bewusst verstehen können, reagieren sie sensibel auf jede Veränderung im Verhalten der Bezugspersonen oder im Ablauf des gewohnten Alltags. Das Ausbleiben vertrauter Rituale, die Unsicherheit in der Stimme der Mutter oder die ungewohnte Unruhe im Umfeld kann bei kleinen Kindern große Irritation auslösen. Sie reagieren häufig mit psychomotorischer Unruhe, erhöhter Schreckhaftigkeit, vermehrtem Schreien oder Schwierigkeiten beim Ein- und Durchschlafen. Auch das Füttern kann erschwert sein, ebenso wie der Körperkontakt - manche Kinder ziehen sich zurück, andere suchen verstärkt Nähe. In dieser frühen Phase ist vor allem eines entscheidend: **eine ruhige, verlässliche und feinfühlige Bezugsperson**, die Sicherheit vermittelt und Orientierung gibt. Fachkräfte können hier beratend wirken, indem sie Eltern dabei unterstützen, trotz eigener Überforderung für das Kind emotional erreichbar zu bleiben.

Vorschulkinder reagieren stark auf das Verhalten der Erwachsenen in ihrem Umfeld. Ihre eigene Verarbeitung orientiert sich eng an dem, was sie beobachten, hören oder spüren. Deshalb ist es besonders wichtig, wie offen, ehrlich und emotional zugänglich mit dem Erlebten umgegangen wird. Klammerverhalten, Rückfall in frühere Entwicklungsstadien (z. B. Bettnässen, Daumenlutschen, Verlust sprachlicher Kompetenzen) und vermehrte Ängste sind in dieser Phase häufig. Viele Kinder suchen intensiver nach Aufmerksamkeit, andere reagieren mit Wut, Trotz oder auffälligem Verhalten. Typisch sind auch abrupte Wechsel zwischen Nähebedürfnis und Aggression. Für Bezugspersonen kann das sehr anstrengend sein - insbesondere, wenn sie selbst vom Ereignis betroffen sind. Fachkräfte sind hier gefragt, Verständnis für diese Dynamik zu vermitteln und gleichzeitig Strukturen anzubieten: **klare, liebevolle Grenzen, Rituale und gezielte Möglichkeiten, um Wut, Angst und Trauer auszudrücken**, ohne sich selbst oder andere zu gefährden.

Kinder in diesem Alter benötigen oft Unterstützung, um ihre Gefühle zu benennen und auszudrücken. Sie können Trauer, Angst oder Ohnmacht nicht benennen, aber sie können sie darstellen - im Spiel, in Geschichten, im kreativen Tun. Besonders hilfreich ist es, **gemeinsame Rituale zu etablieren**, die Struktur und Ausdruck ermöglichen - z. B. das tägliche Anzünden einer Kerze, das Erzählen von Geschichten über Mut oder Verlust, das Zeichnen oder das Erstellen eines Trauerbuchs. Diese Rituale sollten dem Entwicklungsstand des Kindes angepasst sein und in seinem Erleben sinnvoll erscheinen. Auch beim wiederholten Nachspielen des Geschehens ist es hilfreich, den Handlungsbogen gemeinsam zu einem positiven oder schützenden Ende zu führen - etwa durch das Einführen einer Figur, die dem Kind beisteht oder Sicherheit gibt.

Im **Schulalter** tritt die Sprache zunehmend als Ausdrucksmittel in den Vordergrund. Viele Kinder stellen Fragen, sprechen über das Ereignis oder über ihre Sorgen - manchmal auch in zaghafter oder indirekter Form. Die Begleitung erfordert in dieser Phase vor allem Präsenz, Offenheit und die Bereitschaft, sich auf die Gedankenwelt des Kindes einzulassen. Gleichzeitig entwickeln viele Kinder in diesem Alter Schamgefühle, wenn sie merken, dass sie anders reagieren als ihre Freund:innen oder dass sie Gefühle zeigen, die im Umfeld nicht thematisiert werden. Das kann zu Rückzug, Verdrängung oder einer inneren Spaltung führen. Fachkräfte sollten hier ermutigen, Gefühle nicht zu unterdrücken, sondern auszudrücken - in einem geschützten, wertschätzenden Rahmen.

Typische Symptome in dieser Altersgruppe sind Konzentrationsprobleme, verminderte Schulleistungen, Reizbarkeit, sozialer Rückzug oder auch vermehrtes Bedürfnis nach Struktur und Ablenkung. Der Alltag in der Schule, der Kontakt mit Gleichaltrigen und das Wiederherstellen von Routinen wirken oft stabilisierend. Körperliche Bewegung kann in dieser Altersgruppe besonders hilfreich sein - sei es durch freies Spielen, gezielte Sportangebote oder kreative Bewegungsrituale. Die Bewegung hilft nicht nur beim Stressabbau, sondern auch dabei, das Körpererleben zu regulieren und das Gefühl von Kontrolle zurückzugewinnen.

Jugendliche reagieren höchst unterschiedlich auf Krisen. Ihre Ausdrucksformen ähneln mitunter jenen von Erwachsenen - etwa durch Symptome wie Übererregung, intrusive Erinnerungen, depressive Verstimmung oder emotionale Leere. Andere wiederum zeigen weiterhin kindliche Bewältigungsstrategien oder entwickeln unbewusst neue Rollenbilder, um sich in der veränderten Realität zu orientieren. Häufig treten psychosomatische Symptome auf, wie Schlafstörungen, Kopfschmerzen, Konzentrationsmangel oder auffällige Leistungseinbrüche in der Schule. Manche Jugendliche ziehen sich zurück und verweigern Gespräche, andere suchen gezielt Kontakt, um über das Erlebte zu sprechen - teilweise wiederholt und sehr detailliert.

Ein geschlechtsspezifisches Reaktionsmuster lässt sich dabei oft beobachten: Mädchen neigen dazu, ihre Gefühle deutlich zu äußern, auch in Gruppen, was zu emotionalen Hochdynamiken führen kann. Jungen hingegen zeigen häufiger Rückzug oder den Versuch, Kontrolle zu behalten - mit Aussagen wie „Mir geht's eh gut" oder einem betont „coolen" Verhalten. In beiden Fällen ist es wichtig, diese Verhaltensweisen nicht vorschnell zu interpretieren, sondern zu verstehen, was dahintersteht: der Wunsch nach Orientierung, nach Zugehörigkeit, nach Bewältigung.

Fachkräfte sollten die Peer-Group als wichtige Ressource anerkennen. Jugendliche wenden sich in Krisen häufig eher an Gleichaltrige als an Erwachsene - ein normaler, entwicklungspsychologisch sinnvoller Schritt. Dennoch ist es wichtig, als erwachsene Bezugsperson im Hintergrund präsent zu bleiben, einladend, aber nicht aufdringlich, zugewandt, aber nicht kontrollierend. Jugendliche brauchen Autonomie - aber auch den Schutz, zu wissen, dass sie nicht allein sind, wenn es ernst wird.

In der Pubertät können Krisen auch zu riskantem Verhalten führen. Erhöhter Alkoholkonsum, Drogen, sexuelle Grenzüberschreitungen oder gefährliche Mutproben sind nicht selten. Solche Handlungen sind oft Ausdruck einer inneren Unruhe, eines Versuchs, mit dem Kontrollverlust umzugehen - durch Überkompensation, Grenzverschiebung oder Betäubung. Ebenso können antisoziale Verhaltensweisen oder ein überangepasstes Verhalten (etwa in Form von Parentifizierung) auftreten. Jugendliche, die beispielsweise einen Elternteil verloren haben, übernehmen mitunter eine erwachsene Rolle, um den anderen Elternteil zu „beschützen" oder das Familiensystem aufrechtzuerhalten - auf Kosten ihrer eigenen Entwicklung.

Für psychosoziale Fachkräfte ist die Herausforderung bei Jugendlichen, **Autonomie zu respektieren, Rückzugsräume zuzulassen und gleichzeitig klar und konstant präsent zu bleiben.** Es geht darum,

Gesprächsangebote zu machen, Orientierung zu geben, Grenzen zu setzen - aber auch die eigene emotionale Reaktion zu reflektieren. Denn Jugendliche fordern uns heraus - nicht aus Bosheit, sondern weil sie Orientierung und Halt brauchen, ohne es direkt zu zeigen.

Psychosoziale Akutinterventionen bei Kindern und Jugendlichen

Die ersten Wochen und Monate nach einem traumatischen Ereignis oder einem bedeutsamen Verlust stellen für Kinder und Jugendliche eine besonders sensible Phase dar. In dieser Zeit sind sie emotional häufig stark erschüttert, innerlich destabilisiert und mit einem existenziellen Bedürfnis nach Sicherheit, Orientierung und Kontrolle konfrontiert. Die Reaktionen können dabei sehr unterschiedlich ausfallen: Während einige Kinder sich zunächst unauffällig verhalten, kaum über das Erlebte sprechen wollen und jede Konfrontation vermeiden, zeigen andere ein hohes Maß an Emotionalität, stellen viele Fragen oder durchleben intensive Trauer- und Angstsymptome. Für psychosoziale Fachkräfte bedeutet das: Es gibt keine „richtige" oder „falsche" Reaktion. Vielmehr ist entscheidend, jedes Kind in seinem individuellen Ausdruck ernst zu nehmen - ohne Erwartungen an eine „angemessene" Verarbeitung und ohne Vergleich mit erwachsenen Bewältigungsformen.

Ein zentrales Ziel in dieser Phase ist die Wiederherstellung von Sicherheit - innerlich wie äußerlich. Kinder und Jugendliche, die sich sicher fühlen, können beginnen, das Erlebte zu integrieren. Sicherheit entsteht durch verlässliche Beziehungen, durch Orientierung im Alltag, durch körperliches Wohlbefinden, durch stabile Rituale - und nicht zuletzt durch eine Haltung der Erwachsenen, die Ruhe, Präsenz und Schutz vermittelt. Wichtig ist dabei, dass sich Fachkräfte und Bezugspersonen vom Kind leiten lassen, statt es mit Informationen oder Gesprächen zu überfordern. Manche Kinder brauchen vor allem Spiel, Nähe und Ablenkung. Andere möchten sofort mehr wissen und suchen nach Antworten. In beiden Fällen gilt: Die Bedürfnisse des Kindes sind der Maßstab. Die Kunst der psychosozialen Akutintervention besteht darin, präsent zu bleiben, ohne zu drängen - offen zu sein, ohne zu überfordern - Halt zu geben, ohne das Kind festzuhalten.

Kinder benötigen verlässliche Bezugspersonen, die ihnen emotionale Stabilität vermitteln. Vor allem in Familien, in denen auch die Erwachsenen selbst betroffen oder überfordert sind, ist dies eine große Herausforderung. Fachkräfte können hier unterstützend wirken, indem sie Eltern stärken, informieren und darin begleiten, Ruhe, Struktur und Zuwendung aufrechtzuerhalten. Kinder nehmen sehr genau wahr, wie es den Erwachsenen geht - auch wenn nichts ausgesprochen wird. Wenn Eltern überfordert, in sich gekehrt oder panisch reagieren, kann das Kind zusätzlich verunsichert werden. Deshalb ist es wichtig, dass Bezugspersonen die eigenen Emotionen in einer für das Kind verständlichen Form zeigen dürfen - ohne es zu belasten. Ein einfaches „Ich bin heute sehr traurig, aber ich bin trotzdem für dich da" kann mehr Sicherheit geben als der Versuch, alle Gefühle zu verbergen.

Offenheit im Umgang mit dem Geschehen ist ebenfalls ein wesentlicher Aspekt der psychosozialen Akutbegleitung. Kinder, die keine altersgemäßen Informationen erhalten, neigen dazu, sich selbst Erklärungen zu suchen - oft aus Fragmenten, Fantasien oder durch das, was sie zufällig aufschnappen. Diese selbst konstruierten Deutungen können belastender sein als die Realität. Deshalb ist es wichtig, Kindern und Jugendlichen zeitnah, wahrheitsgemäß und dosiert zu erklären, was geschehen ist. Die Informationen sollten sich an ihren Fragen orientieren. Es braucht nicht die ganze Wahrheit auf einmal - aber das, was gesagt wird, sollte stimmen. Denn Unwahrheiten oder Beschönigungen führen oft zu einem dauerhaften Vertrauensverlust. Wer das Gespräch scheut, aus Angst, etwas „Falsches" zu sagen, nimmt dem Kind die Chance auf Orientierung und Einordnung.

Gleichzeitig muss niemand das Kind zu einem Gespräch drängen. Manche Kinder wollen nicht sprechen - und das ist in Ordnung. Die Botschaft sollte lauten: „Du musst nicht reden, wenn du nicht willst. Aber wenn du etwas wissen möchtest oder etwas sagen willst - ich bin da." Diese Haltung schafft Vertrauen. Und sie öffnet den Raum, in dem Kinder dann doch - oft auf unerwartete Weise - in Kommunikation treten: über Spiel, Zeichnung, Körpersprache oder scheinbar nebensächliche Bemerkungen. Ausdrucksmöglichkeiten sind für die Verarbeitung traumatischer Ereignisse unerlässlich. Sie müssen nicht verbal sein. Kinder sollten in ihrem emotionalen Ausdruck nicht begrenzt, sondern eingeladen werden - zum Beispiel durch kreative Methoden, freies Spiel oder symbolische Handlungen. Wenn ein Kind das Erlebte nachspielt, etwa einen Unfall oder einen Verlust, ist dies kein Anzeichen für Retraumatisierung, sondern für einen Versuch, das Geschehen innerlich zu bewältigen. Wichtig ist dabei, dass der Handlungsbogen geschlossen werden kann - also nicht nur das Schreckliche dargestellt wird, sondern auch Rettung, Trost, Bewältigung. Fachkräfte können hier unterstützend eingreifen, etwa durch das Einführen von Hilfsfiguren, das gemeinsame Entwickeln eines alternativen Endes oder durch begleitende Gespräche nach dem Spiel.

Ein Thema, das oft unterschätzt wird, sind kindliche Schuldgefühle. Kinder suchen nach Erklärungen - und nicht selten ziehen sie sich selbst zur Verantwortung. „Wenn ich mich nicht gestritten hätte...“, „Wenn ich besser aufgepasst hätte...“ oder „Ich habe mir das doch gewünscht...“ sind häufige Gedankengänge. In solchen Momenten ist es von großer Bedeutung, klar und einfühlsam zu formulieren, dass das Kind keine Schuld trägt. Auch wenn das Geschehen tatsächlich mit dem Verhalten des Kindes verknüpft ist - etwa bei einem Unfall durch Unachtsamkeit -, sollte dem Kind unmissverständlich vermittelt werden, dass Fehler zum Leben gehören, dass es nicht absichtlich gehandelt hat und dass es weiterhin geliebt wird. Diese Botschaft ist zentral für die seelische Integrität und die weitere emotionale Entwicklung.

Jugendliche benötigen im Ausdruck ihrer Gefühle mehr Autonomie und Differenzierung. Sie zeigen ihre Trauer oft auf indirekte Weise, ziehen sich zurück oder verarbeiten das Geschehen im Austausch mit Gleichaltrigen. Für Eltern ist das mitunter schwer auszuhalten - sie fühlen sich ausgeschlossen oder machen sich Sorgen. Fachkräfte können hier vermitteln und ermutigen, den Rückzug zu respektieren, ohne sich zurückzuziehen. Eine gute Möglichkeit ist es, mit Jugendlichen Zeichen oder Signale zu vereinbaren, mit denen sie anzeigen können, ob sie Nähe oder Distanz benötigen. Auch das Gespräch über nicht-sprachliche Ausdrucksformen - Musik, Kunst, Bewegung, digitale Medien - kann den Zugang erleichtern.

Alltagsroutinen, Strukturen und klare Grenzen sind für alle Altersgruppen stabilisierend. Sie vermitteln Verlässlichkeit, Normalität und geben dem Tag eine Form. Es ist wichtig, dass Kinder möglichst bald wieder in bekannte Abläufe zurückkehren können - Kindergarten, Schule, Freizeitaktivitäten. Dies steht nicht im Widerspruch zur Trauer, sondern ergänzt sie sinnvoll. Allerdings sollten Routinen nicht starr durchgesetzt werden, sondern flexibel an das aktuelle Befinden des Kindes angepasst sein. Überbehütung oder das Aufheben aller Regeln - aus vermeintlicher Rücksicht - führen hingegen oft zu Orientierungslosigkeit und innerer Verunsicherung.

Auch Mitbestimmung und aktive Teilhabe spielen in der Akutphase eine große Rolle. Kinder und Jugendliche sollten - je nach Alter und Reife - in Entscheidungen einbezogen werden, die sie betreffen. Darf ich mit zur Beerdigung? Möchte ich etwas beitragen? Will ich einen Brief schreiben, ein Bild malen, einen Gegenstand mitgeben? Diese Mitgestaltung stärkt das Gefühl von Kontrolle, reduziert Ohnmacht und fördert das Vertrauen in die eigene Wirksamkeit. Wichtig ist dabei, dass das Kind jederzeit Nein sagen darf - Mitbestimmung ist kein Zwang zur Teilnahme, sondern das Angebot, dabei zu sein, wenn es sich richtig anfühlt.

Rituale und Erinnerungshilfen sind zentrale Elemente der psychischen Verarbeitung. Ob es sich um das Anzünden einer Kerze, das Aufstellen eines Fotos, das Basteln einer Erinnerungsschachtel oder das regelmäßige Besuchen eines Grabes handelt - all diese Handlungen geben dem inneren Erleben eine Form. Sie helfen, eine Beziehung zum Verlorenen aufrechtzuerhalten und gleichzeitig weiterzugehen. Rituale dürfen individuell sein, kreativ und manchmal auch ein wenig ungewöhnlich. Wichtig ist, dass sie bedeutsam für das Kind oder den Jugendlichen sind und nicht von Erwachsenen vorgegeben werden. Und wenn Erinnerungen zu schmerzhaft sind, darf auch darüber gesprochen werden, wie man sich selbst schützen kann - z. B. durch das „Wegschließen" von Erinnerungsstücken, die man später wieder hervorholen kann.

Nicht zuletzt spielen Ablenkung und Spiel auch in der Akutphase eine wichtige Rolle - gerade bei jüngeren Kindern. Sie ermöglichen eine Pause vom inneren Druck, vom Nachdenken, vom Schmerz. Sie sind keine Verdrängung, sondern eine Überlebensstrategie. Jugendliche nutzen dafür oft ihre Peer-Gruppe - nicht nur zum Reden, sondern auch zum Schweigen, zum Lachen, zum Dazugehören. Dieses Bedürfnis sollte nicht unterschätzt werden - und auch nicht abgewertet. Es ist Ausdruck einer tiefen Sehnsucht nach Normalität.

Abschließend gilt: Kinder und Jugendliche brauchen nach traumatischen Erlebnissen keine Sonderbehandlung, sondern echte Begegnung. Sie brauchen Erwachsene, die standhalten, nicht alles wissen müssen, aber da sind. Die zuhören, ohne zu bewerten. Die Sicherheit geben, ohne zu kontrollieren. Die Nähe anbieten, ohne zu bedrängen. Die weinen dürfen - aber nicht zusammenbrechen. So kann psychosoziale Akutbegleitung zu einem ersten Schritt auf dem Weg zurück ins Vertrauen werden.

Konkrete Interventionsansätze in der akuten Krisenbegleitung von Kindern und Jugendlichen

Die psychosoziale Krisenbegleitung von Kindern und Jugendlichen erfordert vor allem eines: eine **flexible, achtsame und entwicklungsorientierte Haltung**, die nicht auf fertige Lösungen abzielt, sondern das Kind in seiner jeweiligen Reaktion ernst nimmt und behutsam begleitet. Kinder benötigen im akuten Krisenmoment nicht primär Erklärungen oder rationale Einordnungen, sondern vor allem Sicherheit - emotional, körperlich, räumlich. Deshalb stehen in der ersten Phase der Begleitung Maßnahmen im Vordergrund, die **Stabilität herstellen, Orientierung bieten und Beziehung ermöglichen**.

Eine der ersten Maßnahmen kann die **Körperwahrnehmung und Erdung** sein. Kinder und Jugendliche, die in einer akuten Stressreaktion sind, verlieren häufig das Gefühl für ihren Körper. Ihre Gedanken kreisen, sie sind übererregt oder dissoziieren. Hier helfen einfache, körperorientierte Übungen: barfuß den Boden spüren, sich auf eine weiche Decke setzen, bewusst die Füße aufstellen und den Kontakt zum Boden wahrnehmen. Auch eine „Selbstumarmung" oder das sanfte Halten eines kleinen Kissens kann Sicherheit vermitteln. Jugendliche profitieren mitunter von Methoden wie dem „5-4-3-2-1"-Prinzip (Benennen von fünf Dingen, die man sieht, vier, die man hört usw.), um sich im Hier und Jetzt zu verankern.

Ein nächster Schritt ist die **altersgerechte Strukturierung des Geschehens**. Viele Kinder und Jugendliche befinden sich nach einer Krise in einem Zustand innerer Verwirrung. Was ist passiert? Was bedeutet das für mich? Was kommt jetzt? In solchen Momenten hilft es, das Erlebte gemeinsam in eine einfache, verstehbare Form zu bringen. Für kleinere Kinder kann dies durch das Erzählen einer Geschichte geschehen („Es war einmal ein Mädchen, das etwas sehr Schreckliches erlebt hat…"), bei Schulkindern durch das Zeichnen eines Zeitstrahls, bei Jugendlichen durch ein kurzes Strukturgespräch mit Stichworten auf einem Blatt Papier. Wichtig ist, dass das Kind mitgestalten darf - dass es wählen kann, wie viel es erzählen möchte, dass es Lücken lassen oder Symbole einsetzen darf. Die Sprache der Begleitperson sollte ruhig, klar und möglichst konkret sein.

Kreative Methoden bieten in allen Altersgruppen die Möglichkeit, Gefühle und Eindrücke auszudrücken, die noch nicht sprachlich verfügbar sind. Für Vorschulkinder und Grundschulkinder eignen sich Zeichnungen, Bastelarbeiten, Rollenspiele mit Handpuppen oder das Gestalten von Geschichten. Besonders hilfreich kann das Arbeiten mit Symbolen sein - etwa das Erstellen eines inneren Teams mit Tierfiguren („Welche Figur passt zu deiner Angst? Welche zu deinem Mut?") oder das Malen eines inneren Kraftortes. Für Jugendliche kann auch das Schreiben von Texten, das Entwickeln von Songtexten oder das Gestalten eines Moodboards hilfreich sein. Wichtig ist immer, dass die kreative Methode nicht interpretiert, sondern als Ausdruck verstanden wird - das Kind entscheidet, was es zeigen, erklären oder für sich behalten möchte.

Rituale sind in der akuten Krisenbegleitung von unschätzbarem Wert. Sie geben Struktur, Sicherheit und bieten einen verlässlichen Rahmen für Dinge, die schwer benennbar sind. Ein einfaches, aber wirkungsvolles Ritual kann z. B. das Anzünden einer Kerze am Anfang jedes Gesprächs sein - mit dem Satz: „Diese Kerze brennt für alles, was gerade schwierig ist." Andere Rituale können sein: eine kleine Schatzkiste mit stärkenden Botschaften, ein Abschiedsritual am Ende der Stunde (z. B. der Übergabe eines Mutsteins), ein kurzer Entspannungsimpuls oder das Singen eines bekannten Liedes. Rituale sollten dem Alter und dem kulturellen Kontext angepasst sein, dürfen gerne gemeinsam mit dem Kind entwickelt werden - und leben von ihrer Wiederholung.

Psychoedukation in kindgerechter Sprache ist ein weiterer wichtiger Bestandteil der akuten Begleitung. Kinder, die verstehen, warum ihr Körper so reagiert, warum sie nicht schlafen können oder warum sie wütend sind, erleben sich weniger als „falsch" oder „verrückt". Die Vermittlung kann dabei über Bilder, Geschichten oder Rollenspiele erfolgen. Ein Beispiel: „Wenn du Angst hast, schickt dein Gehirn ein Warnsignal - so, als würde ein Feuerwehrwagen losfahren. Dann wird dein Herz schneller, du atmest schneller, du kannst nicht gut denken. Das ist normal. Aber wir können der Feuerwehr sagen, dass sie wieder zurückfahren darf." Solche Erklärungen entlasten - und geben Handlungsspielraum zurück.

In der Arbeit mit Jugendlichen ist es besonders wichtig, **Autonomie zu respektieren**. Viele Jugendliche möchten nicht direkt über Gefühle sprechen oder empfinden es als übergriffig, wenn sie zu sehr gedrängt werden. Hier sind **indirekte Gesprächsangebote** hilfreich - z. B. das gemeinsame Entwickeln einer Playlist, in der Lieder stehen, die zur aktuellen Stimmung passen, oder das Aufgreifen von Filmen, Serien oder Memes, die das Thema indirekt berühren. Auch das Schreiben von SMS an die eigene Zukunft („In zwei Wochen möchte ich...") oder das Entwerfen eines „Selbsthilfe-Notfallplans" („Was kann ich tun, wenn alles zu viel wird?") kann Stabilisierung und Orientierung ermöglichen.

Beziehungspflege ist in jeder Phase der Krisenbegleitung zentral. Kinder und Jugendliche spüren sehr genau, ob jemand präsent, interessiert und zugewandt ist - oder ob die Begleitperson lediglich ein „Programm" abspult. Eine gute Beziehung braucht Zeit, echte Aufmerksamkeit und das Zulassen von Pausen, von Unklarheit, von Emotionalität. Manchmal besteht eine ganze Sitzung darin, gemeinsam zu schweigen, zu spielen, zu malen - und dabei spürbar zu sein. Diese „sprechende Stille" ist oft wertvoller als viele gut gemeinte Fragen.

Integration der Bezugspersonen ist ein weiterer wichtiger Aspekt. Vor allem bei jüngeren Kindern ist es sinnvoll, auch mit Eltern, Großeltern oder anderen wichtigen Bezugspersonen zu arbeiten. Sie müssen verstehen, was das Kind erlebt, welche Reaktionen normal sind und wie sie unterstützend begleiten können, ohne zu überfordern. Für viele Eltern ist es entlastend zu hören, dass Regressionen, Wut oder Rückzug nicht „Fehlverhalten", sondern verständliche Reaktionen auf eine außergewöhnliche Belastung sind. Gemeinsame Rituale, klare Tagesstrukturen, verlässliche Nähe und das Zulassen von kindlichem Ausdruck sind dabei zentrale Elemente.

Schließlich sollten psychosoziale Fachkräfte in der akuten Phase darauf achten, **keine tiefgreifenden therapeutischen Prozesse anzustoßen**, solange das Kind noch nicht stabilisiert ist. Es geht nicht darum, Traumainhalte „aufzudecken", sondern darum, mit dem Kind gemeinsam Inseln der Sicherheit zu schaffen, Orientierung zu geben und Ressourcen zu aktivieren. Erst wenn Stabilität vorhanden ist, kann eine vertiefende Bearbeitung erfolgen - falls überhaupt notwendig.

Wenn Kinder und Jugendliche mit dem Tod konfrontiert werden

Der Tod ist ein Thema, das für viele Erwachsene schwer fassbar bleibt - wie viel mehr dann für Kinder und Jugendliche, die erst lernen müssen, mit Endlichkeit, Verlust und Trauer umzugehen. In der psychosozialen Begleitung zeigt sich immer wieder, wie stark Todesvorstellungen das Erleben von Notfällen oder Krisensituationen prägen können. Dabei geht es nicht nur um reale Todesfälle, sondern auch um Situationen, in denen Kinder den Tod subjektiv befürchten - etwa, wenn sie eine schwer verletzte Person sehen oder selbst in Lebensgefahr glauben zu sein. In solchen Momenten wird das vorhandene Todesverständnis aktiviert - mit all seinen individuellen, emotionalen und kulturellen Facetten.

Das kindliche Verständnis vom Tod entwickelt sich stufenweise und hängt stark vom Alter, vom Entwicklungsstand, von persönlichen Erfahrungen und von familiären Umgangsweisen mit dem Thema ab. Fachkräfte, die Kinder und Jugendliche in Krisen begleiten, benötigen ein grundlegendes Wissen über die typischen Entwicklungsetappen von Todesvorstellungen, um altersgemäße Gesprächsangebote machen und angemessen auf kindliche Reaktionen eingehen zu können. Dabei ist es wichtig, sich bewusst zu machen, dass diese Einteilungen nicht starr sind: Nicht jedes Kind entspricht exakt dem theoretischen Entwicklungsmodell, und auch innerhalb derselben Altersgruppe können Todesvorstellungen sehr unterschiedlich ausgeprägt sein.

In den ersten zwei bis drei Lebensjahren fehlt noch ein kognitives Verständnis des Todes. Kinder in diesem Alter erleben den Tod vor allem als Trennung. Wenn eine wichtige Bezugsperson plötzlich nicht mehr da ist, wird dies als massive Verunsicherung erlebt - vergleichbar mit dem Verlust von Sicherheit, Nähe und Vertrautheit. Die Reaktion ist oft von Verzweiflung und intensiver Unruhe geprägt. Da Kinder in diesem Alter noch nicht über eine ausgereifte Sprache verfügen, können sie ihre Trauer nicht in Worte fassen. Der Verlust äußert sich deshalb meist über verändertes Verhalten: Schlafstörungen, Unruhe, Appetitlosigkeit oder

Rückzug sind typische Symptome. Für die psychosoziale Begleitung bedeutet dies: Nicht das Verstehen steht im Vordergrund, sondern das emotionale Nachnähren. Das wichtigste Ziel ist es, rasch wieder eine stabile Bindung zu ermöglichen - sei es durch eine nahestehende Bezugsperson, durch vertraute Rituale oder durch körperliche Nähe.

Im Alter bis etwa zum siebten Lebensjahr glauben viele Kinder noch, der Tod könne rückgängig gemacht oder verhindert werden. Er wird oft als vorübergehender Zustand verstanden - ähnlich wie Schlaf oder Abwesenheit. Die Vorstellung, dass Verstorbene „wiederkommen" könnten, ist weit verbreitet. Viele Kinder denken etwa, der oder die Tote schlafe im Grab und könne vielleicht wieder aufwachen. Diese Vorstellungen können intensive Ängste hervorrufen, etwa dass der oder die Verstorbene friert, keine Luft bekommt oder sich einsam fühlt. Zugleich kann das sogenannte „magische Denken" in diesem Alter dazu führen, dass Kinder sich eine gedankliche Verbindung zu Verstorbenen vorstellen - etwa in der Form, dass die verstorbene Oma vom Himmel aus auf sie schaut. Auch Schuldgefühle sind in dieser Phase nicht selten: Ein Kind, das in einem Moment der Wut geäußert hat „Ich will nicht mehr, dass du da bist", kann sich später schuldig fühlen, wenn ein Elternteil plötzlich verstirbt. In der Begleitung ist es wichtig, solche magischen Vorstellungen nicht zu korrigieren oder zu entkräften, sondern sie einfühlsam zu begleiten, zu benennen und gleichzeitig behutsam Realitätsbezug herzustellen. Kinder brauchen in diesem Alter konkrete, einfache, aber ehrliche Informationen - keine Ausweichformulierungen, die zusätzlich verwirren.

Zwischen dem siebten und elften Lebensjahr entwickelt sich das Verständnis vom Tod weiter. In dieser Phase beginnen Kinder zu erkennen, dass der Tod endgültig ist - allerdings glauben viele noch, dass er nur bestimmte Gruppen betrifft, vor allem alte oder kranke Menschen. Der Gedanke, dass auch junge Menschen sterben können, wird häufig ausgeblendet. Gleichzeitig tritt in diesem Alter häufig eine Personifizierung des Todes auf. Der Tod erscheint als Figur - etwa als Sensenmann, Geist oder Skelett. Daraus resultiert bei manchen Kindern ein erhöhtes Interesse am Unheimlichen, an Gruselgeschichten oder dunklen Symbolen -

gleichzeitig aber auch verstärkte Ängste. Viele Kinder in diesem Alter setzen sich bereits sehr intensiv mit dem Tod auseinander, scheuen sich aber, darüber offen zu sprechen. In der psychosozialen Beratung können kreative Methoden helfen, dieses Schweigen zu öffnen - etwa durch das Malen symbolischer Bilder, das Erzählen von Geschichten oder das Arbeiten mit Figuren. Wichtig ist, die Vorstellungen der Kinder nicht zu werten, sondern sie als Ausdruck eines inneren Prozesses zu verstehen, in dem das Unfassbare allmählich in ein begreifbares Schema überführt wird.

Ab dem elften bis zwölften Lebensjahr ähnelt das Todesverständnis jenem von Erwachsenen. Jugendliche erkennen, dass der Tod unausweichlich, nicht vorhersehbar und für alle Lebewesen gültig ist - auch für sie selbst. Diese Einsicht kann tief verunsichern und existentielle Fragen aufwerfen: Was kommt nach dem Tod? Was bleibt von mir? Hat das Leben einen Sinn? Gerade in dieser Lebensphase wird der Umgang mit Tod und Sterblichkeit stark von der Peergroup geprägt. Abhängig vom sozialen Umfeld, von medialen Einflüssen und kulturellen Prägungen entwickeln sich oft eigene Deutungsmuster - von religiösen Vorstellungen bis hin zu morbiden Faszinationen. Für psychosoziale Fachkräfte ist es in dieser Phase besonders wichtig, Gespräche auf Augenhöhe zu führen, den Jugendlichen ernst zu nehmen und Raum für existenzielle Themen zu schaffen. Es braucht nicht immer Antworten - oft genügt das Angebot, über Fragen sprechen zu dürfen. Dabei ist es hilfreich, an das bereits vorhandene Wissen und die individuellen Vorstellungen anzuknüpfen und diese zu explorieren, statt sie zu bewerten oder zu „berichtigen".

In allen Altersstufen gilt: Der Umgang mit dem Tod ist zutiefst individuell. Auch wenn es entwicklungspsychologische Modelle gibt, so verläuft Trauer immer in Wellen - und sie nimmt oft Umwege. Manche Kinder reagieren scheinbar gar nicht auf einen Verlust und brechen erst Monate später in tiefe Trauer ein. Andere zeigen sofortige Reaktionen, die jedoch nicht auf Dauer anhalten. Wieder andere schwanken zwischen Lachen und Weinen, zwischen Rückzug und Überaktivität. Für Fachkräfte ist es entscheidend, das gesamte Familiensystem zu betrachten, die

Kommunikationsmuster zu beobachten und vor allem: dem Kind die Erlaubnis zu geben, so zu trauern, wie es ihm entspricht.

Der Tod ist ein Thema, das Kinder nicht verschont. Aber er ist auch ein Thema, dem sie nicht schutzlos ausgeliefert sind - wenn sie begleitet, gesehen, gehört und gehalten werden. In der psychosozialen Beratung liegt hier eine große Verantwortung - und zugleich eine große Chance: Kindern und Jugendlichen zu helfen, Verlust zu verarbeiten, Sinn zu suchen und wieder ins Leben zu finden. Nicht mit schnellen Antworten, sondern mit behutsamer Präsenz, mit Mitgefühl und mit der Bereitschaft, gemeinsam auszuhalten, was weh tut.

Was psychosoziale Berater:innen und Begleitpersonen konkret tun können

Wenn Kinder und Jugendliche mit dem Tod konfrontiert werden - sei es durch den Verlust eines Angehörigen, den Tod eines Haustiers, ein tragisches Ereignis im sozialen Umfeld oder auch nur durch die subjektive Wahrnehmung einer lebensbedrohlichen Situation -, entsteht oft ein fragiles, emotional hoch aufgeladenes Spannungsfeld. In solchen Momenten kommt psychosozialen Berater:innen und anderen Begleitpersonen eine besondere Rolle zu: Sie sind keine medizinischen Expert:innen, keine Seelsorger:innen im engeren Sinn, aber sie sind oft diejenigen, die da sind, zuhören, Halt geben - und mittragen. Ihre Aufgabe ist es, den emotionalen Raum zu öffnen, Orientierung zu geben, Sprache zu ermöglichen und den Trauerprozess zu begleiten, ohne ihn zu bewerten oder zu beschleunigen.

Zunächst ist es wichtig, sich der eigenen Haltung bewusst zu sein. Wer Kinder und Jugendliche in Trauer oder Todesangst begleitet, braucht keine perfekten Worte - aber eine klare, ruhige Präsenz. Es ist erlaubt, betroffen zu sein, auch berührt, vielleicht sogar sprachlos. Kinder spüren sehr genau, ob jemand echt ist oder sich hinter Floskeln und fertigen Formulierungen versteckt. Authentizität ist der stärkste Anker. Und: Es braucht keine fertigen Lösungen - es braucht ein Gegenüber.

Ein erster konkreter Schritt ist die **altersgerechte, ehrliche Information**. Kinder, die von einem Todesfall betroffen sind, benötigen - ihrem Entwicklungsstand entsprechend - klare, verständliche Erklärungen. Euphemismen wie „eingeschlafen" oder „auf eine lange Reise gegangen" schaffen eher Verwirrung als Trost. Besonders kleine Kinder nehmen solche Begriffe wörtlich und entwickeln daraus mitunter verstörende Vorstellungen. Besser ist es, klare, einfache Worte zu verwenden: „Opa ist gestorben. Das heißt, sein Herz hat aufgehört zu schlagen. Er kann nicht mehr atmen, nicht mehr sprechen, nicht mehr zurückkommen." Das klingt hart - aber es schafft Realität und Orientierung. Diese Klarheit wirkt entlastend, gerade weil sie der kindlichen Fantasie Grenzen gibt. Auch Fragen dürfen gestellt werden - und wenn es keine Antworten gibt, dürfen Fachkräfte das zugeben. „Ich weiß es auch nicht, aber ich bin da" ist manchmal heilsamer als jede Erklärung.

Ein weiterer wichtiger Baustein ist die **Validierung von Gefühlen**. Kinder trauern anders als Erwachsene - und sie zeigen ihre Trauer auf vielfältige Weise: im Spiel, im Schweigen, im Wutausbruch, im Wunsch, „alles soll wieder wie früher sein". Es ist nicht die Aufgabe von Berater:innen, diese Gefühle zu „regulieren", sondern sie zu spiegeln, zu benennen und ihnen Raum zu geben. Sätze wie „Das ist sehr traurig" oder „Ich sehe, dass du heute ganz still bist" laden das Kind ein, sich mit seinen Empfindungen ernst genommen zu fühlen. Auch nonverbale Ausdrucksformen - Zeichnungen, Körpersprache, Spielhandlungen - sollten aufmerksam begleitet und nicht vorschnell interpretiert werden.

Kinder brauchen zudem **Gelegenheiten zur symbolischen Verarbeitung**. Rituale, Erinnerungsstücke, das gemeinsame Gestalten eines Abschiedsbuchs oder das Basteln einer Erinnerungskiste können helfen, das Unsichtbare greifbar zu machen. Auch der Einsatz von Geschichten, Bilderbüchern oder Figuren kann den inneren Dialog anregen. Ein Kind, das einem Kuscheltier etwas sagen darf, das an die verstorbene Person erinnert, drückt nicht nur symbolisch seinen Schmerz aus - es erlebt dabei auch, dass Kommunikation und Beziehung über den Tod hinaus weitergeführt werden dürfen. Hier wirken insbesondere systemische und kreative Methoden unterstützend - aber nur dann, wenn sie an die Bedürfnisse und Vorlieben des Kindes angepasst sind.

Psychosoziale Fachkräfte sollten auch darauf achten, **den sozialen Kontext mit einzubeziehen**. Trauer geschieht nicht im luftleeren Raum. Kinder sind eingebunden in Familien, Schulen, Peergruppen - und das, was dort geschieht oder nicht geschieht, hat großen Einfluss auf die kindliche Verarbeitung. Eltern sollten, wenn möglich, in die Begleitung eingebunden werden. Manchmal brauchen sie Unterstützung darin, über den Tod zu sprechen oder ihre eigenen Gefühle zu zeigen. Es hilft Kindern, wenn sie sehen, dass auch Erwachsene traurig sein dürfen - und dass man trotzdem weitermachen kann. Ebenso wichtig ist die Zusammenarbeit mit Lehrer:innen, Schulsozialarbeiter:innen oder Betreuungspersonen, um im Alltag Kontinuität, Rücksicht und Raum für Trauer zu ermöglichen.

Ein oft unterschätzter Aspekt ist das **Zulassen von Hoffnung**. Kinder brauchen das Vertrauen, dass das Leben weitergeht - nicht im Sinne von „jetzt ist aber auch wieder gut", sondern in der Form, dass neben dem Schmerz auch wieder Leichtigkeit, Spiel und Freude entstehen dürfen. Kinder wechseln oft rasch zwischen Trauer und Spiel - das ist kein Zeichen von Verdrängung, sondern ein Schutzmechanismus, der beachtet, aber nicht unterbrochen werden sollte. Fachkräfte können dieses Wechselspiel begleiten, indem sie beides gleichwertig erlauben: das Weinen und das Lachen, das Erinnern und das Vergessen, das Festhalten und das Loslassen.

In akuten Krisensituationen - etwa wenn ein Kind direkt Zeuge eines Todesfalls wurde oder sich in unmittelbarer Gefahr erlebt hat - kommt es darauf an, **Stabilität herzustellen**. Berater:innen sollten dann auf Orientierung achten: Wo bin ich? Was ist passiert? Wer ist jetzt für mich da? Wer bleibt? Der erste Schritt ist immer das Beruhigen des Körpers: Atmung, Halt, Schutz. Erst danach kann über Gefühle oder Gedanken gesprochen werden. Auch hier helfen kleine Rituale, klare Strukturen, einfache Handlungsangebote - etwa das Malen eines sicheren Ortes, das Halten eines „Stärkesteins", das Basteln eines Schutzsymbols. Je jünger das Kind, desto mehr steht das körperlich-emotionale Halten im Vordergrund.

Langfristig sollten psychosoziale Fachkräfte das Ziel verfolgen, **dem Kind wieder die Deutungshoheit über seine Geschichte zurückzugeben**. Was ist passiert? Was habe ich daraus gemacht? Was bleibt von dem Menschen, den ich verloren habe - in mir, in meiner Erinnerung, in meinem Leben? Diese Fragen können früh gestellt werden - nicht als intellektuelle Übung, sondern als Einladung, einen Sinn im Erlebten zu finden, der tragfähig ist. Das bedeutet nicht, dass der Tod „gut" oder „nützlich" gemacht werden soll - sondern, dass das Kind die Möglichkeit erhält, aus der Ohnmacht in ein neues inneres Gleichgewicht zu finden.

Zusammenfassend lässt sich sagen: Psychosoziale Berater:innen und andere Begleitpersonen müssen keine Spezialist:innen für Trauer sein - aber sie brauchen die Bereitschaft, **hinzusehen, dazubleiben, auszuhalten und behutsam Resonanz zu geben**. Ihre Kompetenz liegt nicht in der Lösung, sondern in der Beziehung. In der Geduld. In der Fähigkeit, das kindliche Erleben ernst zu nehmen - selbst wenn es sich ganz anders äußert, als Erwachsene es erwarten würden. In einer Welt, in der Tod und Trauer oft verdrängt oder tabuisiert werden, können psychosoziale Begleiter:innen jene sein, die dem Unsagbaren wieder eine Sprache geben. Eine Sprache, die nicht laut sein muss. Aber echt.

Gespräche über Suizid mit Kindern und Jugendlichen

Der Suizid eines nahestehenden Menschen ist für Kinder und Jugendliche eine existenziell erschütternde Erfahrung. Unabhängig davon, ob es sich um ein Elternteil, ein Geschwisterkind oder eine andere vertraute Person handelt - die Konfrontation mit dem Thema Suizid stellt das Weltbild eines jungen Menschen infrage. Sie wirft Fragen auf, die weit über das Konkrete hinausgehen: nach Sinn, nach Schuld, nach Verlässlichkeit und nach dem Leben selbst.

Für psychosoziale Berater:innen besteht in solchen Situationen eine doppelte Herausforderung: Einerseits gilt es, Kindern und Jugendlichen eine altersgerechte, ehrliche und seelisch verkraftbare Erklärung anzubieten - andererseits braucht es eine sensible Begleitung der Bezugspersonen, die oft selbst tief betroffen und überfordert sind. Wie kann man mit einem Kind über Suizid sprechen, ohne es zu traumatisieren? Was darf man sagen - und was sollte man besser vermeiden? Wie gelingt es, eine Sprache zu finden, die der Schwere des Themas gerecht wird und gleichzeitig Orientierung, Halt und Entlastung bietet?

Zunächst ist es wichtig, dass die Bezugspersonen selbst gut vorbereitet sind, wenn sie das Gespräch mit dem Kind oder Jugendlichen führen. Idealerweise werden sie im Vorfeld von psychosozialen Fachpersonen gecoacht - nicht nur in Bezug auf Inhalte, sondern auch in ihrer Haltung. Eltern und andere Angehörige benötigen Zeit, ihre eigene Betroffenheit zu sortieren, um mit einer gewissen emotionalen Stabilität auf die Fragen des Kindes eingehen zu können. Die Gesprächsführung sollte möglichst nicht aus dem Affekt heraus erfolgen, sondern in einem Moment, in dem zumindest eine gewisse innere Ruhe vorhanden ist. Nur so kann das Kind erleben: „Meine Erwachsenen halten das aus - also darf ich auch fühlen, was ich fühle."

Ein zentrales Prinzip der Kommunikation über Suizid mit Kindern und Jugendlichen ist, sich von den Fragen des Kindes leiten zu lassen. Kinder nehmen viel mehr wahr, als wir oft glauben. Sie spüren emotionale

Spannungen, erkennen Vermeidungsverhalten und merken, wenn ihnen etwas verheimlicht wird. Gleichzeitig verfügen sie nicht über die kognitiven und emotionalen Fähigkeiten, komplexe Zusammenhänge allein einzuordnen. Deshalb ist es hilfreich, das Gespräch nicht mit fertigen Erklärungen zu beginnen, sondern auf die Fragen zu warten, die das Kind selbst stellt - und dann altersgerecht, wahrheitsgemäß und sensibel darauf zu antworten.

Die Wortwahl spielt dabei eine große Rolle. Kinder verstehen Worte oft wörtlich. Begriffe wie „freiwillig gegangen", „nicht mehr bei uns", „eingeschlafen" oder „hat sich erlöst" können zu erheblichen Missverständnissen führen - etwa zur Angst, dass auch andere Menschen einfach „weggehen" könnten oder dass Schlaf mit Tod gleichgesetzt wird. Gleichzeitig sollten erschreckende oder belastende Einzelheiten - etwa zur Methode oder zu Umständen des Suizids - nicht detailliert geschildert werden. Eine sachliche, nüchterne Sprache, die die Tatsachen benennt, ohne sie emotional aufzuladen, ist hier am hilfreichsten. Es geht nicht darum, dem Kind etwas zu verschweigen - sondern darum, es zu schützen. Was gesagt wird, sollte wahr sein, aber nicht überwältigend.

Ein Leitsatz lautet daher: Man muss nicht alles sagen - aber was man sagt, muss stimmen. Unwahrheiten oder Ausweichmanöver - auch wenn sie gut gemeint sind - führen oft zu einem dauerhaften Vertrauensverlust. Kinder merken, wenn etwas nicht stimmt. Und wenn sie keine ehrlichen Antworten bekommen, suchen sie sich selbst welche - im Internet, bei anderen Kindern oder durch Fantasie. Umso wichtiger ist es, dem Kind das Gefühl zu geben: Du darfst fragen - und ich werde dir antworten. So gut ich kann, und so ehrlich wie möglich.

Ein weiterer zentraler Aspekt ist die Vermeidung falscher Hoffnungen. Aussagen wie „Vielleicht war es gar kein Suizid" oder „Vielleicht hat er es sich anders überlegt" mögen gut gemeint sein, erzeugen aber Unsicherheit. Kinder brauchen Klarheit - auch wenn sie schmerzhaft ist. Nur auf dieser Grundlage kann sich das Erleben sortieren, kann Trauer beginnen und ein eigener Umgang mit dem Verlust gefunden werden. Gleichzeitig ist es wichtig, dem Kind Zukunftsperspektiven und emotionale Sicherheit zu vermitteln. Es braucht die klare Botschaft: Wir sind weiterhin für dich da. Wir schaffen das gemeinsam. Auch wenn jetzt vieles anders ist - wir bleiben eine Familie. Diese Zusage wirkt stabilisierend und gibt Orientierung in einer Zeit, in der für das Kind vieles ins Wanken geraten ist. Trauer darf da sein - aber ebenso das Vertrauen, dass das Leben weitergeht und getragen wird.

Schuldgefühle sind ein häufiges Thema nach einem Suizid - nicht nur bei Erwachsenen, sondern auch bei Kindern und Jugendlichen. „Habe ich etwas falsch gemacht?" „War ich nicht lieb genug?" „Habe ich ihn/sie geärgert?" Solche Gedanken entstehen oft unbewusst - insbesondere, wenn es in der Vergangenheit Konflikte, Wut oder unausgesprochene Wünsche gab. Fachkräfte und Bezugspersonen sollten hier sehr klar und deutlich sein: Du trägst keine Schuld. Du bist nicht verantwortlich. Niemand nimmt sich das Leben, weil ein Kind etwas falsch gemacht hat. Diese Botschaft sollte nicht nur einmal ausgesprochen, sondern immer wieder bekräftigt werden - verbal, aber auch nonverbal durch Nähe, Zuwendung und liebevolle Präsenz.

In der psychosozialen Begleitung ist es oft hilfreich, symbolische Formen der Verarbeitung anzubieten: das Schreiben eines Briefes an die verstorbene Person, das Basteln eines Erinnerungsstücks, das Zeichnen von Gefühlen oder das Gestalten eines „Ort des Abschieds". Solche Rituale bieten Kindern und Jugendlichen die Möglichkeit, das Unfassbare in eine Form zu bringen, die ihnen entspricht - und sie geben das Gefühl, nicht nur passiv betroffen zu sein, sondern aktiv etwas tun zu können. Auch hier gilt: Nicht jedes Kind will oder kann sprechen. Manche trauern still, andere laut. Manche stellen viele Fragen, andere weichen aus. Der Maßstab ist immer das Bedürfnis des Kindes - nicht das Bedürfnis der Erwachsenen. Fachkräfte können helfen, diese Bedürfnisse sichtbar zu machen, Worte dafür zu finden - und den Raum dafür zu öffnen, dass jedes Kind seinen eigenen Weg in der Trauer gehen darf.

Konkrete Gesprächseinstiege zum Thema Suizid
(für verschiedene Altersstufen)

Für Kinder im Vorschul- und Grundschulalter:

- „Ich möchte mit dir über etwas sehr Trauriges sprechen. Es ist etwas passiert, das uns alle sehr betroffen macht."
- „Du hast bestimmt gemerkt, dass etwas anders ist in den letzten Tagen. Es ist in Ordnung, wenn du Fragen hast - ich bin da, um sie dir zu beantworten."
- „Du weißt ja, dass [Name] gestorben ist. Ich möchte dir erklären, wie das passiert ist. Ich sage dir nur das, was du wirklich wissen willst."
- „Manchmal sind Menschen so traurig oder so verzweifelt, dass sie nicht mehr leben wollen. Das ist etwas, das auch Erwachsene manchmal fühlen - auch wenn es für dich schwer zu verstehen ist."
- „Wenn du willst, kannst du mir sagen, was du schon weißt oder was du glaubst. Dann schauen wir gemeinsam, was davon stimmt."

Für ältere Kinder (ca. 9-12 Jahre):

- „Ich weiß, dass du viele Fragen hast. Du darfst alles fragen - und ich verspreche dir, ich werde so ehrlich wie möglich antworten."
- „Es gibt Dinge, die wir nicht gut verstehen können - aber wir können versuchen, sie gemeinsam zu besprechen."
- „Wenn du etwas nicht wissen möchtest, ist das auch okay. Du bestimmst, wie viel du wissen willst."
- „Was denkst du, warum [Name] gestorben ist? Hast du dir schon eigene Gedanken gemacht?"
- „Ich kann dir sagen, was wirklich passiert ist - aber ich werde nichts sagen, was dir Angst macht."

Für Jugendliche:

- „Ich bin hier, um mit dir zu reden - oder einfach da zu sein, wenn du nicht reden möchtest."

- „Du hast das Recht, alles zu wissen, was du wissen willst. Ich werde dir nichts vormachen, aber dich auch nicht überfordern."
- „Vielleicht bist du wütend. Oder traurig. Oder verunsichert. Alles, was du fühlst, ist in Ordnung."
- „Manche Jugendliche fühlen sich nach so einem Erlebnis total allein - auch wenn sie viele Leute um sich haben. Geht es dir vielleicht auch so?"
- „Wenn du irgendwann mit mir darüber sprechen willst, bin ich da - ohne Druck."

Checkliste für Bezugspersonen:
Gespräche über Suizid mit Kindern und Jugendlichen

Diese Liste hilft Eltern, Angehörigen oder anderen wichtigen Bezugspersonen, sich gut auf ein Gespräch mit einem Kind oder Jugendlichen vorzubereiten:

Vor dem Gespräch:

- Habe ich selbst schon eine gewisse emotionale Stabilität gefunden?
- Habe ich Unterstützung für mich (Beratung, Begleitung)?
- Weiß ich, was ich sagen möchte - und was nicht?
- Kenne ich die Fakten, die ich mitteilen will - sachlich, klar, ehrlich?
- Habe ich einen geschützten, ruhigen Rahmen für das Gespräch geschaffen?

Während des Gesprächs:

- Beginne ich offen, aber nicht überfordernd?
- Frage ich das Kind oder den Jugendlichen, was es bereits weiß oder vermutet?
- Höre ich aktiv zu und lasse Fragen zu, ohne sie gleich zu bewerten?
- Verwende ich eine altersgerechte, klare Sprache ohne Verniedlichungen oder Überdramatisierungen?
- Lasse ich unangenehme Gefühle (Wut, Angst, Scham, Schuld) zu und reagiere verständnisvoll?
- Sage ich ehrlich: „Ich weiß es nicht", wenn mir die Antwort fehlt?

Nach dem Gespräch:

- Biete ich an, dass das Kind/jugendliche jederzeit wieder fragen oder sprechen darf?
- Bleibe ich emotional erreichbar - auch wenn es später still wird?

- Versichere ich dem Kind oder Jugendlichen: Du trägst keine Schuld - du bist nicht verantwortlich.
- Gebe ich dem Kind das Gefühl: Wir schaffen das gemeinsam. Du bist nicht allein.
- Sorge ich für Normalität, Struktur und Zuwendung im Alltag?
- Achte ich auf Signale von Überforderung - und hole mir rechtzeitig professionelle Hilfe?

Resilienzfaktoren und protektive Bedingungen

Wenn Kinder und Jugendliche mit einer Krise konfrontiert sind, stellt sich für psychosoziale Berater:innen und andere helfende Personen immer auch die Frage, was sie vor langfristigen Schäden schützen kann. Es ist nicht die Krise allein, die über deren Folgen entscheidet, sondern das, was an inneren und äußeren Ressourcen zur Verfügung steht. In der psychosozialen Arbeit spricht man in diesem Zusammenhang von Resilienz - der Fähigkeit, auch in schwierigen Situationen psychisch stabil zu bleiben, sich nach Belastung zu erholen und manchmal sogar gestärkt daraus hervorzugehen. Resilienz ist dabei kein angeborener Wesenszug, sondern ein dynamischer Entwicklungsprozess, der durch innere Haltungen, Beziehungen und Umgebungsbedingungen beeinflusst wird. Diese Perspektive ist besonders wertvoll für die Beratungspraxis, denn sie eröffnet einen Raum jenseits von Symptomen, Diagnosen und Defiziten. Sie richtet den Blick auf Potenziale, auf Entwicklungsmöglichkeiten und auf das, was trägt.

Die individuelle Resilienz eines Kindes zeigt sich oft in kleinen, stillen Gesten: wenn es trotz Angst über eine schwierige Situation sprechen möchte, wenn es Trost in einem Bild findet oder in einer vertrauten Geschichte, wenn es nach einer Phase des Rückzugs wieder neugierig wird. Kinder, die gelernt haben, ihre Gefühle auszudrücken und mit inneren Spannungen umzugehen, haben bessere Chancen, Krisen zu bewältigen. Eine wichtige Aufgabe psychosozialer Begleitung besteht daher darin, emotionale Ausdrucksformen zu fördern, Gefühle zu benennen und zu normalisieren. Auch das Erleben von Selbstwirksamkeit spielt eine zentrale Rolle. Wenn Kinder spüren, dass sie Einfluss nehmen können - sei es durch kleine Entscheidungen im Alltag oder durch das erfolgreiche Bewältigen einer Herausforderung -, wird ihr Vertrauen in die eigene Kraft gestärkt. Der Aufbau eines stabilen Selbstwertgefühls unterstützt diesen Prozess. Ein Kind, das sich grundsätzlich als wertvoll erlebt, auch wenn es scheitert oder traurig ist, wird weniger Gefahr laufen, in einer Krise das Vertrauen in sich selbst zu verlieren.

Eine weitere innere Ressource ist die Fähigkeit, Probleme zu analysieren und eigene Lösungen zu entwickeln. Diese Kompetenz kann im Beratungsprozess durch das gemeinsame Nachdenken über Handlungsoptionen, durch das Erproben neuer Sichtweisen und durch das gezielte Einbeziehen von Fantasie, Kreativität und Humor unterstützt werden. Manche Kinder und Jugendliche nutzen ihre Vorstellungskraft als Schutzraum, erfinden Geschichten oder Bilder, in denen sie Kontrolle über das Geschehen zurückgewinnen. Diese Ausdrucksformen sind nicht als Realitätsflucht zu verstehen, sondern als wichtige Werkzeuge zur inneren Verarbeitung und Neuordnung.

All diese Fähigkeiten entwickeln sich jedoch nicht im luftleeren Raum. Sie entstehen und wachsen in Beziehung - und genau hier liegt ein zentraler Ansatzpunkt für psychosoziale Fachkräfte. Kinder und Jugendliche, die mindestens eine konstante, emotional verlässliche Bezugsperson erleben, sind wesentlich besser geschützt vor den Langzeitfolgen krisenhafter Ereignisse. Diese Person muss nicht perfekt sein, nicht immer die richtigen Worte finden oder Lösungen anbieten. Entscheidend ist ihre Präsenz, ihr echtes Interesse, ihre Bereitschaft, dazubleiben - auch wenn es unangenehm oder schwierig wird. In der Beratung sind wir oft nicht die primäre Bezugsperson, aber wir können genau diese Haltung verkörpern: durch Verlässlichkeit, durch echtes Zuhören, durch eine offene, nicht wertende Sprache. Die Beziehung, die in einer solchen Begleitung entsteht, wird selbst zum Schutzfaktor. Sie bietet einen Raum, in dem das Kind sich ausprobieren, sich zeigen und wieder Vertrauen aufbauen kann. Auch das familiäre Umfeld spielt eine entscheidende Rolle. Strukturiertheit, Rituale und ein klares, liebevolles Miteinander schaffen Sicherheit, besonders in Krisenzeiten. Wenn Eltern oder andere Erziehungsverantwortliche in der Lage sind, ruhig zu bleiben, ihre eigenen Emotionen zu regulieren und dem Kind Orientierung zu geben, wirkt das stabilisierend. Die Aufgabe psychosozialer Fachkräfte kann hier auch darin bestehen, mit den Eltern zu arbeiten, ihnen Sicherheit zu geben, sie für die Bedürfnisse des Kindes zu sensibilisieren oder konkrete Handlungsmöglichkeiten zu vermitteln. Wichtig ist es, Eltern nicht zu bewerten, sondern zu unterstützen - sie sind oft selbst belastet und brauchen ebenso wie ihre Kinder einen Raum, in dem sie verstanden und gestärkt werden.

Darüber hinaus sind soziale Netzwerke von großer Bedeutung. Kinder, die sich in einer erweiterten Gemeinschaft aufgehoben fühlen - sei es durch Großeltern, Lehrer:innen, Nachbar:innen oder Freund:innen -, haben zusätzliche Anker in schwierigen Zeiten. Beratung kann hier helfen, diese Netzwerke sichtbar zu machen, Beziehungen zu reaktivieren oder neue Kontakte anzubahnen. Auch das Einbeziehen der Schule oder anderer Institutionen kann hilfreich sein, wenn es darum geht, das Kind in seinem Alltag zu stabilisieren.

Neben den persönlichen und sozialen Schutzfaktoren beeinflussen auch strukturelle Bedingungen, ob Resilienz sich entfalten kann. Kinder brauchen verlässliche Räume, in denen sie gefördert, ernst genommen und geschützt werden. Das bedeutet nicht nur Zugang zu Bildung und Betreuung, sondern auch zu psychosozialer Hilfe - niedrigschwellig, kindgerecht und diskriminierungsfrei. Eine resilienzfördernde Gesellschaft ist eine, die Partizipation ermöglicht, Kinderrechte achtet und Schutzräume bereitstellt - auch jenseits von Notlagen. Als psychosoziale Berater:innen tragen wir dazu bei, indem wir nicht nur individuell begleiten, sondern auch systemisch denken: Wo fehlen Ressourcen? Wo braucht es Fürsprache? Wo müssen wir auch politisch Position beziehen, um langfristige Veränderung zu ermöglichen?

In der konkreten Beratungspraxis bedeutet Resilienzförderung, mit einer inneren Haltung zu arbeiten, die mehr sieht als das, was nicht funktioniert. Sie bedeutet, nicht vorschnell Lösungen zu präsentieren, sondern Fragen zu stellen, zuzuhören und Raum zu geben. Sie bedeutet, auch dann noch an die innere Stärke eines Kindes zu glauben, wenn es selbst daran zweifelt. Es geht darum, Ressourcen sichtbar zu machen, neue Perspektiven zu eröffnen und Handlungsspielräume zu erweitern - nicht im Sinne von Druck oder Leistungsforderung, sondern im Sinne von Stärkung, Mitgefühl und echter Begegnung.

Resilienz ist kein Zauberschutzschild. Sie verhindert keine Krisen. Aber sie ermöglicht, dass Kinder und Jugendliche aufrecht durch Krisen gehen können - begleitet von Menschen, die an ihrer Seite stehen. Und genau das ist es, was psychosoziale Beratung in Krisensituationen leisten kann: nicht alles besser machen, nicht alles lösen, aber helfen, dass etwas bleibt, auf das aufgebaut werden kann. Vertrauen, Verbindung, ein neuer Anfang.

Resilienz ist kein statischer Zustand, sondern ein lebendiger Prozess, der sich im ständigen Wechselspiel zwischen innerer Verfasstheit, äußerer Umgebung und konkretem Erleben vollzieht. In der psychosozialen Begleitung von Kindern und Jugendlichen in Krisen bedeutet dies: Wir begegnen jungen Menschen in einem Moment, in dem ihre bisherigen Bewältigungsstrategien an ihre Grenzen stoßen. Unsere Aufgabe ist es nicht, zu reparieren oder zu kontrollieren, sondern Bedingungen zu schaffen, in denen Selbstregulation, Vertrauen und neue Orientierungen wieder möglich werden. Dabei spielen nicht nur fachliche Kenntnisse eine Rolle, sondern vor allem Haltung, Beziehungskompetenz und die Fähigkeit, mit Unsicherheit professionell umzugehen.

Ein zentrales Element jeder Resilienzförderung ist das Verständnis für die Vielschichtigkeit kindlicher Lebenswelten. Kinder sind nicht nur Empfänger von Fürsorge, sondern aktive Gestalter:innen ihrer Entwicklung - und doch sind sie gleichzeitig abhängig, verletzlich und in vielen Fällen auf Erwachsene angewiesen, die sie schützen, strukturieren und ernst nehmen. Resilienz zeigt sich nicht immer laut und spektakulär. Manchmal äußert sie sich in einem kleinen Lächeln, einem Blickkontakt, einem gezeichneten Bild, einem neu geäußerten Wunsch. Solche Signale wahrzunehmen und anzuerkennen, ist Teil eines professionellen, feinfühligen Blicks, der nicht vom Defizit her denkt, sondern vom Potenzial.

In der Krisenberatung ist es wichtig, zunächst anzuerkennen, dass sich Resilienz sehr unterschiedlich äußert - je nach Alter, Persönlichkeit, biografischem Hintergrund und aktueller Lebenssituation. Ein zurückhaltendes Kind kann ebenso resilient sein wie ein laut auftretender

Jugendlicher. Manche schützen sich durch Rückzug, andere durch Humor oder durch das Übernehmen von Verantwortung für jüngere Geschwister. Die Ausdrucksformen von innerer Stärke sind vielfältig, und sie erschließen sich oft erst im Verlauf einer vertrauensvollen Begleitung. Deshalb ist es für psychosoziale Fachkräfte wesentlich, zunächst *nicht zu bewerten*, sondern offen zu beobachten, zu erspüren und zuzuhören. Denn nur so können jene Ressourcen sichtbar werden, die für die Begleitung genutzt und gestärkt werden sollen.

Ein bedeutsamer Aspekt der Resilienzförderung ist der behutsame Wiederaufbau von Vertrauen - in sich selbst, in andere Menschen, in die Welt. Krisen erschüttern dieses Vertrauen. Kinder und Jugendliche erleben Kontrollverlust, Unsicherheit und manchmal auch Verrat. Sie beginnen zu zweifeln: an ihrer eigenen Wahrnehmung, an den Verlässlichkeiten des Lebens, manchmal auch an der Aufrichtigkeit von Erwachsenen. In solchen Momenten kommt es nicht auf Erklärungen oder rationale Analysen an, sondern auf *echte Beziehungserfahrungen*: eine Berater:in, die pünktlich ist. Eine, die zuhört, ohne zu unterbrechen. Eine, die nicht drängt, nicht bewertet, nicht wegschaut. Die da bleibt, auch wenn es schwer wird. Vertrauen entsteht nicht durch Worte, sondern durch Übereinstimmung von Haltung und Handlung.

Besonders hilfreich ist es, Kinder in der Begleitung konkrete, kleine Erfahrungen von Selbstwirksamkeit machen zu lassen. Diese Erfahrungen müssen nicht groß oder spektakulär sein. Es reicht, ein Kind entscheiden zu lassen, mit welchem Stift es etwas malen möchte. Es kann bedeutsam sein, einen Gesprächsbeginn selbst wählen zu dürfen oder zwischen zwei Symbolen jenes auszuwählen, das am besten zur inneren Stimmung passt. Selbstwirksamkeit bedeutet: *Ich kann etwas tun, das eine Wirkung hat.* Es ist ein Gegengift zur Ohnmacht, die in Krisen oft vorherrscht. Selbstwirksamkeit ist einer der zentralen Bausteine jeder resilienten Entwicklung - und sie lässt sich ganz bewusst fördern.

Dabei ist es wichtig, nicht in pädagogischen Aktionismus zu verfallen. Nicht jedes Kind will über seine Gefühle sprechen oder seine Geschichte erzählen. Nicht jede Methode passt für jedes Alter, jede Persönlichkeit, jede Situation. Resilienzförderung ist keine standardisierte Intervention, sondern eine achtsame, kreative und manchmal improvisierte Form der Beziehungsgestaltung. Sie lebt davon, das Kind dort abzuholen, wo es steht - nicht dort, wo wir es gerne hätten. Und sie lebt von der Bereitschaft, nicht immer sofort eine Lösung anbieten zu müssen. Es geht darum, Raum zu schaffen. Zeit zu geben. Entwicklung zu ermöglichen.

Für viele Kinder ist auch das Wiedererlangen von Orientierung ein wichtiger Faktor im Prozess der Stabilisierung. Krisen werfen vertraute Ordnungen über den Haufen. Sie unterbrechen Abläufe, machen Pläne zunichte, erschüttern Routinen. Kinder erleben, dass das Leben plötzlich nicht mehr vorhersehbar ist. Umso wichtiger ist es, in der Beratung wieder kleine Strukturen aufzubauen: regelmäßige Termine, ein fixer Platz im Beratungsraum, ein wiederkehrendes Einstiegsritual. Diese äußerlichen Ordnungen helfen, innerlich Halt zu finden. Sie signalisieren: Hier gibt es etwas, das bleibt. Etwas, das sicher ist.

Ein weiterer wichtiger Aspekt ist das Sichtbarmachen von Ressourcen, die dem Kind vielleicht selbst nicht bewusst sind. Viele Kinder, die sich in einer Krise befinden, haben den Zugang zu ihren Stärken verloren. Sie erleben sich als hilflos, als „Problem", als Störfaktor oder Belastung. Beratung kann hier eine Art Spiegel sein - ein Spiegel, der nicht nur den Schmerz zeigt, sondern auch das, was trägt: den Mut, trotz allem zu kommen. Die Fantasie, mit der ein Kind sich in ein Spiel flüchtet. Die Sensibilität, mit der es auf die Gefühle anderer reagiert. Diese Ressourcen bewusst zu benennen, zu würdigen und in den Mittelpunkt zu stellen, ist eine zentrale Aufgabe in der resilienzfördernden Arbeit. Denn Kinder wachsen an dem, was in ihnen gesehen wird.

Auch das Thema Zugehörigkeit spielt eine wichtige Rolle. Kinder brauchen das Gefühl, Teil eines größeren Zusammenhangs zu sein - einer Familie, einer Gruppe, einer Gemeinschaft. Krisen erzeugen oft das Gefühl, ausgeschlossen zu sein, anders zu sein, allein zu sein. Besonders Kinder, die Verluste erleiden oder traumatische Erlebnisse durchmachen, geraten leicht in das Gefühl, nicht mehr dazuzugehören. Sie schämen sich, ziehen sich zurück oder entwickeln auffällige Verhaltensweisen. Die Wiederherstellung von Zugehörigkeit ist daher ein zentrales Element psychosozialer Krisenbegleitung. Dies kann durch die Arbeit mit Peers geschehen, durch integrative Gruppenangebote, durch das Ermöglichen von Kontinuitäten im schulischen oder familiären Alltag. Vor allem aber geschieht Zugehörigkeit durch Beziehung - durch das Gefühl, angenommen zu sein, auch mit den schwierigen Seiten.

Die Arbeit mit Jugendlichen bringt dabei noch einmal eigene Herausforderungen mit sich. In dieser Entwicklungsphase geht es um Identität, Autonomie und Abgrenzung. Jugendliche brauchen eine andere Form der Ansprache - direkter, respektvoller, gleichwertiger. Sie wollen nicht „erzogen", sondern ernst genommen werden. Resilienzförderung bei Jugendlichen bedeutet oft, auf Augenhöhe zu bleiben, auch wenn das Verhalten provokant, distanziert oder ambivalent erscheint. Es geht darum, ihnen Verantwortung zuzutrauen, ohne sie allein zu lassen. Und es geht darum, ihre Suche nach Sinn, nach Orientierung und nach Zugehörigkeit zu begleiten - nicht durch Antworten, sondern durch echtes Interesse.

In all dem ist es entscheidend, dass wir als Berater:innen auch unsere eigenen Grenzen kennen und respektieren. Resilienzförderung beginnt nicht beim Kind - sie beginnt bei uns selbst. Nur wenn wir selbst über Ressourcen verfügen, wenn wir gut eingebunden, gut reflektiert und gut begleitet sind, können wir auch für andere ein tragendes Gegenüber sein. Supervision, kollegialer Austausch, Weiterbildung und Selbstfürsorge sind keine Nebensächlichkeiten, sondern Grundpfeiler professioneller Arbeit. Resilienz ist auch für Fachkräfte ein Thema - und sie entwickelt sich in denselben Prozessen wie bei den Kindern: durch Beziehung, durch Anerkennung, durch das Erleben von Wirksamkeit und durch die Erfahrung, mit dem eigenen Menschsein nicht allein zu sein.

Die Arbeit mit Krisen ist herausfordernd. Sie verlangt Geduld, Klarheit, Empathie und immer wieder die Bereitschaft, sich selbst zu hinterfragen. Doch sie ist auch zutiefst erfüllend - denn sie berührt das Wesentliche.

Dort, wo Kinder und Jugendliche in ihrer Not gesehen werden, kann etwas entstehen, das über die akute Hilfe hinausreicht: eine Erinnerung an Halt, an Wärme, an Menschlichkeit. Und vielleicht ist das die stärkste Form von Resilienz, die wir mitgeben können: die Erfahrung, dass man auch in den dunkelsten Momenten nicht allein ist.

Was ich Dir noch schreiben will…

Ich gehe davon aus, dass Du hast dieses Buch gelesen hast, weil du Menschen in schweren Zeiten zur Seite stehen willst. Weil du nicht wegsehen willst, wenn andere leiden. Weil du an die Kraft von Beziehung glaubst - auch und gerade in Momenten der Ohnmacht. Dafür danke ich dir. Dein Einsatz, deine Haltung, deine Bereitschaft zur Reflexion machen den Unterschied. Nicht jede:r kann Krisen begleiten - aber wer es kann und will, verdient Anerkennung, Unterstützung und Ermutigung.

Vielleicht hast du beim Lesen gespürt, wie anspruchsvoll diese Arbeit ist. Vielleicht sind alte Themen in dir wach geworden, vielleicht hast du dich an eigene Krisen erinnert, vielleicht warst du manchmal berührt, manchmal überfordert, manchmal voller Fragen. Das alles gehört dazu. Wer Krisen anderer begleitet, wird immer auch mit den eigenen inneren Themen konfrontiert. Das ist nicht Schwäche - das ist Tiefe.

Dieses Buch sollte dir keine Angst machen vor dieser Tiefe. Es sollte dir Mut machen, ihr zu begegnen. Es sollte dir zeigen, dass du nicht perfekt sein musst, um wirksam zu sein. Dass du Fehler machen darfst - wenn du bereit bist, aus ihnen zu lernen. Dass du deine Grenzen kennen darfst - und sie auch wahren musst. Es wollte dich stärken, nicht zusätzlich belasten. Und es wollte dir einen Weg zeigen, wie du deine fachlichen Kompetenzen mit deiner menschlichen Wärme verbinden kannst.

Krisenarbeit ist Beziehung. Und Beziehung ist das, was wir einbringen - mit unserem Wissen, unserer Haltung, unserer Stimme, unserem Körper, unserem Atem, unserem Mitgefühl. Es braucht nicht viele Worte, aber echte Präsenz. Es braucht keine heroischen Lösungen, sondern ehrliche Hinwendung. Es braucht nicht immer sofortige Antworten - aber ein offenes Ohr, eine mitfühlende Geste, einen sicheren Raum.

Die Welt braucht Menschen wie dich. Menschen, die bereit sind, sich nicht über andere zu stellen, sondern sich ihnen zuzuwenden. Menschen, die sich nicht im Außen verlieren, sondern auch das Innere im Blick behalten. Menschen, die auch in der Dunkelheit nach einem Licht suchen - und wenn sie keines finden, bereit sind, ein kleines anzuzünden.

Vielleicht wirst du nicht jedes Leid lindern können. Vielleicht wirst du manchen Schmerz nur begleiten, nicht auflösen. Vielleicht wirst du manchmal das Gefühl haben, nicht genug getan zu haben. Dann erinnere dich: Deine Anwesenheit allein kann schon ein Anker sein. Dein Dasein kann jemandem helfen, nicht unterzugehen. Deine Aufmerksamkeit kann jemandem das Gefühl geben, nicht vergessen zu sein.

Dieses Buch endet hier. Aber deine Reise als Berater:in , als Begleiter:in, als Mensch geht weiter. Mit jedem Gespräch. Mit jeder Krise, die dir begegnet. Mit jedem Menschen, der sich dir anvertraut. Nimm dieses Buch als Impuls mit - nicht als Regelwerk. Nimm es als Rückenstärkung - nicht als Belastung. Nimm es als Erinnerung daran, warum du tust, was du tust: weil es Sinn macht. Weil es gebraucht wird. Weil du einen Unterschied machst.

Vergiss nicht: Auch du darfst Unterstützung brauchen. Auch du darfst Pausen machen. Auch du darfst dich selbst umarmen, wenn die Arbeit dich berührt oder erschöpft. Sorge gut für dich - damit du auch weiterhin für andere da sein kannst.

Und vielleicht ist das schönste Fazit, das du aus diesem Buch mitnehmen kannst, dies:

Du musst nicht alles heilen. Du kannst nicht jeden retten. Aber du kannst Halt geben. Und das bedeutet manchmal schon alles.